可不知的战场环境

经天纬地

制胜之道 换个视角看战争

宋景舟 等著

江苏凤凰文艺出版社

图书在版编目（CIP）数据

经天纬地：不可不知的战场环境 / 宋景舟等著 . – 南京：江苏凤凰文艺出版社，2019.12（2023.3重印）
（制胜之道：换个视角看战争）
ISBN 978-7-5594-4290-1

Ⅰ.①经… Ⅱ.①宋… Ⅲ.①战争史 – 史料 – 世界 Ⅳ.① E19

中国版本图书馆 CIP 数据核字 (2019) 第 272544 号

经天纬地：不可不知的战场环境

宋景舟等　著

出 版 人	张在健
责任编辑	张恩东　汪　旭
装帧设计	观止堂_未　氓
责任印制	刘　巍
出版社地址	南京市中央路165号，邮编：210009
出版社网址	http://www.jswenyi.com
印　　　刷	江苏凤凰通达印刷有限公司
开　　　本	718×1000 毫米 1/16
印　　　张	16.75
字　　　数	267千字
版　　　次	2019年12月第1版　2023年3月第2次印刷
标准书号	ISBN 978-7-5594-4290-1
定　　　价	498.00元（全七册）

（江苏凤凰文艺版图书凡印刷、装订错误可随时向承印厂调换）

《经天纬地》撰写组

主　笔：宋景舟
副主笔：罗　特　周良平　黄都平

撰写者：（以下按姓氏笔画排名）
仲玉梅　关　鹏　李俊岐　吴德龙
许云翔　陈　冀　罗　涛　龚　辉

总序
TOTAL PREFACE

让青年人爱军事

在新中国成立70周年来临之际，江苏凤凰文艺出版社送来了一群年轻人创作的军事丛书《制胜之道：换个视角看战争》，想约我为新书写篇序言。手抚其卷之余，我欣喜地看到，在市场经济与信息时代的浪潮中，共和国80后、90后不仅没有成为"垮掉的一代"，反而更加关心国防、关注军事、关切战争，正在成为国防和军队现代化建设的主力军。

在这个年轻的创作团队中，既有机关参谋、军校教员、基层军官等现役军人，也有地方高校老师、军刊编辑等军事专家。尽管大家天各一方、职业不同，却出于对国防的共同热爱，从五湖四海走到一起来，一手拿笔、一手执枪，重返战场、追思战史、复盘战例、推敲战法，充分体现了当代中国青年一代直面现代战场、打赢未来战争的勇气和胆识。作为一个从军几十年的共和国老兵，特意为这套丛书写几句发自肺腑的推荐语。

军事本来就很精彩，值得悉心品味。自近现代以来，战争与工业文明紧密结合在一起，军事逐渐成为一门科学，战法逐渐成为一门艺术。这套丛书用讲故事的方式，从名将战法、空中作战、传奇海战、武器迭代、战场环境、军队服饰、装备命名等剖面入手，生动呈现了人与战的关系、铁与火的洗礼、生与死的考验、胜与负的转换、钢与硅的结合……绘就了一幅浓墨重彩的战争画卷，把军事斗争的矛盾性、对抗性、科学性、艺术性生动地呈现在读者面前。

军事本来就很传奇，时常引人入胜。《孙子兵法》开篇一句："兵者，国之大事，死生之地，存亡之道，不可不察也。"古往今来，为了打赢战争、消灭敌人，世界各国军人无不在战争中迸发出了最高智慧和最大力量。这套丛书纵横陆海空战场，精心遴选大众普遍关心而又了解不深的交叉选题，写活了出奇制胜的战法技术，解析了涤荡起伏的战局转折，再现了超越极限的战史传奇，还原了经典战例的神韵色彩，是不可多得的精品力作。

军事本来就很有趣，令人忍俊不止。《战争论》的作者克劳塞维茨指出："战争是不确定性的王国。"在与战争有关的军事领域，什么阴差阳错的事情也可能发生，时而充满苦涩，时而可笑无奈。这套丛书跳出了传统军事科普堆砌资料、数字的窠臼，在不失严肃准确的同时，大胆采用启发式行文结构、网络化叙事方式、趣味性语言风格，把幽默风趣的军事素材挖掘出来、让"正襟危坐"的军事叙事轻松活泼起来，努力成就大众喜闻乐见的轻松阅读体验，吸引读者想看、爱看、真正钻进去看。

梁启超先生昔日曾言："少年强则国强；少年雄于地球，则国雄于地球。"当今时代，天下虽安、忘战必危。中华民族要实现伟大复兴，中国军队要成为一流军队，离不开全民国防的支撑，离不开青年人对军事、对战争的关注和热爱。希望更多的青年人通过这套丛书，关心国家安全，支持国防和军队建设，以更多热情擎起父辈的旗帜，推动新时代强军之路，拥抱明天的星辰大海。这也正是这套丛书的创作初衷和价值所在。

是为序。

中国人民解放军国防大学教授　马骏
二〇一九年六月于京

开 篇 词
OPENING WORD

战场环境的威力

人类一切军事行动都离不开战场环境。所谓战场环境，指的是战场及其周围对作战活动有影响的各种情况和条件的统称。包括地形、气象、水文等自然条件，人口、民族、交通、建筑物、生产、社会等人文条件，国防工程构筑、作战设施建设、作战物资储备等战场建设情况，以及信息、网络和电磁状况等。就范围来说，战场环境有广义和狭义之分，这里主要指战场自然环境，即由作战地区地形、天候、气象、水文、电磁等构成的自然条件。战场环境是作战活动的外部条件，是由诸多不断运动变化、相互有机联系的因素所构成的巨大复杂系统。战场环境是敌对双方对抗的舞台和依托，对战争行动和战争结局有着重大的制约和影响作用。因此，战场环境是战略指挥员及其指挥机关，制定战略方针和定下战略作战决心的基本依据。

战场环境随着人类战争技术形态的演进而不断扩大其内涵及外延。在战争形态演变的过程中，战争样式、武器装备、作战手段、作战方式、武装力量、战略战术等方面发生数次根本性变化，但战争的暴力性质并未改变。冷兵器时代，对抗双方以体能较量为主，战争中通过近距离格斗与搏杀消灭敌人，战争呈现出原始的野蛮与残酷。战争从冷兵器时代进入热兵器时代后，武器的威力大大增强，交战双方由单纯的体能较量转化为火器所释放的化学能的较量，战争中生命与财产的损失增大，战争暴力不断强化。从热兵器时代演进到机械化战争时代，战争的性能发生了质的变化，坦克、飞机、大炮、导弹、核武器相继出现，交战双方的对抗发展成包括各种兵器所释放的物理能、化学能、核能的综合整体对抗，战争地域从大陆扩展到海洋、天空，战争空间从平面发展到整体。信息化条件下局部战争中，战场环境系统，由陆、海、空、天、电（磁）等多维战场空间构成，成为战争双方对抗的舞台，容纳着战略指挥系统、战略作战力量系统、战略保障系统等。

开篇词

本书从战场环境的角度解读战争，以历史时段作为横轴，以战场环境的要素，比如气象、地理等作为纵轴，对古今中外的战例进行解读，从而使读者领会《孙子兵法》中"知天知地，胜乃无穷"的本意。

本文主笔是一位退役上校，同时也是从事地缘政治理论研究多年的政治学博士，在多年的军旅生涯和学术生涯中有一些感悟，在其他军内专家学者的大力帮助下，最终汇集成这本小书。2019年是新中国成立70周年，也是建设世界一流军队的关键之年。这本有幸于此时问世的小书如果能够在国防教育和军事科普方面起到一点作用，那么创作者们将会感到非常荣幸。

本书第1章~5章由宋景舟撰写，第12、13、14章由罗特撰写，第17、18、19章由周良平撰写，第6、7、8由黄都平撰写，第10、11章由龚辉撰写，第15、16章由关鹏撰写，第22、23章由仲玉梅撰写，第24、25章由吴德龙撰写，第9章由李俊岐撰写，第20章由陈冀撰写，第21章由罗涛撰写，第26章由许云翔撰写。

衷心希望我们的这本小书，能给各位读者带来愉悦和欢乐。唯愿岁月静好，我们伴您继续前行。

本书撰写组

二〇一九年六月

目 录
CONTENTS

气象篇

01 **昆阳之战**
　　——雷雨交加创造的以少胜多奇迹　　002

02 **东征印度的亚历山大**
　　——被高温酷暑击退的统帅　　012

03 **风风火火的胜利**
　　——赤壁之战　　020

04 **蒙元征日的失败**
　　——被台风偷走胜利成果的战争　　030

05 **靖难之役**
　　——沙尘暴改变了中国历史　　038

06 **拿破仑征俄的失败**
　　——被俄罗斯"冬将军"阻击的远征　　048

07 **莫斯科保卫战**
　　——"冬将军"又一次保卫俄罗斯民族　　058

08 **菲律宾海战**
　　——被台风"击伤"的航空母舰　　066

地形篇

09 **电话亭里的搏斗**
　　——温泉关之战　　076

10 **中场崩溃的渡河登陆战**
　　——淝水之战　　086

11 **邓艾灭西蜀**
　　——征服蜀道的必然战果　　096

12 **高仙芝征小勃律**
　　——高山流水一般的高原机动作战　　106

13 **无敌铁骑饮恨丛林**
　　——蒙元征安南　　116

14 **潮汐的威力**
　　——鸣梁海战　　126

15 **伊兹梅尔之战**
　　——百万军中取敌首级的城市攻坚战　　136

16 **克里米亚战争**
　　——鲨鱼上岸式的两栖登陆战　　146

感知篇

17 **夜战，不只是看不见**
　　——夜战对战场感知的影响　　162

18 **技术不足火力补**
　　——苏联和俄罗斯军队的夜战和夜训　　170

19 **让夜晚和白天一样**
　　——美军的夜战和夜训　　178

地域篇

20 **德浪河谷之战**
　　——热带山地"绞肉机"　　　　　　　　　　　188

21 **濒海地区的搏杀**
　　——诺曼底登陆战　　　　　　　　　　　　196

生物篇

22 **田单复国之战**
　　——火牛神威　　　　　　　　　　　　　　208

23 **"上帝之鞭"的坐骑**
　　——军马　　　　　　　　　　　　　　　　218

24 **古战场的巨型坦克**
　　——李定国的战象兵团　　　　　　　　　　230

25 **精灵坦克手**
　　——二战期间的苏联军犬　　　　　　　　　240

26 **现代武器的借鉴**
　　——仿生学　　　　　　　　　　　　　　　248

气象篇

01 昆阳之战
雷雨交加创造的以少胜多奇迹

  雷电，是一种常见的气候现象。从严格意义上讲，雷暴属于军事气象灾害。军事气象灾害，泛指由于气象原因直接或间接对部队有生力量、武器装备、军事设施（包括通信、工程，运输设施，机场、海港、阵地、营房、仓库等）以及对部队行动形成的灾害。造成军事气象灾害的气象条件不仅包括恶劣能见度、低云、大风、积雨云、雷暴、沙暴、台风、强寒潮、暴雨等，而且还包括低空风切变、下击暴流以及雷击和诱发闪电等大气现象。[①] 闪电是积雨云中强烈的瞬时放电过程，闪电冲击波衰减为声波的结果即为雷。雷的分类不像闪电那样严格，主要是根据其观测者对雷的强弱程度和持续时间的直观感觉，将雷大致分为两类：一类声响较强，犹如霹雳，持续时间则较短，一般仅1秒～2秒左右，俗称"炸雷"；另一类声响较弱，持续时间则较长，一般可延续几秒甚至几分钟，呈现为隆隆雷声，俗称"闷雷"或"拉磨雷"。通常，近闪形成的雷，往往开始时声如霹雳，而后又出现持续时间较长的隆隆声。由此可见，不同距离和不同类型闪电过程形成的雷，可分属这两类雷中的一类，也

---
① 张军等编著：《军事气象学》，北京：气象出版社，2005年版，第173页。

> 雷电发生图

可在一次闪电过程形成雷的不同阶段，分属这两类不同类型的雷。闪电和雷统称为"雷电"。雷电不仅对现代武器装备产生损害，还曾在中国古代对一场战役产生过重大影响。这场战役就是我国古战争史上知名的以少胜多的战例——昆阳之战。

　　说起昆阳之战，就得谈谈当时的天下大势。话说西汉末年，王莽篡位之后，天下大乱——乱成了一锅粥。原本政治腐朽、经济凋敝、民不聊生、危机四起的政局在王莽"托古改制"的"妙手回春"中，由重症变成了绝症——阶级矛盾更趋激化。王莽的新朝政权，倒行逆施，腐朽败坏，给民众造成了深重的灾难。王莽篡汉后，相继宣布对吏治、币制及耕地、租税专卖等制度实行改革。这些改革很少有切合实际的，改革的项目之繁多，法令的变动之频繁，增加了民心的不安，加剧了社会的动荡。对于官僚们来说，这是对人民进行勒索和施暴的机会，而人民则随时都有被罗织罪名而被判刑、丧命的危险。王莽为了夸耀自己的威力，还对北方和西南少数民族不断挑衅，不断加重人民的徭役负担，使很多农民家破人亡。

哪里有压迫，哪里就有反抗。要人命的压迫必然带来不要命的反抗——一时间，农民武装暴动的烈焰燃遍了黄河南北和江汉地区，新莽王朝处于分崩离析、岌岌可危的境地。当时，在众多农民起义军队伍中，绿林、赤眉两支起义军的声势最为浩大。他们在军事上不断打击新莽势力，逐渐向王莽统治腹心地区推进。新莽王朝不甘就此退出历史舞台，拼凑起武装力量进行了垂死的挣扎。农民起义进入了最后进攻阶段。

昆阳之战正是这一时代背景下的产物。公元 23 年初，绿林军各部趁新莽王朝军队主力东攻赤眉、中原兵力空虚之际，挥兵北上，歼灭王莽荆州兵甄阜、梁丘赐部。进而大败严尤、陈茂所部，势力迅速发展到十余万人。

在不断胜利的形势下，农民军开始产生了创建政权的需求，于是二月间，绿林军公推汉室后裔刘玄为帝，恢复汉制，定年号为"更始"。更始政权的建立，

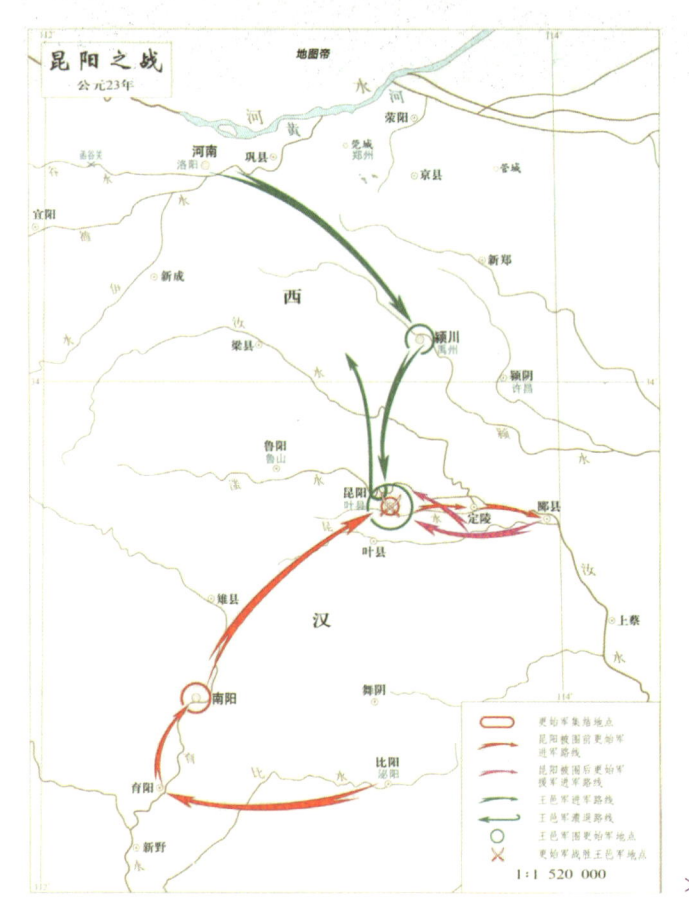

> 昆阳之战示意图

标志着起义进入了新的阶段，王莽在政治、军事各方面都日益趋于被动。更始政权建立后，即以主力北上围攻战略要地宛城（今河南南阳）。为了阻挡王莽军南下，保障绿林军主力行动的顺利展开，更始政权另派王凤、王常和刘秀等人统率部分兵力，趁敌严尤和陈茂军滞留于颍川郡一带之际，迅速攻下昆阳（今河南叶县）、定陵（今河南舞阳北）、郾县（今河南郾城南）等地，与围攻宛城的主力构成犄角之势。为下一步进军洛阳，与赤眉军会师以及经武关西入长安，推翻王莽政权创造了有利的条件。

王莽政权对更始军的战略动向十分不安，于是急忙改变军事部署，将主力由歼灭赤眉军转向阻击更始军。三月，王莽遣大司空王邑、司徒王寻急赴洛阳，征天下精兵42万，号称百万，向南发动进攻，企图以优势的兵力与农民军进行决战，一举而胜，以确保宛城，安定荆州，保障长安、洛阳的安全。五月，王邑、王寻军西出洛阳，南下颍川，与严尤、陈茂部会合，并迫使进抵阳关（今河南禹县西北）的更始军刘秀部撤回昆阳。尔后，

> 刘秀在昆阳之战一战成名，后来成为汉光武帝

王莽军队继续推进，迫近昆阳。[①]中国历史上最著名的以少胜多的战役——昆阳之战爆发。

昆阳地处暖温带向亚热带的过渡地带，为季风气候，夏季多雷雨。谁也没有想到，正是这雷雨在一定程度上对战争的胜负施加了影响。

面对声势强大的敌人，更始军将领的意见产生了分歧。有将领认为，昆阳城中只有数千人，敌众我寡，不如先行分散撤退，再图其他。但另一派将领主张坚守昆阳，刘秀就是其中的一个。他向大家分析了当时的形势，认为分散只能是死路一条，而全力与敌作战，也许还有取胜的希望，并提出了守城、调兵、反攻、取胜的一整套方案。具体作战方针是：坚守昆阳，争取时间，阻滞敌人；集中外部兵力，寻找成熟时机，内外夹击，打败敌人。刘秀的意见是正确的。攻入颖川郡的更始军是一支牵制部队，它的作用，一方面是扩大更始军的控制地区，扩充队伍，收集资财，支援围困宛城的更始军主力。另一方面是则牵制颖川郡的敌军，使其不能援救宛城，这样就掩护了主力队伍加紧攻击宛城。如果在新军大军压境之时放弃昆阳而不守，部队分散，围困宛城的主力又不能抽出兵力援救，必被新军各个击破。"诸部既灭"，围困宛城的主力就失去了屏障，新军挥戈直指宛城，"宛城未拔"，更始军主力便将处于坚城之下，后面大军乘之，在这腹背受敌的危境中，被击溃或被消灭的结局是非常明显的。因此，坚守还是放弃昆阳，就是关系到更始军生死存亡的大局。

刘秀的镇定和作战方案说服了将士，稳定了军心。起义军首领王凤、王常，带领义军主力担任最艰巨的守城任务。刘秀亲自带领12人，乘敌人刚到，立足未稳，包围不严，加上夜晚天黑，悄悄开了南门，向定陵、郾城搬兵求援。事实证明，刘秀的决策是准确而果断的，如果错过了这一时机，后果将不堪设想。

王寻、王邑的大军一到，就立刻把昆阳城围了个水泄不通。新莽军将领严尤向王邑建议："昆阳城，小而坚，利于守，不利于攻。只要更始军死守，

---

① "昆阳之战以刘秀起义军政治上策略上军事上的重大胜利使其地名释放魅彩"管雨姗：《中国地名》，2012年第9期，第72页~73页。

想攻开它是不容易的。目前,刘玄正在宛城附近,那里的更始军又没有像昆阳这样坚固的阵地,如果我们把主力指向围攻宛城的更始军,会比较容易打垮他们。而宛城方面的更始军主力被打垮了,昆阳城也就不攻自破了。"

严尤的观点是恰当的,但王邑仗着人多势众,傲慢地说:"我曾经率兵围攻翟义,虽然击败了他,但是没能把他活捉,所以受到了责难。现在,我率领百万大军,路过这么一个小小的昆阳城,竟不能把它攻下,却要躲开它走,这怎能显示我的威风呢?"并趾高气扬地吹嘘,"你看吧,我一定要攻破昆阳,血洗全城。让我的百万大军,踏着敌人的血迹,前歌后舞地前进,那多痛快呀!"王邑投入了全部兵力,把昆阳城水泄不通地包围了几十层,劲弩乱发,矢如雨下。

守城的王凤,被新莽军队的汹汹气势吓倒了,要求向王邑投降,若王邑接受其投降,昆阳城就不攻自破,但王邑没有答应。严尤又向王邑建议:"兵法上说,围城必阙。我们包围昆阳,也应该留个缺口,好给昆阳军队留下一个逃走的机会。我们或者乘他们逃出城外的时机消灭他们,或是让他们逃到宛城方面去宣扬我军的声威,造成恐怖,以便动摇更始军的军心。这样,我们既可以不攻而夺昆阳,又有利于我们下步向宛城方面进军,这不是一举两得吗?"但是,王邑还是拒绝采纳。他既不知彼又不知己,既不懂兵法又不会用兵。依靠大兵压境,便想靠数量一下子压垮更始军。

新莽军队的兵力,的确人数众多;新莽军队的装备,的确十分精良;新莽军队的攻势,的确相当猛烈。但更始军的主力是起义的农民,受到全城百姓的拥护,积极支援守军。小小的昆阳城,犹如一座坚强堡垒,一次又一次地击退敌人的强攻,经过20多个日日夜夜,昆阳城仍坚如磐石,屹立不动。而王寻、王邑陶醉于虚有其表的军威和声势,对可能发生的其他突发情况未能进行有效的预警和防范。昆阳久攻不下,攻城军队士气日益低落。刘秀到达定陵、郾城一带后,集中两城全部兵力1万多人,赶赴昆阳。更始元年六月初一,正是守城将士望眼欲穿等来援军的日子。刘秀带领精锐步骑1000多人最先到达,在靠近新莽军队的地方,布下了阵势,全力以赴准备战斗。

此时,王邑军历战疲乏,锐气早已消磨殆尽,这一情况为更始军的胜利提供了难得的机遇。刘秀亲率千余援军步骑为前锋,在距王邑军二三千米处

经天纬地：不可不知的战场环境

> 昆阳之战中，天气帮了刘秀大忙

列阵，准备接战。王邑、王寻等人自恃兵力雄厚，骄傲轻敌，只派出数千人迎战。刘秀一马当先，率众奋勇进攻，在敌军阵势中左冲右突，当场斩杀王邑军兵无数，取得了初战的胜利，大大振奋了士气。

首战的捷报鼓舞了更始军的斗志，大大地振奋了军心，战役迎来了主力决战的时机。这时宛城已被更始军攻下，刘玄移都宛城，但刘秀并不知晓。刘秀为了鼓舞士气，谎称更始军主力已攻下宛城，并故意把这个"捷报""遗失"到新莽军队中，新莽军队军心大乱，本已低落的士气更是每况愈下。

胜利的捷报传到昆阳城中，更始军人人兴高采烈，勇气倍增，全面有利的形势转化到更始军方面来了。刘秀选拔精兵3000，组成突击队，准备攻击新莽军队主帅所在的中军，时间定在拂晓。这时敌人刚熬过炎热夏夜，拂晓贪凉大睡，正所谓出其不意，攻其不备。意外的攻势，把毫无准备的王寻、王邑打个措手不及，各部秩序大乱。王邑、王寻匆忙令各部原地待命，他们亲率1万人迎了上去，本来20∶1的人数优势一下子弱化为了3∶1。激战开始了，士气高昂的更始军高歌猛进，新莽军队阵脚大乱。王寻在混战中被更始军砍杀，王邑弃军而逃。没有主帅的新莽军队变成了无头苍蝇，四散溃败。各部新莽军队，由于受王寻、王邑此前按兵不动的军令所限，不敢擅自出击，即使看到前面军队像潮水一样退下来，也没有人敢去增援。新莽军队溃败的

> 刘秀墓坐落于今天河南省孟津县

景象，昆阳城上的守军看得清清楚楚。在王凤、王常的率领下，更始军大开城门，奋勇地杀了出去。在昆阳原野上，展开了一场狂涛怒潮般的激战。从定陵、郾城来的援军，看刘秀旗开得胜，也发起总攻。在同一时间，更始军从各个方面展开了全线大反攻。在更始军震天动地的喊杀声中，40多万人的新莽军队全线瓦解。①

这时候，气象条件也帮了刘秀大忙。据《后汉书》卷一《光武帝纪》记载："六月己卯，光武遂与营部俱进，自将步骑千余，前去大军四五里而陈。寻、邑亦遣兵数千合战。光武奔之，斩首数十级。诸部喜曰：'刘将军平生见小敌怯，今见大敌勇，甚可怪也！且复居前，请助将军！'光武复进，寻、邑兵却，诸部共乘之，斩首数百千级。连胜，遂前。时伯升拔宛已三日，而光武尚未知，乃伪使持书报城中云：'宛下兵到'，而阳堕其书。寻、邑得

---

① "昆阳之战胜败原因分析"，樊桂霞：《平顶山师专学报》，2001年8月，第7页~8页。

之不墓。诸将既经累捷，胆气益壮，无不一当百。光武乃与敢死者三千人，从城西水上冲其中坚。寻、邑阵乱，乘锐崩之，遂杀王寻。城中亦鼓噪而出，中外合势，震动天地，莽兵大溃，走者相腾践，奔殪百余里间。会大雷风，屋瓦皆飞，雨下如注，滍川盛溢，虎豹皆股战，士卒争赴，溺死者以万数，水为不流。王邑、严尤、陈茂轻骑乘死人度水逃去，尽获其军实辎重，车甲，珍宝，不可胜算，举之连月不尽，或潘烧其余。"也就是说，在新莽军队溃退之际，突然电闪雷鸣，狂风大作。在这样的气候条件下，本已摇摇欲坠的新莽军队更是陷入了指挥不畅、通信不灵的境地，加上狂风暴雨和电闪雷鸣带来的对士兵的心理冲击，导致新莽军队一溃千里，不可收拾。雷暴天气带来的战场意外导致新莽军队崩溃得更快更彻底，使其无力组织防御，遑论反击。从这一点来说，雷暴天气着实帮了更始军不小的忙。

至此，昆阳之战就在更始起义军歼灭新莽军队主力，并缴获其全部装备辎重的辉煌胜利中落下了帷幕。昆阳之战是两汉之际绿林、赤眉起义中的决定性一战。这一战全歼了王莽赖以维持统治的军队主力，起义军胜利进军洛阳和长安，为最终推翻新莽统治创造了有利的条件。

昆阳之战对当时的政治、军事形势产生了巨大的影响。汉军在昆阳取得胜利的消息传出后，"海内豪杰翕然响应"，"昏杀其牧守，自称将军，用汉年号，以待诏命"。新莽王朝"军师外破""大臣内畔"，更是朝不保夕。由于大量精锐部队被消灭，新莽王朝再也纠集不到有生力量阻止汉军的胜利进军了，八月，汉军分两路向洛阳和长安前进。九月，汉军攻占长安和洛阳，王莽被杀，黑暗反动的新莽王朝在农民起义的烈火中倾覆了。

后世对昆阳之战也予以高度评价。西晋史学家司马彪评价："至于光武，承王莽之篡起自匹庶，一民尺土，靡有凭焉。发迹于昆阳，以数千屠百万，非胆智之主，孰能堪之？"刘宋史学家范晔在《后汉书》里称赞道："寻、邑百万，貔虎为群。长毂雷野，高锋彗云。英威既振，新都自焚。"北宋学者何去非在《光武论》中评价："方寻、邑百万之众以压昆阳，其视孤城之内外者皆几上肉也。然而光武合数千之卒，申之以必死之誓，激之以求生之奋，身先而搏之，则其反视寻、邑之众者皆几上肉也，是以胜。虽然，是役也，人以其为光武之能事，而莫知其所以为能事也。唯诸将观其生平见小敌怯，见大敌勇也,皆窃怪之。而不知光武为是勇、怯者,乃所谓能事而皆以求胜也。"北宋文学家苏轼曾著《昆阳城赋》,赋曰:"昆阳之战,屠百万于斯须,旷千古而一快。想寻邑之来陈,尢若驱云而拥海,猛夫扶辕以蒙茸,虎豹杂沓而横溃;罄天下于一战,谓此举之不再。方其乞降而未获,固以变色而惊悔;忽千骑之突出,犯初锋于未艾。始凭轼而大笑,旋弃鼓而投械,纷纷籍籍,死于沟壑者不知几何。人或金章而玉佩,彼狂童之僭窃,盖已旋踵而将败,岂豪杰之能得?尽市井之无赖。"明末大儒王夫之在《读通鉴论》中点评道:"昆阳之战,光武威震天下,王业之兴肇此矣。"更有人认为,昆阳之战是中国乃至世界战争史上最为精彩的篇章,可以毫不夸张地说,昆阳之战的战绩盖过了古今所有军事家的所有经典之战。

在昆阳之战中,王莽军的军力有足足42万人,而更始起义军守城和外援的总兵力加在一起也不过2万余人。在兵力对比如此悬殊的情况下,起义军能够取得如此辉煌的战绩,决不是偶然的。归结其要旨,大约如下:在政治上,起义军反抗王莽暴政统治,符合广大民众的愿望和要求,因而得到民众的拥护和支持,这是昆阳之战中更始军一方得以取胜的政治根源。在军事上,起义军采取了"坚守城池以牵制敌人,同时调集援军积极反攻"的正确战略,拖延了敌军的行动,消耗了他们的实力,使更始军一方牢牢地掌握了战场攻守的主动权。在作战指导的具体运用方面,起义军士气高昂,勇于陷阵,又善于利用敌军的缺陷,军事进攻与心理打击双管齐下,瓦解了敌人的士气,积小胜为大胜;并且善于把握战机,选择了敌军指挥所为主要进攻目标并将其一举捣毁,使得敌军陷于群龙无首的境地,最终难逃失败的命运。需要特别指出的是,雷暴天气进一步扩大了更始军的战果,打击了王莽军队,从这一点来讲,战场的意外对战争的结果还是产生了一定的影响的。

02 东征印度的亚历山大
被高温酷暑击退的统帅

高温酷暑的战场环境也会对战争结果产生影响。这种影响的表现形式首先是中暑。中暑是高温环境下由于热量吸收过多、水盐代谢紊乱等引起的一种以中枢神经系统和（或）心血管系统障碍为主要表现的急性热致疾病。中暑发作与当时的气温、湿度、风速、高温曝晒时间、劳动强度以及人自身体质的强弱有关。而诱发中暑的主要原因则是气温。在干热环境和湿热环境中都容易发生中暑，当相对湿度与气温分别为85%、30℃～31℃，50%、38℃，30%、40℃时，人体调节体温的功能开始降低。由于汗液大量分泌，引起体内水分、盐分的损失而引发水盐代谢障碍，人体热负荷继续加重，使中枢神经调节体温的功能失调。如果人们在这种环境中长时间进行体力活动，将很容易发生中暑。在高温环境中，人体散热较为困难，当身体内部的热量积蓄到一定程度时，体温开始升高，有时可升高到42℃。过高的体温使中枢神经系统出现机能障碍，容易引起头晕、头痛、烦躁不安乃至昏迷的症状。高温时人体只能通过汗液蒸发来散热。皮肤为了散热，要求血液循环加快，如果心脏功能和血管舒张调节不能适应散热需要时，将导致循环衰竭。表现为面色苍白、皮肤湿冷、呼吸浅促、血压下降，以至昏倒和神志不清。人体大量出汗以后，机体失水失盐，如未能及时补充，将导致血液电解质平衡紊乱，从而引起肌肉痉挛。肌肉痉挛从四肢开始，严重时，躯干肌肉也会发生抽搐。人在野外高温环境中活动，头部受热辐射较多，会头痛、头晕、眼花、耳鸣、恶心、兴奋不安或丧失意识等。由于中暑对人体生理机能有较大影响，在干热或高温、高湿环境中行军作战，可造成暂时性非战斗减员，降低部队作战能力。[①] 中暑的症状表现为突然头晕、恶心、昏迷、无汗或湿冷，严重者易产生瞳孔放大、发高烧等症状。发病前，中暑者常会口渴头晕，浑身无力，眼前阵阵发黑。

> 印度的高温天气

其次是瘟疫等传染性疾病。这些疾病一旦在人口密集且卫生条件不佳的军营中传染开来，按照古时候的卫勤保障条件是非常难以防范和控制的。

此外，高温环境对人的体力消耗也是巨大的。美国著名历史学家大卫·兰德斯认为，热量消耗定律适用于所有人，没有人能在炎热、潮湿的环境下干劲十足。一名孟加拉外交官回忆他本人和他的同胞访问温带地区时的感受："在印度、巴基斯坦、印度尼西亚、尼日利亚和加纳这样的国家，我总是稍一用力或用脑就感到四肢乏力，而在英国、法国、德国和美国，不管是长时间坐在案前，还是短途旅行，温带气候总能使我受到鼓舞和精力充沛。据我所知，所有访问过温带国家的热带居民都有这样的感受。我也曾看到数百个从温带来到热带的人不在空调室的时候，活力荡然无存、筋疲力尽的样子。我看到，在印度和其他热带国家，农民、工人、实际上所有的体力劳动者和机关工作者工作节奏非常之慢，经常休息很长时间。而在温带，同样的人的工作节奏非常之快，并且他们浑身充满了活力，很少休息。我从个人和其他访问过温带国家的热带居民的经历认识到，热带和温带的工作精力与效率存在着如此

---

① 张为华、汤国建、文援兰、张洪波、罗亚中、朱彦伟、尚洋：《战场环境概论》，北京：科学出版社，2013年版，第127页。

奇特的差别,绝非全部或主要因为营养水准的不同。"[1]

而在世界历史上,高温酷暑的恶劣气候条件曾经对一个庞大的帝国产生过非常重要的影响,甚至间接导致其颠覆与灭亡,这就是亚历山大大帝东征印度并撤退的原因。

公元前356年7月,亚历山大诞生于马其顿王国的首都培拉。亚历山大出生于皇室,是马其顿国王腓力二世之子。腓力二世一直都有向波斯帝国复仇的伟大抱负,但想要实现这一伟业,需要几代君主不懈的共同努力,因此他对儿子亚历山大格外器重,有意将马其顿王国交付给他。腓力二世给予了亚历山大当时最好的教育。他邀请希腊半岛久负盛誉的一流学者亚里士多德担任亚历山大的老师,同时让数名出身较好的马其顿青年担任陪读,而他们大部分日后成为了亚历山大的亲密朋友,以及马其顿部队中的优秀将领。亚历山大在导师亚里士多德的教授下,不仅学习了希腊基础的课程,而且在伦理学、政治学、哲学、医学等方面得到了亚里士多德的系统教育与用心培养,这为亚历山大日后的统治与征服提供了良好的智力支持,同时也为亚历山大大帝高尚文雅的情操与智勇兼具的气质奠定了基础。腓力二世在军事上的野心潜移默化地影响到了亚历山大,使他很早就形成了强烈的征服欲望和坚韧不拔的毅力。腓力二世进行军事活动时,经常将亚历山大带在身边,令他耳濡目染国家军事事务;并且刻意地锻炼亚历山大处理政务的能力。在这样的培养下,亚历山大成为那个时代最出色的统帅。他征服了大半个世界,统治的国土面积超过520万平方千米。他统一东西方的军事活动,也促进了东西方思想文化的交流与融合。亚历山大大帝杰出的军事才能,深远的军政谋略,空前的历史功绩,使其成为历史上富有传奇色彩的人物。[2]

> 亚历山大大帝与他的老师亚里士多德在一起

---

[1] [美]戴维·S·兰德斯著,门洪华、安增才、董素华、孙春霞,程克雄译校:《国富国穷》,北京:新华出版社,2007年版,第14页。

[2] "论亚历山大大帝的军事统帅艺术",魏丽:《安徽文学》,2018年第2期,第68页。

虽然亚历山大大帝建立的政权仅是昙花一现，但在东西方文化发展史上，却产生了很大的影响。由于亚历山大具有古希腊城邦的领导权，并以崇敬与仰慕的态度积极吸收希腊文化，因此他几乎是不知不觉地就将希腊的语言和文明带到他所经过的地方。他征服了波斯帝国，横扫过伊朗高原心脏地带、扎格洛斯山脉与地中海整个闪语地区，以及希腊人、利夏人、卡里亚人和其他许多民族聚居的小亚细亚地区。他所遗留下来的世界，很快被几位继位者瓜分，他们仍以希腊语作为沟通媒介。在亚历山大传奇的一生中，征战印度绝对是浓墨重彩的一笔。

但是要谈起他征战印度的事情，得先从马其顿的发家说起。亚历山大大帝的父亲腓力二世是个颇有建树的国王，不但征服了诸多希腊城邦，还立志击败马其顿以东的庞然大物——波斯帝国。可惜他宏图未展，于公元前336年便遇刺身亡。这时，20岁的王子亚历山大三世继承了王位。他从小接受了优秀的教育，向父亲学习了骑马射箭的技艺，并师从著名哲学家亚里士多德，学习了希腊的科学文化知识。他以马其顿和希腊军队大统领的名义宣告，波斯在公元前5世纪两次侵略马其顿和希腊，此仇必报。公元前334年初春，他将国家的内政权力交给了重臣安提培特和母亲奥林匹亚斯，自己亲率大军出征波斯。

亚历山大统领4万步兵和6000骑兵，分乘160艘战船和大批货船，浩浩荡荡渡过赫勒斯滂海峡（今达达尼尔海峡），踏上了小亚细亚的土地。他率军沿地中海东岸南下，于次年11月同波斯军队在现今土耳其南部伊苏斯地区遭遇。亚历山大的军队锐不可当，迅速击败四倍于己的敌人。为防止敌人反扑，他当即下令在战场南侧一块高地上修建一座城堡。城堡匆促修建，以他的名字命名为"伊苏姆的亚历山大里亚"（"里亚"这一后缀意为"城"）。亚历山大在此留下了部分将士驻守，自身率军继续南下，横扫叙利亚、腓尼基、巴勒斯坦等地区，于公元前332年11月几乎兵不血刃就进占埃及。翌年4月，他抵达尼罗河注入地中海的河口三角洲，发现那里地势低平，土壤肥沃，灌溉方便，遂决定就地修建未来帝国的都城。这座未来的城市以他的名字命名，由著名建筑师蒂诺克拉迪斯按照希腊的传统风格进行设计建造。他虽然没有看到这座城市建成，但他选定的城址背河面海，极具地缘优势，很快发展成了连结欧亚非三大洲的陆海交通枢纽，成为东地中海地区的重要经济与文化中心，并有近千年时间一直是埃及的都城。这就是现今埃及的第二大城亚历山大。它是亚历山大大帝决定修建、并以他的名字命名的所有城市中历经两千多年而不衰、影响力最大的一座。①

在横扫小亚细亚、攻陷推罗、进占埃及后，亚历山大开始为消灭波斯帝国进行积极准备。他一方面安抚陷入斯巴达危机中的希腊各邦，另一方面拒绝了大流士的和谈建议，决心与之一战。最终，亚历山大在高伽美拉决战中大败大流士，波斯帝国灭亡。波斯帝国的灭亡标志着亚历山大的希腊联军复仇之战阶段结束，但是亚历山大的远征却并未到达终点。波斯帝国灭亡后，亚历山大取代了大流士成为帝国的新主人。这位野心勃勃的征服者显然并不甘心于既得成果，他的下一个目标是征服全亚洲，要当"亚洲之王"。

> 亚历山大大帝击败大流士

公元前330年，亚历山大穿过帕提亚，到达阿瑞亚的最北端，他听说巴克特里亚总督贝苏斯自封为王，遂决定在此建立一座城市，即阿瑞亚的亚历山大城。为了控制兴库什山以南地区并阻止这一地区落入贝苏斯的控制，亚历山大在此建立了几座城市，如阿拉科西亚的亚历山大城、高加索的亚历山大城等。公元前329年，他穿过了喀布尔流域中心的帕拉帕米萨达地区。由于恶劣的天气以及后勤供给不足，部队在此停留。在此期间，亚历山大在贝格拉姆建立了一座亚历山大城，用以控制西巴尔和哈瓦克关口，并防御来自巴克特里亚地区的入侵。之后，亚历山大经过一个小城，接受了城中居民的投降，但是第二天却纵兵洗劫了这个城市。亚历山大继续向撒马尔罕的总督宫殿行进。部队到达锡尔河后，亚历山大在河流的南岸建立了一座新城，即艾斯科特的亚历山大城。

在亚历山大筹划建城事宜期间，他获悉整个大巴克特里亚发生了大规模叛乱，于是亚历山大再度对这一地区进行了征服。他出其不意地攻占了锡尔

---

① "亚历山大究竟有多'大'"，高秋福：《新华每日电讯》，2015年4月10日。

河周围7座山寨，并按照以往的做法，男人被杀，妇女被卖为奴隶。这次进攻并不顺利，战斗中亚历山大本人被一块石头砸在脑袋和脖子上，高级将领克拉特拉斯中了一箭，其他军官负伤的也不少。对河流以北的萨卡人的征服也是困难重重。土著居民包围了马其顿驻军，并且萨卡人的骑兵使马其顿人一度受挫，后来亚历山大运用了步骑夹击的战术将之击败。亚历山大建立了一座新的要塞基地，作为抵抗来自北方游牧部落进攻的据点。平定了北部索格狄亚那地区后，亚历山大向南推进，但是同样遇到了严重的挫折。由于疲劳和缺乏草料，马其顿军队的作战能力下降，并受到人数众多的土著的袭击，死伤较大。据阿里安记载："结果逃得性命的骑兵只有不到40名，步兵只有300名左右。"最后，亚历山大利用分化瓦解的方式才将此地征服。之后，在奥克苏斯河北面，亚历山大建立了数个城市，而且每个城市都建在高处。夏末，各支军队在撒马尔罕汇集。在这里，亚历山大接受了许多来自锡尔河北部和西部的萨卡部落的投降，并与他们缔结了和约以及联盟条约。接下来，亚历山大抵达诺塔卡，在那里赫菲斯提昂为军队建立了军事据点。

索格狄亚那地区的战争结束后，亚历山大开始继续行军。随着大雨滂沱，气温骤降，马其顿的军队在这段行军途中饱受折磨，直到后来获得补给才恢复元气。公元前327年，亚历山大进入了北印度地区。沿途征服了一些土著。马其顿军队穿越山脉，在山下占领了一个叫"阿瑞伽亚斯"的城市，但居民早已放火把城市烧毁逃跑。由于这座城战略位置重要，亚历山大吩咐将领克拉特拉斯在四周修一道墙，以加强其防卫能力。他还号召附近部族迁入城内定居，部队里超过服役年龄的也可以在城里安家。亚历山大在北印度地区建立城市，然后召集退伍军队驻守的方式是明智的。由于北印度复杂的地形和马其顿军队数量的不足，通过建立驻军城市可以有效地对被征服地区进行统治。

传说在阿尔诺斯山，希腊著名英雄赫拉克勒斯曾经攻打过一个要塞，但遭到了失败。于是亚历山大决心要挑战并超越他。亚历山大雇佣了一个当地向导，并挥军占领了直接通向这座要塞的山脊高处，沿山脊建造了一个围攻堤。面对马其顿人势不可挡的火力，印度人撤离了山寨。亚历山大渡过印度河，接受了一些王公的投降，但是，却遇到了强劲的敌人波鲁斯。波鲁斯统治着位于希达斯皮斯河和奇那布河之间的富庶的国家，并拥有强大的象军，与亚历山大在希达斯皮斯河大战。尽管付出了较大的代价，但亚历山大最后还是击败了波鲁斯。由于当地国家的实力强大，马其顿在这一地区的控制力相对不足，亚历山大没有废除波鲁斯，而是让他继续担任希达斯皮斯河外领土的统治者。之后，波鲁斯的领土不断扩大。而且，在战败波鲁斯后，亚历山大举行了盛大的庆祝仪式，并打算建立两座新城，后来给这两座城命名为"尼卡亚"和"布西法拉亚"。接着，亚历山大继续开展了对印度的征服，但不久雨季来临，据狄奥多鲁斯记载，雨季持续了70多天。部队拒绝前行，无奈之下，亚历山大只得班师回朝。

综观亚历山大在中亚和北印度的活动，军事征服仍然是这一阶段的主线。但是，中亚和北印度的地形多山、沙漠纵横，而且冰雪皑皑，导致部队行军困难重重，补给也成为一大难题。土著居民骁勇善战，利用复杂多变的地形，给亚历山大制造了许多麻烦，使这一地区的主要作战形式由阵地战转变为了游击战。密集笨重的马其顿的方阵兵在此难有施展的舞台，在作战中亚历山大本人就两次受伤。北印度持续的雨季和强大的象军都构成了亚历山大难以克服的障碍。因此，中亚和北印度这些特殊的地理和政治环境，决定了亚历山大需要调整其原先的策略，而采用一种新的政策，即建立城市。亚历山大在征服难度较大的中亚和北印度地区后，建立了一系列亚历山大城，再驻扎大量的马其顿军队和希腊人，以实现对这些地区的控制，这种政策有着现实的合理性。[①]

亚历山大率军进入印度并进行了短暂的征服。由于部队拒绝前进，亚历山大不得不班师回朝。公元前325年，亚历山大兵分两路，陆路由国王亲自率领，海路由克里特的尼阿库斯率领，踏上了西归的路程。在离开时，亚历山大举行了隆重的仪式，举办了音乐和运动比赛。之后，在希达斯皮斯河向赫利俄斯献祭，标志着东方征服的结束。一声号令之下，舰队启航，顺流而下。途中，他夺取了联邦德国拉欧提斯河以西的据点，试图逃跑的居民被他的骑兵所杀。之后，大军转战联邦德国拉欧提斯河以东地区，那里反抗的城市陷落，大部分居民被迫躲在沙漠中避难。部队到达阿塞西尼斯河与印度河的交汇处时，

---

① "亚历山大的东方政策"，张旭峰：华中师范大学硕士学位论文，2009年，第20页~27页。

受到了土著居民的欢迎。亚历山大顺流而下，沿途对土著居民进行了征服，控制了苏库尔以南河边的领土，迫使印度河以西的山区部落统治者散巴斯投降，接着接受了帕塔拉地区的总督的投降。

之后，亚历山大历经重重困难穿越了格德罗西亚沙漠，到达苏撒。在苏撒，亚历山大举行了一场有马其顿人和波斯人参加的大型集体婚礼。公元前324年春，马其顿军队离开苏撒，向波斯湾进军。公元前323年，亚历山大回到巴比伦，不久病逝。

事情来得突然，亚历山大大帝又无子嗣，王位一时虚悬。部将之间随即爆发争夺权力和地盘的战争，亚历山大用近12年时间辛苦建立的亚历山大帝国很快分崩离析。在帝国广大的地盘上，最后形成三个希腊化的继业者国家：埃及的托勒密王朝、西亚的塞琉古王朝以及东南欧的安提柯王朝。这些王朝的统治者在各自统辖的土地上开始以各自的名字建立城镇。

> 亚历山大大帝的灵车

煊赫一时的庞大帝国就这样没入历史的长河之中。究其根源，其实在于亚历山大大帝的突然离世。而他的离世与从印度的撤军分不开。那么，战无不胜、攻无不克的亚历山大大军为何在印度吃了苦头？古希腊史学家阿里安认为：印度的季风不断，季风一来，暴雨成灾。一入夏季，印度全境降雨，山区雨量尤大。帕拉帕米萨斯、赫木达斯、伊毛斯等山上的山洪泻入各河，使河水猛涨，奔腾澎湃，一泻千里。印度平原在夏季往往也是阴雨连绵，大部地区变为沼泽。事实上，亚历山大就是在仲夏间，正当阿赛西尼斯河泛滥时，从那里撤兵的。同时，印度地处赤道，热带气候令人难以忍受，沙漠地方烈日当空，几无滴水，致使马其顿人大多数消失在漫无边际的沙漠，以致于"撰写亚历山大历史的人多数都认为，把亚历山大的部队在亚洲经历的一场苦难加在一起，也比不上他们在这个地区所受的罪"。加之酷暑暴雨，使军中瘟疫流行，军队战斗力减低。这使亚历山大不得不放弃对印度的进攻。从这一点来说，战场环境几乎决定了战争的结果。

03

风风火火的胜利
赤壁之战

　　大风天气是一种常见的气候现象。地球上的水受太阳照射而蒸发，使大气中聚集大量的各种形态的水蒸气。几乎全部水蒸气都集中在对流层大气内，因而在不同的气温条件下，就会形成云、雨、雾、雪、雹等天气现象。由于对流层呈现上冷下热的大气结构，且下垫面的地形和地貌复杂，因此很容易造成垂直方向和水平方向的风，即空气发生大量对流。例如，沙漠吸热多散热快，因而沙漠上面的空气被加热得快，温度较高，向上浮升，四周的冷空气进入，造成上升气流和水平方向的风。[1]在现代战争中，风产生的影响较大，主要体现在飞行领域。飞机的起飞着陆、确定巡航高度以及计算飞机的活动半径、选择最佳航线和确定燃料装载量等都必须考虑风的影响。风对飞行的影响也比较复杂，包括不同时段的平均风速和瞬时风速，相对于飞行方向有顺风、逆风和侧风等不同情况和特征。[2]据美国的统计，1968年～1986年，美国发生的航空事故中有40%左右是低空风切变所造成

---

[1] 张为华、汤国建、文援兰、张洪波、罗亚中、朱彦伟、尚洋：《战场环境概论》，北京：科学出版社，2013年版，第49页。

[2] 同上：《战场环境概论》，第59页。

的。大风天气不仅对现代战争的战场行动产生重要影响,对古代战争也曾产生过重要影响。这场被大风影响战局的战争就是中国历史上大名鼎鼎的赤壁之战。

说起赤壁之战,在中国可谓是家喻户晓。唐代诗人杜牧的《赤壁》可谓是唐诗中的佳作:"折戟沉沙铁未销,自将磨洗认前朝。东风不与周郎便,铜雀春深锁二乔。"大文学家苏东坡曾写过千古名篇《前赤壁赋》《后赤壁赋》,而他的《念奴娇·赤壁怀古》更是脍炙人口:"大江东去,浪淘尽,千古风流人物。故垒西边,人道是:三国周郎赤壁。乱石穿空,惊涛拍岸,卷起千堆雪。江山如画,一时多少豪杰。遥想公瑾当年,小乔初嫁了,雄姿英发。羽扇纶巾,谈笑间,樯橹灰飞烟灭。故国神游,多情应笑我,早生华发。人生如梦,一尊还酹江月。"这场战争在中国历史上的影响可想而知。

> 大风天气景象

公元207年,曹操经过8年抗战,终于击败了当时雄踞河北的袁绍集团,统一了祖国的北方。孙权刚刚从其父兄手中接过政权,还算太平稳固。刘焉、刘璋父子,张鲁、张卫兄弟皆"自守之贼",马超、韩遂因马腾在京城为官不敢轻举妄动。于是,刘表的荆州成了必争之地。在郭嘉、诸葛亮、鲁肃等各为其主的战略决策中,荆襄之地早已被进行了规划。同时,诸葛亮、甘宁还断言刘表父子守不住荆州。于是,赤壁之战就是在荆襄争夺战之后,各方势力发生冲突的一场著名战役。208年正月,曹操在邺城造玄武池,操练水军,为南征做军事上的准备;6月,改革官制,罢免三公,重设丞相和御史大夫,从此自任丞相,独揽大权;以不孝为借口杀掉了政敌孔融,以此立威,为南征作政治上的准备;推荐马腾带家属来邺城作卫尉以示安抚,作出了外交上的准备;张辽屯兵长社(今河南长葛),于禁屯兵颍阴(今河南许昌),乐进屯兵阳翟(今河南禹县),以保证许都安全作出了战略上的准备。

经天纬地：不可不知的战场环境

> 赤壁之战形势图

当曹操在军事、政治、外交、战略各方面分别进行了精心的准备后，遂以灭刘备刘表、夺取荆襄为前奏，乘势南下"饮马长江""会猎于吴"，发动了"扫平江南"的南征战争。而赤壁之战则是这场战争中最广为流传的经典战役。曹军号称83万人马，其中：曹仁、曹洪为第一队，张辽、张郃为第二队，夏侯惇、夏侯渊为第三队，于禁、李典为第四队，曹操自领许褚为第五队，各统兵10万欲"扫平江南"。至刘琮不战而降时，荆州军有28万归曹指挥（其中：马军5万，步军15万，水军8万），另有大小战船7千余只。第一队10万人马经过火烧新野、白河水淹、追击当阳等战役损失最多5万，故可推算，《三国演义》中曹操赤壁之战的实际部队约73万人。而《三国志》中则有准确记载：曹军参战部队为"十五六万人"。也就是说，《三国演义》中诸葛亮、周瑜分析的数据曹军不过"十五六万人"与《三国志》中的记载完全一致。孙刘联盟部队至少有5万人马。具体组成：一是刘琦江夏驻军约1万人。二是关羽来汉津登陆接应刘备所带水军1万人。对此，《三国志·诸葛亮传》记载："今战士还者及关羽水军精甲万人，刘琦合江夏战士亦不下

> 赤壁之战火攻想象图

万人。"三是孙权派周瑜为大都督,程普为副都督,领兵3万人马先行拒敌。《三国志》中也记载:"五万兵难卒合,已选三万人。"因此,孙刘联军至少为5万人马。就此,《三国演义》与《三国志》中的记载基本吻合。[①]

其实赤壁之战并不是孤立的战役,而是从曹操率军南下开始,突袭襄樊,挥师江陵,经历赤壁、乌林之战,到最后孙刘联军包围江陵的全过程。从曹军的视角看,这次战争主要有进攻、遭遇、败退三个阶段;而对孙刘联盟一方来说,这次战争则包括了刘备从荆州败退、孙刘结成联盟进行防御、反攻直至胜利的一系列过程。孙刘联盟以少胜多的关键在于他们成功地运用了火攻战略战术。相关历史文献对赤壁火攻也有记载。西晋陈寿《三国志》中记载最为详细的是在《周瑜传》中:"瑜部将黄盖曰:'今寇众我寡,难与持久。然观操军船舰首尾相接,可烧而走也。'乃取蒙冲斗舰数十艘,实以薪草,膏油灌其中,裹以帷幕,上建牙旗,先书报曹公,欺以欲降。又豫备走舸,各系大船后,因引次俱前。曹公军吏士皆延颈观望,指言盖降。盖放诸船,同时发火。时风盛猛,悉延烧岸上营落。顷之,烟炎张天,人马烧溺死者甚众,军遂败退。"北宋司马光《资治通鉴》第六十五卷载:"时操军众,已有疾疫。初一交战,操军不利,引次江北。瑜等在南岸,瑜部将黄盖曰:'今寇众我寡,难与持久。操军方连船舰,首尾相接,可烧而走也。'乃取蒙冲斗舰十艘,载燥荻、枯柴,灌油其中,裹以帷幕,上建牙旗,豫备走舸,系于其尾。先以书遗操,诈云欲降。时东南风急,盖以十舰最著前,中江举帆,余船以次

[①] "三国时期经典战役研究之二——赤壁之战",潘逸:《湖北成人教育学院学报》,2015年3月,第72页。

俱进。操军吏士皆出营立观，指言盖降。去北军二里余，同时发火，火烈风猛，船往如箭，烧尽北船，延及岸上营落。顷之，烟炎张天，人马烧溺死者甚众。瑜等率轻锐继其后，雷鼓大震，北军大坏。"

通过这两份史料我们可以得知以下几点：一是操军船舰首尾相接。史书中并未明确记载曹操采取锁链战船的行动究竟是中了庞统的"连环计"，还是曹操自己的计策。根据记载，曹军面临的情况是：军中以北方人士为主，"舍鞍马，仗舟楫，与吴越争衡，本非中国所长，又今盛寒，马无蒿草，驱中国士众，远涉江湖之间，不习水土，必生疾病"；"时曹公军众已有疾病，初一交战，公军败退，引次江北"。为了扭转初战不利的局面，曹操主动采取了链锁大船的行动，但这为实施火攻提供了有利的条件，可算是地利。此外，火攻之计历史上是黄盖最先提出，而非诸葛亮、周瑜。黄盖在历史上的形象，比小说中更为鲜明，功绩也更为卓著。他"姿貌严毅，善于养众，每所征讨，士卒皆争为先"，屡立奇功，官拜武锋中郎将，后加偏将军。他"当官决断，事无留滞，国人思之"。《吴书》曰："又图盖形，四时祠祭。"由此看出，黄盖处事果断，严正刚毅，受到当时人的尊敬。他机智大胆，"以书遗操，诈云欲降"，这是实施火攻的一个重要条件，是最能体现人的智慧的一环，可谓是人和。另外，东南风是赤壁之战成功实施火攻的又一项必要条件。火攻作为一种对气候要求较高的战术，必须在天气干燥、风向稳定的日子才能实施。《孙子兵法》云："发火有时，起火有日。时者，天之燥也；日者，日在箕、壁、翼、轸也，凡此四宿者，风起之日也。"赤壁战起，正值东南风劲吹之时，火借风势，风助火威，烧得曹操落荒而逃。"万事俱备，只欠东风"，没有东南风，便没有孙刘联军赤壁之战的辉煌胜利。由此可见，历史上赤壁之战中的火攻是天时地利的有利条件，加以人的智谋才能成功实施的一次战略战术，是天和、地和、人和三者兼备的结果。[①]

赤壁之战产生了深远的影响。火烧赤壁后，曹仅带27骑落荒而逃。瑜则收功点将，进攻南郡（即江陵）。恰逢刘备派孔乾来东吴军营作贺，周瑜才知刘备屯兵油江口（今公安县），悟出刘备取南郡之意，并且经由双方协商，

---

① "论赤壁之战中的火攻"，袁益梅：《赤峰学院学报》，2013年8月，第23页~26页。

> 赤壁之战奠定了三国鼎立局面

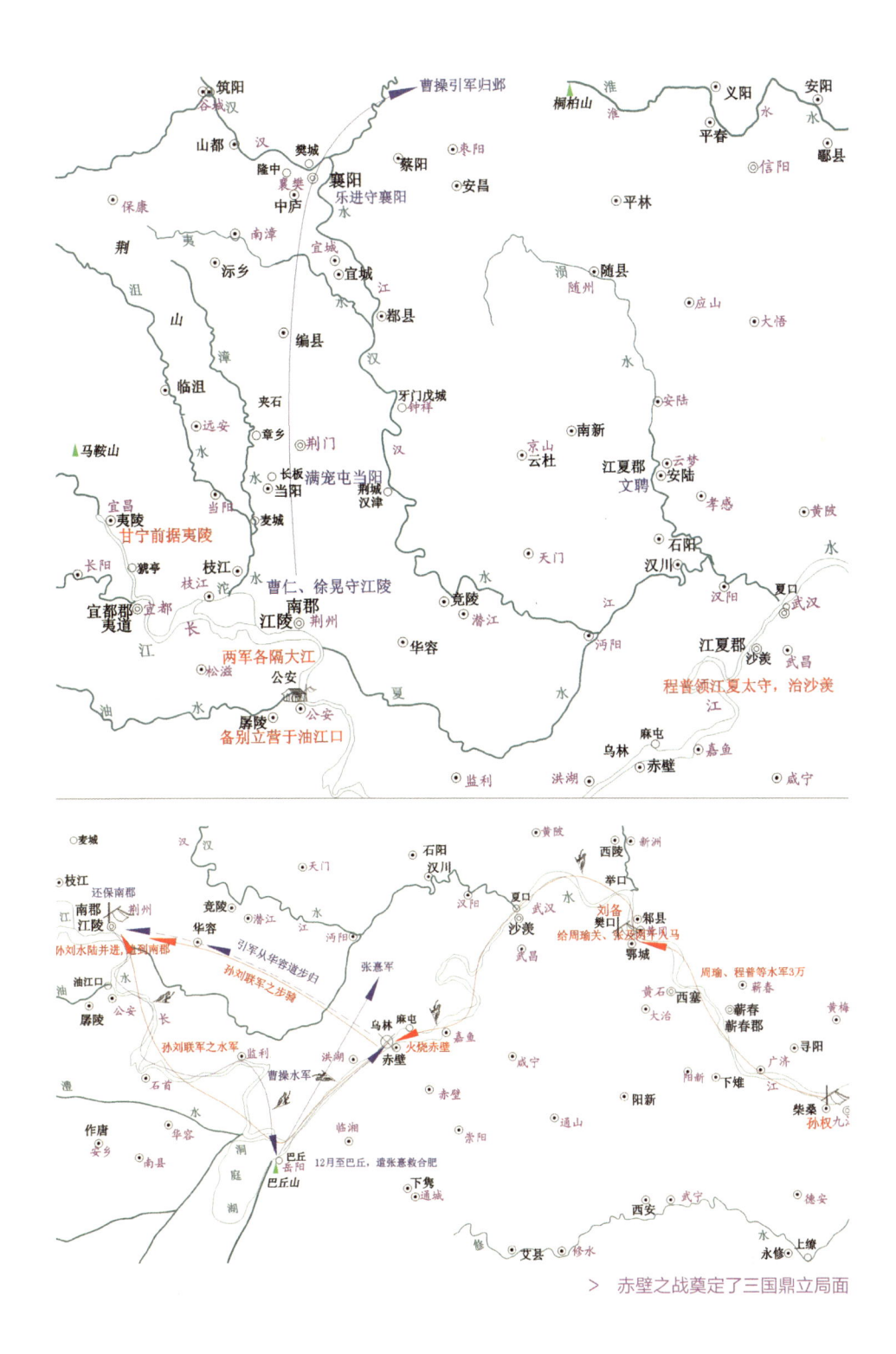

达成了"待吾取不得南郡,从公取之"的口头协议。蒋钦领兵取南郡时,曹仁二进吴军重围救出牛金等。此后,周瑜派甘宁进攻与江陵成犄角之势的夷陵守将曹洪,结果中计被围,不得已周瑜暂将大都督之职十日为期付凌统,亲自带周泰、吕蒙等破夷陵,救出甘宁。曹仁在犄角已破的情况下,遵循曹操锦囊的指示,将城上遍插旌旗,虚张声势,并令军马分三路浩荡出城,与周瑜大战,败而不进城,以诱周瑜攻入瓮城。埋伏的长史陈矫乱箭射中周瑜左肋。周瑜将计就计,坠马诈死,诱曹仁全军夜袭吴营,结果中计,败走襄阳。正当曹仁、周瑜大战之时,诸葛亮乘机突袭了空虚的南郡,取兵符诈调荆州、襄阳之兵救江陵,顺势派张飞攻取荆州,关羽攻取襄阳,从容抢占三处地盘,这就是三国演义中描述的"一气周瑜"。从双方伤亡情况看,曹军"伤之过半",多为荆州刘表部降卒。按照《三国演义》中83万部队战赤壁的记载,除了镇守襄阳、樊城、当阳、江陵、章陵、南郡等地及运粮的部队外,至少伤亡40万人。因为,曹操败走华容道时,"令张辽、许褚、徐晃引百骑执刀在手,但迟慢者便斩之。一停落后,一停跟随曹操"。最后,"止二十七骑"逃回南郡。按照《三国志》记载参战部队"十五六万人",史学家的分析,也至少伤亡有5万人以上。至于孙刘盟军伤亡数量则史书、《三国演义》中无明确记载。但根据战争情势,估计不会超过万人。因为联军真正短兵相接只有三江口初战挫曹、火烧赤壁曹军兵败如山倒、周瑜南郡战曹仁等三次大型战役,且胜多败少,各处史料均没有伤亡记载,故可以推测联军伤亡很少。另外,刘备方面的关羽水军,刘琦、张飞、赵云守军均未直接参战,只是曹军败退之时拦截和抢夺军需物资,故几无伤亡。

在三个军事集团所控制的疆域方面,赤壁之战的影响更加巨大。东汉末年的"荆襄九郡"是指:南阳郡、南郡、江夏郡、零陵郡、桂阳郡、武陵郡、长沙郡、襄阳郡、章陵郡(其中,襄阳、章陵郡是从南阳郡、南郡中分县另治),所辖县117个。原荆州治所在汉寿(今湖南汉寿县北),汉末移治襄阳(今湖北襄阳)。公元209年,刘备领荆州牧,遂移治公安(今湖北公安西北)。"借荆州"后,再移治江陵。"荆襄九郡"相当于现在的湖北、湖南大部及河南、贵州、广东、广西等省的一部分地区。赤壁之战后,曹操占据了南阳郡、南郡、襄阳郡及江夏郡部分等;刘备抢占了零陵郡、桂阳郡、武陵郡、长沙郡等;

孙权仅夺占了江夏郡部分等。章陵郡最终归谁占领稽考不明，但有学者认为是曹操、刘备各占了一部分。公元 210 年，周瑜死后，孙权采纳鲁肃的建议，把自己的一块地盘"借"给了刘备。因此，赤壁之战最后最大的得利者是刘备，占据了绝大部分的荆襄地区。①

从战略态势和曹操之后的表现来讲，这场战争产生的影响也是巨大的。如果曹军在赤壁之战取胜，多疑的荆州水军，就会奋勇向前，顺流东下直捣孙吴的老巢，刘备的军队也会一败涂地。但战争的结果却与曹操的愿望相反，不是大胜而是大败。至于曹操大败的原因，周瑜和诸葛亮早有预料，那就是"今北土既未平安，加马超、韩遂尚在关西为操后患，且舍鞍马仗舟楫与吴越争衡，本非中国所长。今又盛寒，马无稾草，驱中国士众远涉江湖之间，不习水土，必生疾病。此数四者用兵之患也，而操皆冒行之，将军禽操宜在今日"。简单地说，曹操的具体失败原因有四：一、北土未平，尚有后患，决定曹操失败后迅速北归；二、曹军不习水战，不知水战中还有火攻；三、时值盛寒，马无草料；四、北军不习南方水土，必生疾病。诸葛亮的论述，与周瑜略同，故不再补述。曹操在赤壁战败之后，也吸取了教训，不敢再争强用兵。其表现之一，建安十四年（公元 209 年）七月辛未，曹操下令曰："自顷已来，军数征行，或遇疫气，吏士死亡不归，家室怨旷，百姓流离，而仁者岂乐之哉？不得已也。其令死者家无基业不能自存者，县官勿绝廪，长吏存恤抚循，以称吾意。"表现之二是再不敢轻视吴军而贸然发动进攻。在建安十八年（公元 213 年）正月，曹操率军进攻濡须（安徽无为县），与孙权"相拒月余，曹公望权军，叹其齐肃而退"。注引《吴历》曰："曹公出濡须，作油船，夜渡洲上。权以水军围取，得三千余人，其没溺者亦数千人。权数挑战，公坚守不出……公见（吴军）舟船器仗军伍整肃，喟然叹曰：'生子当如孙仲谋，刘景升儿子若豚犬耳。'权为笺与曹公说：'春水方生，公宜速去。'别纸言：'足下不死，孤不得安。'曹公与诸将曰：'孙权不欺孤。'乃撤军还。"再不见他赤壁之战初期的霸气。直至曹丕时，对东吴仍持谨慎态度。如黄武三年（公

---

① "三国时期经典战役研究之二——赤壁之战"，潘逸：《湖北成人教育学院学报》，2015 年 3 月，第 77 页。

> 描绘赤壁之战的京剧

元224年)九月,"魏文帝出广陵(江苏扬州西北蜀冈上),望大江曰:'彼有人焉,未可图也。'乃还"。以上所举曹操出濡须和曹丕出广陵事,说明三个问题:一、曹氏父子吸收了赤壁之战失败的教训,再不敢贸然进攻东吴;二、曹操对孙权治军的才能是赞颂的,反映曹操英雄惜英雄的本色。即使是自己的对手也要赞颂,如曹操就曾对刘备说:"今天下英雄唯使君与操耳,本初之徒,不足数也。"他认为战胜一个强势有才干的对手,才更有意义;三、曹操藐视软弱无能的投降者,故称刘琮为"猪狗"。像刘琮这样的软骨头,在历史上从来没有人称颂过。[①]

而这场受大风影响的战争带来的最大的影响是促使三分天下格局的形成。三国鼎立局势的出现,是东汉末年外戚、宦官相继专政、政治腐败、董卓乱政、军阀混战的结果。先是关东军阀与董卓军相对峙,董卓被诛除后,各地军阀纷纷竞起,出现天下大乱的局面。在军阀混战中互相兼并,逐渐形成袁绍、袁术、吕布、曹操、马超、韩遂、刘表、孙权、刘璋、张鲁等几个大的集团。当时刘备虽然以汉室宗亲的名义,很有声望,但直至赤壁之战前,尚无固定

---

① "赤壁之战曹军是大败不是小败——与何德章同志商榷",朱绍侯:《中国史研究》,2017年第4期,第193页~194页。

地盘，先后投靠过吕布、袁绍、曹操和刘表。在几个大的军阀中，先是以袁绍为最强，占有青、冀、幽、并四州之地，有精兵 30 万以上。因急于统一北方，他在官渡被"挟天子以令诸侯"的曹操以少数兵力击败，曹操遂成为北方最强的军事集团。在北方并未稳定的形势下，他和袁绍一样犯了性急病，要乘战胜袁绍的威势而南征，以消灭刘备，征服刘表，实现"天下一定"。但上自各军阀集团领袖，下至老百姓，都认为曹操是"挟天子以令诸侯"，仍承认汉家为正统，连曹营内部也有人持这种观点。如曹操最信任的高参荀彧，因反对封曹操为国公、赐九锡，而被迫自杀。这些情况，都说明曹操并未征服民心，在当时各军事集团将领被迫受封时，也只承认是接受汉的官爵而非受曹操的官爵。曹操虽然名义上是汉相，实际上汉献帝是他的傀儡，故敌对集团的人都说曹操名为汉相，实为汉贼。这就是当时的历史事实。后世研究三国史的学者，多半都把赤壁之战以前的历史作为军阀混战时期，把赤壁之战以后称为"三国鼎立时期"。认为魏、蜀、吴三国对其统治地区的政治、经济、文化的发展都有贡献，对三国的精英人物，都给予肯定的评价。但可惜魏、蜀、吴三家谁也没能实现统一，直至司马氏在魏国掌权后，才灭掉蜀汉，而晋新中国后才平定东吴。那时蜀吴相继腐朽，国势衰弱，时机才算成熟。西晋统一后，曾出现过"泰康繁荣"时期，这是统一的积极效应。但不久又出现了"八王之乱"，西晋政权腐败，才又出现五胡入侵、东晋南迁的分裂割据局面。历史的演变证明，统一和分裂都是由当时的政治、经济条件决定的，不是谁想统一就统一，谁想分裂就分裂，时机和条件是决定因素。[①]

然而，在这场决定中国历史数百年走向的战争中，大风天气绝对是其中一个非常重要的因素。它的出现直接决定了战争的结局，进一步影响了很长一段时间的中国历史。

---

① "赤壁之战曹军是大败不是小败——与何德章同志商榷"，朱绍侯：《中国史研究》，2017 年第 4 期，第 197 页。

04 蒙元征日的失败
被台风偷走胜利成果的战争

作为常见的气象灾难,台风每年都在东亚及东南亚地区造成严重损失。台风是一种热带气旋,在北半球呈逆时针旋转,在南半球顺时针旋转。发展成熟的台风多呈圆形对称分布,台风的半径一般在500千米～1000千米。垂直范围一般到对流层顶。台风中心气压值一般在960百帕以下,在地面天气图上等压线表现为一个圆形(或椭圆形)对称的、气压变化梯度极大的闭合低气压系统,水平气压梯度甚至可达5百帕～10百帕/10千米,台风过境时,测站气压自记曲线出现明显的漏斗状气压深谷。台风一般发生在热带或副热带海洋上,主要分布在北太平洋西部和东部、北大西洋西部、孟加拉湾、阿拉伯海等5个北半球海区,以及南太平洋西部、南印度洋西部和东部等3个南半球海区。台风过境时,常常给受影响地区带来狂风暴雨天气,引起海面巨浪,严重威胁航海安全。

在东亚的历史中,台风曾经改变过地区战略格局——导致蒙元两次征日的失败。具体情况得从元朝水军说起。元朝水军的前身是南宋水军,在中国古代,水军和海军没有本质的区别。当时南宋因长江—淮水—汉水一带为南宋与金、元对峙前线,因此在沿江布置有充足的水军,沿海水军也得到大力发展。南宋初期,主要设沿江、沿海制置使官职，以担负江上、海上的防务。之后，随着各地方屯驻军的配置，水军也分置各地。至南宋中后期，沿江、沿海要地共设有20余处水军驻地。水军的指挥系统主要归属沿江、沿海制置司，有时也归属于各屯驻大军都统司或殿前司，总的来说没有固定的定制。在沿江、沿海各地，有官设造船所建造水军所需战船，在特殊时期，也有强征民船为军用的现象。

在各地水军中，以接近首都临安的许浦（苏州近郊）、澉浦（杭州湾北岸）、定海（宁波近郊）三处为首要。许浦水军原属定海沿海制置司，后指挥权划归殿前司，再其后又改为御前水军。嘉熙年间，这支水军的兵员数达到了1.15万人，为南宋规模最大的水军。澉浦水军隶属殿前司，开禧元年有1500人。定海水军隶属沿海制置司，嘉熙年间有6000人。宝佑二年（公元1254年），南宋政权在首都临安府又设置了殿前司浙江水军，有兵员2800人，至咸淳四年（公元1268年）增扩至1万人，跻身为规模最大的水军之一。除此之外，福建泉州殿前司左翼军有水军3000人，广东殿前司摧锋军有水军2000人。蒙元南侵时，南宋殿前司下辖的各路水军共有一万多人的兵力，除了负责临安附近的海防、江防外，也参与了前线的抗元战斗。至元十二年（公元1275年）一、二月，南宋宰相贾似道率军13万、战船5000余艘，在丁家洲迎击元军，结果大败，又被蒙元夺走了2000余艘战船。接任殿前都指挥使的韩震主张朝廷迁都以暂避锋芒，却被掌握实权的陈宜中所杀。六月，元军在芜湖附近歼灭夏贵水军，捕获200余艘战船。七月，蒙元阿术军进入镇江，大破宋朝水军于焦山，俘获战船700余艘，南宋的长江水军被歼灭殆尽。韩震死后，张彦继任殿前司指挥使，九月又被蒙元军队俘虏，百余艘战船亦同归元军。至元十三年（公元1276年）正月，元军前锋逼近临安，"宋承相陈宜中、殿帅张世杰皆已逃去"。不久，南宋朝廷降元。同年二月，伯颜率元

> 台风天气景象

经天纬地：不可不知的战场环境

> 元世祖忽必烈

军进入临安。陈宜中、张世杰等人从海路逃离，拥立皇太子为帝，改年号为"景炎"，在福建、广东等沿海地区继续抗元活动，令苏刘义为殿前都指挥使。九月，元军于福建再次俘获南宋战船1000余艘。至元十四年（公元1277年）末，张世杰仍拥有800艘战船，但不久，元军又在广东沿海打败张世杰，200艘战船落入元军之手。至元十五年，南宋朝廷被追至广东崖山，张世杰、苏刘义联合1000艘战船抵御元军攻击。至元十六年（公元1279年）二月，在元军猛攻下，南宋完全灭亡，元军又获得800余艘宋船。可见，元朝水军的主力是前南宋的水军，作为一支降军，其战斗力是值得怀疑的。

而元世祖忽必烈早有了征服日本之心。至元三年（公元1266年）八月，忽必烈派遣兵部侍郎里德、礼部侍郎殷弘为使臣出使日本，但所雇佣的高丽向导将其引至巨济岛便折返而回，终未能到达日本。次年六月，忽必烈再派里德等出使，并严厉责令高丽方面，务必将使臣护送到日本。高丽国王派其朝臣潘阜等人代替元朝使节传递国书，但日本执政的镰仓幕府拒不答复，潘阜等人不得不无功而返。至元五年（公元1268年），忽必烈第三次派里德等人出使日本，到达了对马岛，仍被日本拒之门外。后来至元八年（公元1271年）、至元九年（公元1272年），忽必烈又两次派秘书监赵良弼作为使节出使日本，也被滞留于太宰府，未能进入京都。5次通使不成激怒了忽必烈，使他决心对日本使用武力。

其实早在至元七年（公元1270年），忽必烈就曾下令在高丽屯田，以储备攻打日本的粮饷。至元十一年（公元1274年），忽必烈命令屯戍高丽的凤州经略使忻都、高丽军民总管洪茶丘，共率兵1.5万人，大小战船900艘出征日本；后又设立征东元帅府，以忻都、洪茶丘为都副元帅，军队也增加到了2.5万人。当年十月，元军从合浦（今朝鲜马山）出发直捣日本。日本天皇征集藩属兵10万余人迎战。元军开始一举攻占对马、一岐两岛，在肥前松浦郡、筑前博多湾（今福冈附近）登陆，但在日军坚决抵抗下，首战只获小胜，未能深入日本本土。此时日本海飓风骤起,将大部分战船毁坏,加上士兵疲惫,弓箭几乎用尽,元军只得仓促撤退。该年是日本龟山天皇文永十一年,故这场战役在日本史上被称为"文永之役"。至元十二年（公元1275年）二月,忽必烈派礼部侍郎杜世忠等出使日本。杜世忠等一到日本就被镰仓幕府处死。这一消息直到至元十七年（公元1280年）才传到元朝。两国交兵,不斩来使,日本政府斩首使节这种公然违反国际准则的行为,引起了忽必烈的震怒,于是忽必烈决心再次征讨日本。至元十二年（公元1275年）下半年,元朝征调军队（包括南宋新附降军）,成立征东行省（亦称日本行省）主持征伐大计。这次远征日本所用战船始建于元十六年（公元1279年）。二月,元朝政府命令南宋故地扬州、湖南、赣州、泉州等地建造600艘战船;六月,又命高丽建造东路军所用的900艘战船。但在七月,潭州取消了远征日本、交趾所用战船的建造计划。至元十八年（公元1281年）二月,福建省左垂蒲寿庚上言"诏造海船二百艘,今成者,民实艰苦",造船之事遂中止。此外,湖广行省的潭州、江浙行省的泉州、江西行省等战船营造也困难重重。据《元史》记载,在第二次远征日本所用战船中,东路军900艘战船全部由高丽建造,而可以得到确认的江南所造战船仅有至元十六年的600艘,其中最大的海港泉州所造战船仅有50艘。第二次远征日本时,江南战船总数3500艘中,绝大部分可能是元军缴获、接管原南宋水军的战船。其间南宋降将范文虎负责筹措江南军队所用战船。至元十六年（公元1279年）八月,范文虎对忽必烈进言道:"臣奉诏征讨日本,比遣周福、栗忠,与日本僧裔诏往谕其国,期以来年四月还报,待其从否,始宜进兵。又请简阅旧战船以充用,皆从之。"他主张首先派遣使者,试探日本的动向,同时调查原有战船,以筹建船队。仅史料所见,从襄阳之战到崖山之战,元军捕获南宋战船达6000艘以上,另外从投降的南宋水军处,又接管了许多战船。即使其中有许多战船破损、沉没而不堪其用,但截至第二次远征日本时,从南宋捕获、接管的战船服役数量仍很大。范文虎所言的"旧战船"中,虽也包括元军新造的战船,但从南宋捕获、接管的战船应居多数。因此,在第二次远征日本的南路军中有许多投降的南宋水军将士以及他们携带的武器、战船等。至元十八年（公元1281年）正月,忽必烈命令元军兵分两路远征日本。五月,征东行省右丞忻都、洪茶丘以及都元帅金方庆率蒙、汉、高丽军4万人组成东路军，乘战船900艘，自高丽合浦出发，前往筑前去驾岛登陆。东路军遭到了日军的顽强抵抗，遂退至鹰岛，转而向对马、一岐、长门等地发起进攻。同年六月，行省右丞相阿塔海、范文虎、左丞李庭、张禧等，率南宋降军及强征来的江南士卒共10万人组成的江南军，乘战船3500艘，从庆元（今宁波）、定海启航。两路大军约定，七月在一岐岛及平壶岛会师。七月，两路大军在平壶岛会合后，主力部队驻屯鹰岛，另分兵进屯平壶岛，计划分数路进攻太宰府。但是元军统帅之间的不和影响了军务，加之日军戒备森严，元军计划迟滞，在鹰岛共滞留了一个月之久。八月初一夜，元军再次遭到飓风袭击，大部分船只沉没，士兵溺死者无数。初五日，范文虎竟将10多万元军将士遗弃在海岛上，自己独自乘船逃往高丽。日军上岛后，元军大部分将士战死，数万士卒被俘。战俘们被日军押往八角岛做奴隶，生还者概不足五分之一。此年为日本俊宇多天皇弘安四年，日本史称这一战役为"弘安之役"。

连续两次出师失利，并未使忽必烈彻底放弃征服日本的计划。至元二十年（公元1283年）初，忽必烈下令重建东征大军，建造船只，筹集粮草，但引起了江南民众的强烈反对，迫使忽必烈暂缓了造船事宜。至元二十二年（公元1285年），忽必烈再次下令大造战船，征调江淮等地百万石军粮运往高丽合浦，同时下令禁军五卫、江南、高丽等各军于第二年春天出师。后来，因部分大臣的强烈反对，尤其加之对安南（今越南）用兵的压力，忽必烈不得不于至元二十三年（公元1286年）正月下诏，罢征日本。此后，元朝虽然还有过征伐日本的议论和准备，但均未能真正付诸实施。直至元朝灭亡，元朝和日本的官方关系始终处于僵局。中日交往主要是民间贸易和僧侣间的往来。元朝政府对这种经济和文化交流活动则采取了默许的态度。①

日本方面，弘安之役后不久，镰仓幕府再次制定了"异国征伐计划"，虽然最终仍然没有付诸实施，但这些本用于参与计划的日本武士开始对高丽沿海地区进行频繁的抢劫行为，逐渐演变成了日后的"倭寇"，侵扰目标也由高丽扩展到了元朝，"惠宗至正中，屡寇濒海州县"。幕府继续实施认真备战，防备元朝可能而来的第三次东征。幕府向御家人下达命令："不准随

---

① "日本海的'神风'——元朝东征日本始末"，金子：《舰载武器》，2006年第11期，第86页。

> 日本描绘抗击蒙元的图画

意离开九州岛。严查进出境船只。禁止外国人赴日。加强沿海防御。"元成宗大德三年元朝出使日本的高僧一山被日本长期扣留不能返回，即表现出了日本镰仓幕府对元朝的一种高度戒备的心理。日本还向元朝派出间谍以刺探军情。至元十九年（公元1282年）九月，"福建宣慰司获倭国谍者"，同月，"给新附军贾佑衣粮。佑言为日本国焦元帅壻，知江南造船，遣其来候动静，军马压境，愿先降附"。这些均表明了战后日本对元朝进行的情报战并没有放松。[①]

纵观元军东征日本失败，主要是三个原因。首先是天时。日本作为东亚岛国，属温带海洋性季风气候。由于受到大陆和海洋的双重影响，气候变化较剧烈，雨水丰沛，台风频繁。根据日本的观测记录，每年的七至九月，正是日本的台风多发季节。而元朝的东征军显然对日本海域的气候缺乏足够的了解以及清醒的认识，两次东征日本，第一次东征"文永之役"选择十一月渡海作战，第二次东征"弘安之役"则选择了七八月间渡海作战。第一次东征军在日本登陆之后，始终未建立起稳定的作战基地，舰队只能选择在西日本沿海海域停驻，埋下了遭遇台风的隐患。以当时的科技水平和造船技术，台风对船只安全是非常巨大的威胁，必须事先停泊在港口躲避风浪。但元军事先对此毫无准备，也不了解日本沿海的地形，所以弘安之役中，导致了"缚舰为城"的东征舰队"震撼激撞，舟船且尽，军士号哭溺死海中如麻"这样的惨况。元军不识"天时"，选择在错误的时间，在未搞清楚日本海域气象条件的情况下贸然跨海作战，终因大自然的不可抗力，损兵折将，遭受了极为惨重的损失。有一种观点认为，元朝第二次东征日本，东征军舰队在遭遇台风之时所以损失如此之大，还因为舰队中江南军的船只"不仅有新造船、海上势力船舶，可能大部分是范文虎管辖下的旧南宋水军战船"，而其中的

---

① "元朝东征日本研究"，只诚：河北大学硕士学位论文，2014年6月，第27页~28页。

> 日本描绘第二次抗击蒙元的图画

小型战船、登陆舰大多是用于内河的战船。这样的战船吃水较浅，抗风浪能力弱，并不适用于远洋航行。所以即便东征军舰队没有碰上威力巨大的台风，只是碰上海上的较大风浪恐怕也会遭受很大损失。

其次是地利。众所周知，蒙古人是"马背上的民族"，之所以能够横扫欧亚大陆，靠的是当时天下无敌的骑兵战术，这一战术最适合陆地尤其是平原地形作战，蒙古人在大陆上的西征、灭夏、灭金等一系列所向披靡的战争，无一不印证着这一观点。然而，在陆地上作战和在海洋上作战完全是另一回事，海战完全不是蒙古铁骑的强项，"在那些特殊的自然地理条件下，骑兵和习惯于寒带草原生活的蒙古将士，首先就会被环境所屈服"。连雄才大略的忽必烈都错误地认为："日本则朝发夕至，舟中载米，海中捕鱼而食，则岂不可行乎？"他将凶险莫测、困难重重的跨海登岛作战想象得如此轻松简单，完全暴露了蒙古人不习海战的一大弱点。日本孤悬于海上，以茫茫东海作为天然屏障，这也大大限制了蒙古铁骑东征日本的兵力投送和后勤补给。元朝东征军对日本的地形缺乏了解而且疏于侦察，也使作战处于非常被动的局面。以"弘安之役"为例，当东征军选择在博多湾登陆时，事先并没有考察清楚日本的守军已经在滩头阵地修筑了石坝，即日本人所谓的"元寇防垒"，日本人凭此防御工事而守，而跨海作战的东征军没有携带重型攻坚器械，无法抢滩登陆。而蒙古人所擅长的迂回作战、以战养战等战术在陌生的岛国地形中更是受到种种限制，几乎无从施展。即使在今天，跨海登岛作战都是一个难题，而在700多年前，以蒙元的海军实力、造船水平、后勤补给，远渡重洋去进攻日本这样的岛国，实在是一个以己之短，攻敌之长的不智之举。元朝礼部尚书刘宣对忽必烈上言："况日本海洋万里，疆土阔远……动众履险，纵不遇风，可到彼岸，倭国地广，徒众猥多，彼兵四万，我师无援，万一不利，欲发救兵，其能飞渡耶？"此可谓真知灼见。[1] 奈何忽必烈不听。

最后是人和。士气不振，内部矛盾严重，是兵家大忌。虽然蒙古族将帅不习海战，但元军中有大量的宋朝降将、降兵以及从民间征集的习水性的士卒，再加上高丽兵，似可以弥补不足。但是，正是由于元军构成的复杂性，造成了将帅与将帅、将帅与士卒、士卒与士卒间的矛盾与冲突。从两次征日元军的将帅看，有蒙古族人、高丽人、汉人及南宋降将汉人。战争指挥上，忻都独断专行。文永之役中，金方庆主张背水一战，被忻都严词否决就是典型一例。由于出身不同民族，且蒙古族将帅居高临下，将帅间的不和不可避免。其实，文永之役中，将帅不和所造成的溃退，忽必烈也是知晓的。如前所述，他在第二次征日军出发前，就曾对将帅坦露"朕实忧之，恐卿辈不和耳"。事实上，第二次征日失败的要因，依然在于将帅不和。忻都在出征之初，就违背事先的约定，不等与江南军会合，就擅自开进。再则，江南军的主力是降元的南宋军民，忽必烈对降将范文虎并不完全信任。范文虎名为江南军主帅，忽必烈却派东征军总帅、蒙古族出身的阿剌罕坐镇（阿剌罕病死后则由阿塔海接任）。这种人事安排，显然会引起范文虎及其所率将士的不满。在江南军与东路军会合后，两军不曾与日军交过战："范文虎等将兵十万，由庆元、定海等处渡海，期至日本一岐、平户等岛合兵登岸，兵未交，秋八月风坏舟而还。"两军之所以没有采取积极的军事行动，坐失最佳战机，其重要原因似是两军将帅缺乏协商和沟通。将帅不和，士卒亦无斗志。除元军外，江南军、高丽军的士卒都是被强征而来的，有的还是被"黥面"的囚犯，这些人当然不会卖命而战。[2]

此外，战场情报保障不得力、后勤补给情况糟糕以及阵前指挥失误也是蒙元东征日本失败的原因。元军袭日失败后，日本民间开始广泛流传着这样的传奇故事："神风"在元朝时期曾二度施威摧毁蒙古入侵者的船舰，将日本从危难之中解救出来。元军两次攻击日本的努力都遭到了吉利风的袭击，创造了"神风"的传说。此后数百年中，日本人一直对"神风"崇敬有加，兴起了大规模拜神的活动。而二战中灭绝人性的"神风特攻"也是因此而得名，当然，这是另一个故事了。

---

[1] "元朝东征日本研究"，只诚：河北大学硕士学位论文，2014年6月，第29页~31页。
[2] "元朝忽必烈两次东征日本及其失败原因"，王金林：《东北亚学刊》，2012年11月，第49页~50页。

05 靖难之役
沙尘暴改变了中国历史

提起沙尘暴，国人大多摇头，特别是北方人。究其发生的原因，有专家解读：随着全球气候变化以及人类对土地、水资源的过度利用，沙尘暴的强度和发生频率在不断地增加。就我国的实际情况看，沙尘暴不仅对本国产生了重要影响，而且还会极大地影响周边乃至更大范围内的国家和地区。我国是个沙尘暴多发国家，但每年的沙尘暴并非全部发源自我国的西部沙漠。环保部的监测数据显示，每年沙尘暴多发的春冬两季，我国沙尘暴的尘源地包括境内和境外。从境外的尘源地看，主要有蒙古国东南部戈壁荒漠区域以及中亚的哈萨克斯坦东部的沙漠区域。而我国境内存在的沙尘暴发源区，主要是内蒙古东部沙漠、新疆南部及北部的沙漠及沙化高原、河北西北部的沙化区域，如张家口、宣化等。有时境内外尘源地会同时对一场沙尘暴产生影响：境外的沙尘暴进入我国尘源地时，受到地貌、气候、地形、气温等方面因素的影响，会使这些境外发源的沙尘暴的规模及沙尘数量得到增强。因此，境外尘源地的沙尘暴不仅是肆虐我国沙尘暴的重要来源，也是我国境内沙化地区发生

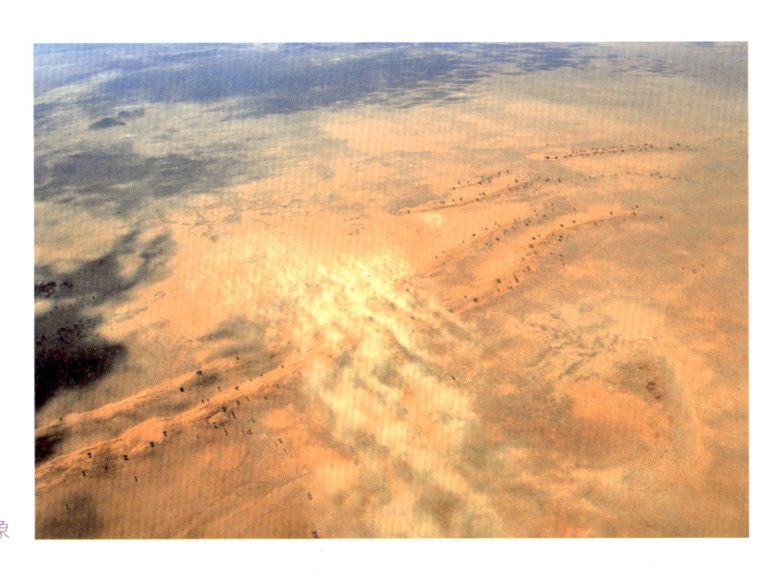

> 沙尘暴天气景象

沙尘暴的一个诱因。①

沙尘暴作为北方一种常见的气候现象，曾经对中国历史产生过不止一次的影响。特别是靖难之役。说起靖难之役，就不能不说明燕王朱棣的生平。

明燕王朱棣是明太祖朱元璋的第四个儿子，他于元顺帝至正十一年出生。当时正值朱元璋与陈友谅激战应天的时候，可以说朱棣是出生在战火硝烟之中，这也注定了其一生的征战历程。他于洪武三年受封为燕王，并于洪武十三年带领护卫军士前往北平赴任（"之藩"）。洪武二十三年，燕王朱棣与晋王朱棡奉朱元璋之命挥师北征。晋王无功而返，朱棣却率师直抵迤都，俘获了敌军主将乃尔不花并获得了大量的战利品。洪武三十一年（公元1398年）闰五月，朱元璋死后，由于太子早逝，由皇太孙朱允炆继位，年号"建文"，是为明惠帝。建文年间的局势，强藩王与弱中央的矛盾十分凸显。建文帝见北方藩王势力日益强大，担心脱离中央政府控制，便采纳了朝中大臣齐泰、黄子澄等人的建议，决定削藩，加强中央集权。他们先削掉了一些力量较弱的藩王，并密切观察燕王的举动。建文初年，朝廷派暴昭出任北平采访使，前往燕王朱棣处进行监视。暴昭在北平发现了燕王图谋不轨的种种迹象，回朝后，秘密奏报朝廷，请求建文帝早做准备。在燕山百户倪琼告变，建文

---

① "沙尘暴的危害与治理"，李江南：《生态经济》，2017年第7期，第6页。

帝要逮捕王府僚属的情况下，朱棣起兵"靖难"，在四年之后成功入主南京成为新一代天子。燕王朱棣于永乐三年派中官郑和出使西洋，永乐九年修成《永乐大典》，永乐十九年迁都北京，形成了"天子守国门"的局面，永乐二十二年，病故于第五次亲征塞北归途榆木川。

朱棣在维护国家统一方面为中国做出了重要的历史贡献。他迁都北京，对稳定北部边防起到了决定性作用。五次征讨漠北，打击北元残余势力，稳定北部边疆。使用改土归流的手段进一步加强了对西南边疆的控制，并通过对藏区僧人的盛典，实现了对西藏地区的统治。在外交方面，开放了海关并派遣郑和通使西洋。扩大了明王朝在全世界的影响力。文化方面组织文臣修订了《永乐大典》，其包罗了经、史、子、集、百家、天文、地志、阴阳、医、卜、僧、道、戏剧、小说、技艺诸项内容，共达22877卷，为保存中华民族的传统文化精髓做了巨大的贡献。[①]

> 永乐大帝朱棣画像

在永乐皇帝登上皇位的征战过程中，沙尘暴这种气候现象曾经不止一次助他一臂之力。第一次是白沟河之战。建文二年（公元1400年）四月，建文帝朱允炆令大将军李景隆率军60万进抵白沟河，意图攻打朱棣的大本营——北平。燕王朱棣闻讯率10万人迎战。当年四月二十四日，燕军从苏家桥（今河北保定东北方向）出发，沿白沟河河道进军，中了李景隆部将平安所部万余人的埋伏。平安及瞿能父子督师奋战，诸将勇猛作战，燕王朱棣所率兵将

---

① "明燕王朱棣的军事思想研究——以靖难之役为中心"，陈昌旺：云南师范大学硕士学位论文，2013年5月，第4页。

死伤极为惨重，仓皇败退。次日，朱棣气愤不已，再次率军渡河，平安迎战，又击败了燕军后军将领房宽的部队。朱棣眼见兵败，亲冒矢石率精锐数千人杀入阵中。一时间李景隆军中大乱，死伤甚重。但就在此时，李景隆突然绕到燕军的背后，进行前后夹击，朱棣率军攻打，双方混战，飞矢如雨，朱棣在军中三易其马，射光了三筒箭，宝剑也砍断，数次差点被瞿能生擒。然而昏庸的建文帝下达了圣旨："勿使朕有杀叔之名。"士兵畏首畏脚，使朱棣多次死里逃脱。傍晚，瞿能率兵杀入燕军阵中，建文一方的俞通渊、滕聚等将领也领兵纵横厮杀，燕军阵脚大乱。正在作战形势向着有利于建文一方发展时，战场上猛然刮起了沙尘暴，将李景隆中军将旗刮断。建文军中士兵人

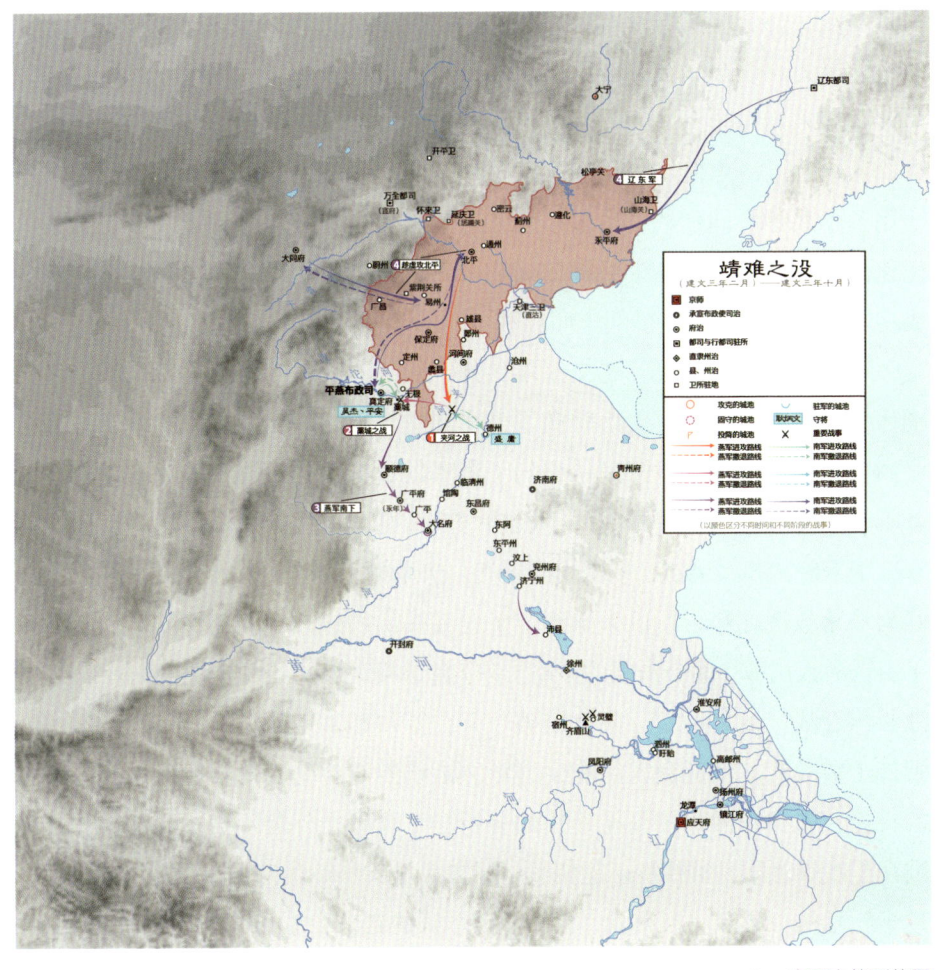

> 夹河之战形势图

心惶惶,无心继续作战。而朱棣敏锐地捕捉到战机,火速派精骑绕到建文军后乘风纵火,挥师猛攻,形势瞬间逆转。瞿能父子被斩杀于阵中,俞通渊、滕聚、平安诸将被朱棣的儿子朱能击败。李景隆军队溃散败退,死伤约10万余人。朱棣追至月样桥,再次击败李景隆。李景隆手下士兵自相践踏,掉入河中溺死者数万人。此次白沟河大战,对于作战的双方来说都是一次决定性的战役,双方投入了基本所有的主力部队。特别是燕军方面,把能调动的军队悉数投入了战斗。此战以燕军的大获全胜而告终,不但消灭了建文军的大批有生力量,而且获得了德州大营的巨额军资。此战之后,南军再也无力发动大规模的进攻,被迫转入战略守势,而燕军由最初的800勇士发展到了数十万之众,完全可以与南军分庭抗礼。本次会战,燕王朱棣充分调动了部队的机动能力,以小股精骑吸引了大部分敌人的注意力,从而争取到了时间,为沙尘暴来到时全军冲锋提供了极其宝贵的战略缓冲时间,在战斗进行过程中,燕军也灵活地使用各种战术,并在不同时刻转变作战方式,做到了灵活运用各个兵种协同作战,适时集中、分散、转换兵力,做到了战场上兵力的优化配置,发挥出了各个兵种的优势,并充分激活了广大将士的战斗精神,成功取得了此次重大战役的全面胜利。

　　第二次是夹河之战。建文三年二月十六日,燕军在东昌之役战败,于北平休整一个月后,又一次出师南下,在到达保定之后,燕王朱棣召开军事会议商议作战方案,朱棣深刻认识到了燕军的优势所在,以骑兵为主力的军队并不善于攻城作战,"野战易于成功,攻城则难以收效",当时"盛庸合诸军二十万驻德州,吴杰、平安出真定"。南军屯于两个兵精粮足的坚城之中,互为犄角救援之势,所以朱棣否定了丘福提出的进攻定州的计划,而是采取了引诱敌人出战,逐个击破的策略,"今真定相距德州二百余里,我军界其中,敌必出迎战,取其一军,余自胆破"。在德州和真定两城之间驻扎,准备于野外击败敌人,消耗敌人的有生力量。诸将担心会受到德州所部和真定所部的夹击,朱棣却做出了高屋建瓴的分析:"百里之外势不相及,两阵相对胜败在于呼吸之间,虽百步不能相救,矧二百里哉!"认为两军救援不能相及,遂于三月初一缘滹沱河布营,等待盛庸军队的到来,并派出游骑兵前往定州、真定方向作为疑兵来牵制真定的吴杰、平安军,以期来减缓他们的出兵时间,

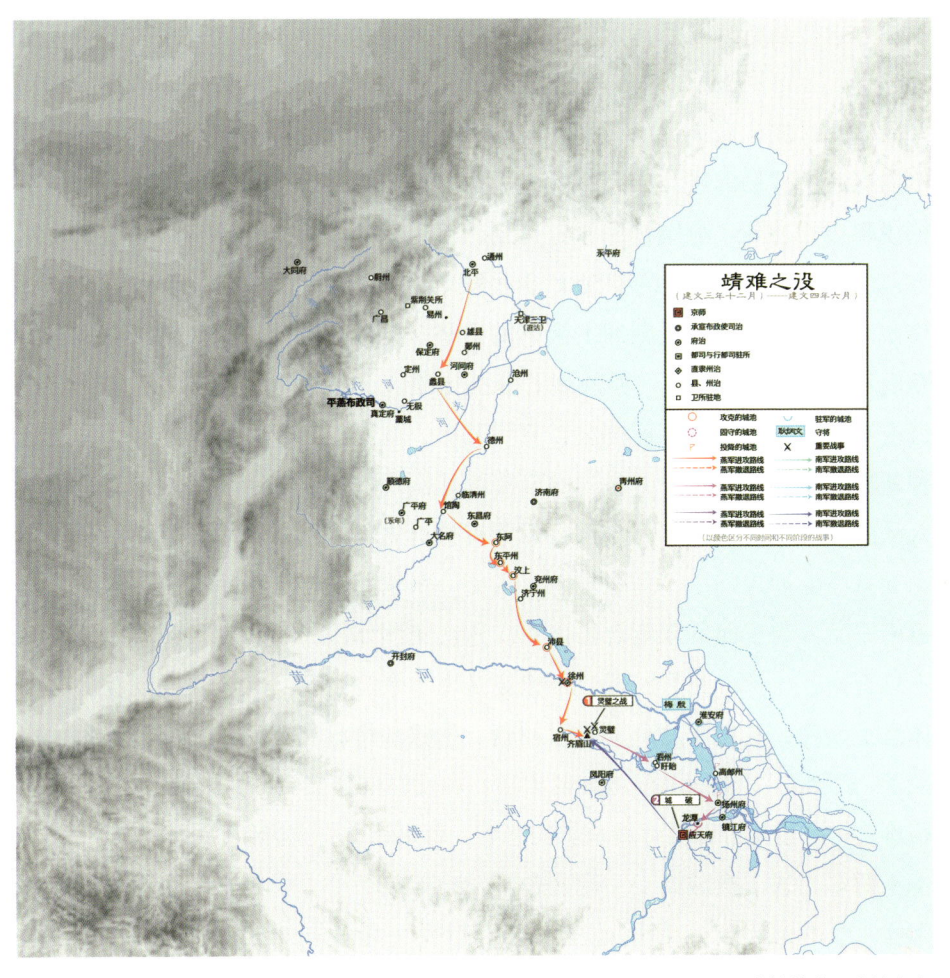

> 朱棣的燕军直捣南京

争取集中全部力量对付盛庸所部。三月二十日,斥候报告盛庸军驻于夹河,朱棣遂率军往夹河方向进发,于第二日也到达夹河,距离盛庸军四十里扎营。这时朱棣又对燕军作战做了详细的部署,鉴于济南攻城和东昌战役的失败,朱棣在对阵盛庸时格外谨慎,筹划作战方案时力图做到面面俱到,万无一失。燕军的作战方案是这样的:先用骑兵精锐冲击盛庸军的中坚,待其阵型散乱时,绕到敌后进行攻击,迫使南军向前移动,燕军中军主力距离南军五六里列阵,等待南军过后尾随而击,不要迎面进击,防止南军在被两面夹击的情况下拼死猛斗。他还唯恐部下不能理解:"上饬谕诸将再三,尤恐其未解,复抽箭画地，指授诸将。复恐审识未精，令中使列为队，逐一教之，申令约束，至为详备。"可见朱棣对盛庸的重视程度，也体现了一个优秀的军事统帅的良好品质，对战斗做周详的计划，有较为明确的战术指导思想。次日清晨，燕军向夹河主战场前进，盛庸军也在阵前准备了战盾、强弩、火器来抵挡燕军精锐骑兵的冲阵。燕军按照原定计划，首先以三骑掠阵，侦查敌情，引诱对方追击；然后用万余骑兵带5000步兵发动冲锋，到南军阵前，五千步卒下马，攻击南军的左掖，骑兵则冲击南军的中坚。此战燕军使用了一种新型武器，专门对付南军的盾牌，"燕军预作长（矛赞），约六七尺，横贯铁钉于端，钉末有逆钩，令勇士直前掷之，直贯其盾，亟不得出，动则牵连"。利用这种新型武器，让原本十分坚固的南军阵地出现缝隙，燕军骑兵则乘着缝隙冲入敌阵，双方混战在一起，燕将谭渊有执行之前的军事部署，见到敌军阵列噪动就马上冲入阵中，马蹶被杀，朱能、张辅率兵冲击南军大阵，朱棣也绕道南军后方与正面的朱能合击南军。这次集团作战一直打到天色昏暗，伸手不见五指，才各自收兵回营。朱棣更是率十余骑野营，天明才发现在敌营中休息了一晚，左右皆劝燕王赶紧回营，朱棣却待日出之后"乃引马鸣角，穿敌营，从容去"。朱棣为何敢如此勇猛？和迂腐的建文帝的一纸诏令是有关的，靖难之初，建文帝害怕背负杀叔的恶名，曾下诏称："毋使朕有杀叔父名。"本来两军交战，擒贼擒王，建文帝却发出如此命令，令南军将士在面对燕王朱棣时束手无策，不敢使用远程武器对其进攻，燕王朱棣也是利用了此项条款，在靖难之役的各个战场上亲自冲锋，极大地鼓舞了燕军的士气，这个诏令也从另一个侧面看出了燕军最后取胜也有其必然性的一面。

第二天，朱棣回营后，总结第一天的战斗："昨日谭渊见贼走，逆击太早，不能成功，兵法所谓穷寇勿遏。我先戒渊，令其整兵以待，俟贼奔过，顺其势而击之，为是故也。然贼虽少挫，其锋尚锐，必致死来斗。大抵临敌，贵于审机变，识进退，须以计破之。今日贼来，尔等与战，我以精骑往来阵间。贼有可乘之处，即突入击之。两阵相当，将勇者胜，此光武所以破王寻也。"这个战术部署代表了燕王朱棣在整个靖难之役中一直贯彻的战略思想，就是每战都冲锋在前，身先士卒，激励部下的士气，并告诫手下燕军的战略目的是击溃南军，并不求全歼，所以不要打耗时长久的消耗战，而要速战速决。

当日，两军再次对垒，燕军布阵于东北，盛庸军布阵于西南，两军都视此次的战斗为战略决战，燕军按照事先的战斗部署，燕王朱棣亲自带领精骑在盛庸军阵中反复冲锋，以期给大军觅得盛庸军的缝隙，乘势进攻。但是盛庸军也确实很顽强，"贼军退而复合者数四"，本次大决战打得十分惨烈，从早上七点一直打到了下午三点，双方打得累了，居然坐到地上休息片刻，然后继续战斗，"忽东北风大起，尘埃涨天，沙砾击面，敌军眯目，咫尺不见人"。沙尘暴这一特殊的气象条件又一次帮助了燕军，燕军乘风大呼，张开左右两翼从三个方向向盛庸军猛攻，盛庸军的阵势在视线受阻的情况下，被大批燕军铁骑冲散，只能放弃辎重，退回德州。而盛庸准备攻克北平庆功的物资也为燕军所获。本次会战，南军方面吴杰、平安没有及时驰援战场也是南军最终失利的主要原因之一，燕军本来就是依靠特殊的天气"沙尘暴"险胜对手，如果真定方面援军能及时加入战场，那么攻守有可能瞬间倒转，平燕之战也可能不多久就能胜利结束。而燕军方面通过此次会战，一扫东昌战败的阴霾，恢复了以往所向披靡的军势，彻底将靖难之役的战略主动权掌握在了自己手中。①

燕王朱棣最终取得了"靖难之役"的胜利。其原因如下：首先在于燕王有勇有谋，是个有雄才大略的军事家，具有出色的领导能力。太祖洪武二十三年远征沙漠时，他随军出征，在很短时间内就"擒其将乃儿不花还"，由此可见一斑。

其次，燕王领导的军队素质高且战略高超也是取胜的一个重要因素。燕王带领的军队并非靠狠斗而得胜，更多时候靠的是智谋。如攻占宋忠握兵的怀来一战，朱棣知己知彼，他的手下唯恐"敌众我寡，难以争锋"，而朱棣则曰"当以智胜，难以力取。彼众新集，其心不一，宋忠轻躁寡谋，刚愎自用，乘其未定，击之必破矣"。

第三，燕王有必胜的决心，所以才一步步地取得了最后的胜利。他带领军队攻破大宁（今内蒙古宁城），收编了宁王的护卫亲军8万多人，兵力更

---

① "明燕王朱棣的军事思想研究——以靖难之役为中心"，陈昌旺：云南师范大学硕士学位论文，2013年5月，第25页~26页。

> 靖难之役示意图

加强大。然后挥师南下，对付建文北上的讨伐军。燕军和建文军在北平南部地区混战了近3年，燕军虽然屡次获胜，但所得的城池仅永平、大宁、保定等几处，其他地方均无法固守。在这种情况下，朱棣改变战略，挥军南下，一路不占城池，兵锋直逼南京。燕军中的朵颜三卫蒙古骑兵一举冲破了建文军的沿江防线，守军开城投降。建文四年（公元1402年）六月，燕王朱棣冲破了最后一道防线，攻下南京，随即登上皇位，改年号为"永乐"。而建文帝则在熊熊烈火中，不知所终，成为千古谜团。

朱棣即位后确实有所作为，通常被人们称为明王朝的第二位创立者，死后庙号为"太宗"，百多年后，由明世宗朱厚熜改为"成祖"，他统治的时期被称为"永乐盛世"。"这个称号暗指他恢复了祖先的制度，否定前一代的统治；它还暗示这位皇帝采取新的主动行动扩充了帝国的版图。旧的制度和法令经过修改使得适合时代的需要，同时在一系列空前的帝国战斗中，明王朝的军事力量远逾中国本土以外。"然而，朱棣刚刚即位便对曾经拥护建文帝的臣民展开了大规模的屠杀，方孝孺、景清、练子宁、铁铉等人慨然就义。永乐帝杀人如麻，屠杀行径骇人听闻，往往杀一人还不算，只要跟此人有一点点关系的，无论是老弱病残，都要赶尽杀绝。[1]

建文帝统治时期，政治相对清明，社会矛盾并不尖锐，建文帝与朱棣的实力总体上可以说不相上下，但是建文帝却在权力斗争中最终输给朱棣，兵败不知所终。这是因为相对朱棣来说，建文帝自身还有许多不足之处，这些不足与特定的时代环境相结合，导致了建文帝失败的结局。靖难之役中建文帝的失败原因大致可以归结为以下八点：一、性格的宽厚仁慈；二、过重的文人气息；三、竞争对手的强大；四、能臣悍将的匮乏；五、用人方针的不当；六、削藩策略的失误；七、征讨方式的缺陷；八、宦官的不利影响。基于上述种种原因，建文帝最终在靖难之役的权力斗争中输给了朱棣，遗恨金陵。虽然建文帝下落不明，众说纷纭，但作为政治家，他终究是失败了。建文帝疏于缜密，怯于果断，失于计谋，步步败退。他仁而无状，宽而无法，以至于众人都不怀其恩，而溺其度，忠心耿耿者为数不多，通敌卖主者不在少数。建文帝的失败是由内外诸多因素共同造成的，并非他一个人或者某一个原因单独决定的，他在这场战争中既主动又被动，历史的必然和偶然相互作用，共同影响，最终决定了他被历史淘汰的命运。[2]

然而，从两次沙尘暴的结果来看，都是燕王得利而建文帝吃亏，其中的白沟河之战甚至改变了战局的走向，由此可见，战场上的不可抗拒因素对战争结果的影响也是不容忽视的。

---

[1] "'靖难之役'的另类书写——《女仙外史》研究"，刘鹏飞：陕西理工学院硕士学位论文，2011年5月，第4页~5页。

[2] "建文帝在靖难之役中的败因探析"，李庆勇：《新乡学院学报（社会科学版）》，2010年2月，第100页。

06 拿破仑征俄的失败
被俄罗斯"冬将军"阻击的远征

在战场环境中，严寒是一个值得考虑的因素。在寒冷环境中，如果手脚的皮肤温度不断降低，躯干部的皮肤温度也随之缓慢下降，说明服装不够御寒。当躯干部的皮肤温度与手脚的皮肤温度相差超过17℃，就会产生手脚疼痛或全身发抖的反应。2℃是人体任何一处的皮肤寒冷耐受的临界值，皮肤温度达到此点时剧痛难忍。[①] 人的体温在正常情况下为 37±0.5℃，超出这个范围，就会感到不舒适和呈病理状况。所以，体温的正常波动范围是极其有限的。影响人体热平衡的主要因素是人体的活动程度和周围的环境条件。在变化很大的环境中维持生命和保持一定的工作能力，必须有意识地采取温度控制措施——称为"随意性体温调节"。否则，人体将受到损伤甚至死亡。人体感到舒适的条件是环境温度、相对湿度、风速以及周围物体的温度等诸因素的综合效果。[②] 不仅如此，严寒天气对装备的使用以及作战行动的实施也会产生重大影响，甚至会左右战争的结果。历史上的拿破仑征俄失败很大程度上就是受到严寒天气的影响。

---

① 张军等：《军事气象学》，北京：气象出版社，2005年版，第42页。
② 同上，第1页~2页。

要谈拿破仑征俄，得从法国大革命说起。

1789 年的法国大革命推翻了波旁王朝，对国内外影响甚大。对内，摧毁了法国的封建专制制度，在法国建立起了资产阶级共和国的统治。对外，法国大革命对封建秩序下的欧洲产生了极大震动，各封建国家纷纷联合起来，以恢复波旁王朝"正统"的统治为借口，对法国进行武装干涉，意图使用武力扼杀大革命，维护封建统治。面临这种状况，法国新生的资产阶级政权迫切需要进行防卫战争，以抵抗外国侵略，避免国内封建复辟。而拿破仑所具备的政治和军事才能则成为了时代的需要，"做了被战争弄得精疲力竭的法兰西共和国所需要的军事独裁者"。

拿破仑的横空出世也同样是法国革命的产物。拿破仑·波拿巴在革命前夕毕业于巴黎军事学校，以炮兵少尉衔入伍服役。1793 年，他加入了雅各宾俱乐部，同年 12 月在收复土伦战役中立了大功，被破格提升为少将，后任阿尔卑斯军团炮兵指挥。1794 年热月政变后，热月党人掌握了政权，次年 11 月选出了督政府，而拿破仑因先前与雅各宾有牵连，遭到撤职。1795 年 10 月，在平定保王党巴黎武装暴动中，拿破仑再度立功，被提升为卫戍区副司令，不久升为正司令官。在 1796 年的第一次意大利战役中，他表现出了卓越的军事才能，多次击败外国干涉军，为保卫和扩大革命果实做出了卓著贡献。在这段时间内，拿破仑对法国国内保王党分子的复辟活动采取了坚决镇压的态度，赢得了法国资产阶级的拥护。至 1799 年，督政府已无法控制法国局势，此时远在埃及的拿破仑认为夺取政权的时机已到。他将军队的指挥权交给部将，自己则带领几百名士兵秘密乘船离开埃及，逃过了地中海上英国舰队的监视，于 10 月 9 日在法国南部登陆，旋即返抵巴黎。法国国内的资产阶级把他当成了"救星"加以欢迎。于是在资产阶级导演下，1799 年 11 月 9 日，雾月政变爆发，督政府被推翻。从此，拿破仑以"光荣、和平和幸福的使者"的角色成为了法国政治舞台的主角。

热月政变后，法国资产阶级面临的首要任务是巩固和稳定大革命成果，而巩固稳定成果的关键则是对内保持秩序稳定，对外解除反法同盟的威胁。为此，资产阶级需要新的政权体制及相应的内外政策的支持，以完成上述任务。在这种情况下，拿破仑适应了客观形势的需要，"做了被战争弄得精疲力竭

经天纬地：不可不知的战场环境

的法兰西共和国所需要的军事独裁者"。因此，忠实地执行资产阶级的上述政策以完成资产阶级历史任务，是拿破仑得以上台的前提条件。而拿破仑上台后的战争，正是资产阶级上述政策"另一手段的继续"。

掠夺、争霸、扩张是资产阶级的本性，体现大资产阶级利益的拿破仑战争必然也同样打上了这一烙印。如果说，在战争前期，资产阶级政策的目的在于维护大革命成果，那么随着外来威胁的解除，特别是提尔希特条约签订后，大资产阶级的行动就转变为因不满足现有成就而进行对外扩

> 拿破仑翻越阿尔卑斯山的写实画像

张，希望通过继续战争来达到独霸欧洲的目的。后期拿破仑战争的基调也正是掠夺和争霸。为此，拿破仑在奥斯特利茨之战胜利、彻底粉碎第三次反法同盟后，他利用欧洲封建势力惨遭打击、法国的国际地位日趋提高的有利形势，开始实施其统一欧洲大陆、彻底对抗并击败英国的计划。1806年11月，拿破仑颁布了柏林敕令；次年12月，又颁布了米兰敕令，宣布封锁不列颠岛，禁止大陆国家与英通商，若在法国和其他同盟国及中立国的领土上发现英国货物则一概予以没收。这就是所谓的"大陆封锁政策"。为保证该政策的严格执行，拿破仑越来越多地采取了武装侵略和干涉行动的方式，迫使其他国家就范。他先是出兵意大利的帕尔玛、皮亚琴察和教会辖地，派兵占领了瑞典的波兰拉尼亚及葡萄牙；1808年2月，又悍然出兵西班牙，残酷镇压当地的民族主义运动，并最终走上了与沙俄决战的道路。

法俄战争的原因是多方面的，但就拿破仑个人而言，其远征俄国的直接目的正是争夺欧洲霸权。他的战略意图是以速战速决的办法在短期内取胜，在通过一两次总决战击溃俄军主力后迅速占领莫斯科，以逼迫亚历山大一世订城下之盟。然而，拿破仑的战略完全是一次冒险的赌博，因为他忽略了这

样一个现实：1812年远征前夕，拿破仑与法国部分资产阶级之间已经产生了无法克服的矛盾，下层人民的不满也日益增长；法国附属国的政治形势也显得不妙，欧洲各国的民族运动和民族战争蓬勃兴起，法国的老对手英国也正蠢蠢欲动。拿破仑是在内外矛盾继续激化、民心极不稳定的情况下出征的，这就注定了这场战争的结局。①

为了给征俄之战提供保障，1811年底，拿破仑大大扩充了部队中辎重勤务的规模，并努力筹措粮秣，在但泽储备了可供40万人和5万匹马食用50天的粮秣，并在奥得河上建立了更多储备。为此，仅在普鲁士一地就征粮6000万千克，马20万匹，牛4万头，酒7万余瓶。

为储存和运送军需物资，拿破仑在但泽、格鲁琼次、华沙等地设置了大型仓库，并计划在进入俄境后，于维尔纳、明斯克、斯摩棱斯克等地同样设立仓库。"运输是按最大的规模组织的。"法军先后装备了数万辆运输车和大量马匹以运输粮秣，建立了26个配备从252辆到600辆不等的运输车辆的辎重营，用于运输的军马达15万匹，拖拽大炮的马1.8万匹，加上骑兵，共有军马25万匹，另有2艘巨型运输船装载饼干等耐久性食品。在战前一个月，拿破仑储备了大量弹药。多数火炮配备的炮弹达600发~1100发。

如果单纯从数字上看，拿破仑的战前后勤准备似乎很充分；但其实这只是表面现象，其后勤运作在实际作战中根本满足不了征俄作战的需要。究其原因，一是法军数量过于庞大。拿破仑军共有60万人和25万匹马，1天所需给养就达到了7000吨，消耗其总运力的70%；加上随军携带的4000吨弹药，法军充其量只能运输其军队1天的消耗量。二是拿破仑的作战所经之地多处于乌克兰荒原，无法就地取给，以战养战，大多粮秣物资仍然需要战略后方输送，后勤保障任务过于繁重；三是从波兰边境到莫斯科，战线延伸1000多千米，至少需行军82天，消耗粮秣5万吨，是法军运输能力的5倍。拿破仑以畜力为主的运输队，自身也要消耗其运量的1/10，况且也不可能保证有百分之百的出勤率。因此，不管拿破仑有多么高明的指挥艺术，不管采用什么

---

① "试论拿破仑战争中拿破仑失败的历史必然性"，黄光耀：《江苏教育学院学报（社会科学版）》，2001年第7期，第106页。

样补给方式，时间一长，其后勤是非要垮掉不可的。

1816年6月24日，趾高气扬的拿破仑以300名波兰士兵为先导，在未遭到俄军阻击的情况下，跨过涅曼河，进入了俄国境内，28日顺利占领维尔纳。按原定计划，法军要利用维尔尼河的水运向这里转运给养物资，并在此建立前线补给基地以供应部队。然而，由于当时维尔尼河的河水太浅，驳船无法航行，又未准备相应的陆上运输工具，结果大批急需的物资滞留在了上游的柯尼斯堡，无法运抵维尔纳，致使拿破仑大军被迫在这里整整停留了18天，不仅错过了与俄军会战的良机，也导致整个后勤计划被彻底打乱。

7月16日，拿破仑军队继续向前推进。尽管没有遭到俄军抵抗，但沿途却受尽了气候和交通不便带来的苦头：荒凉地区的炎热天气，使法军许多士兵生病。滂沱大雨冲刷的小道，被大批车轮反复辗压，变得难以通行。最为严重的是马匹的损失。由于行军途中过于疲劳，又没有足够的燕麦加以喂养，许多军马因吃杂草而死亡。进入俄境不久，法军就损失了军马1万多匹，为此不得不扔掉大约100门大炮和500辆弹药车。

由于气候、道路状况太差以及军马的大批死亡，法军的辎重部队无法与作战部队协同行动，造成了后方供应的困难。加之俄军在撤退前，组织俄国居民开展了广泛的坚壁清野运动，把法军进军沿途的村庄烧光，水源破坏，粮食、草料全部隐藏起来或烧掉，使法军所到之处全部是一片废墟，原定的以战养战、就地取给的计划完全落空。由于拿破仑的大军由多个国家的军队组成，在后方供应不足、就地取给困难的情况下，更加难以维持军队秩序，大批军队加入了抢劫的行列。"碰到储备充足的仓库，饥饿的士兵每次都冲向粮仓进行抢夺，造

> 拿破仑和法军在一起

成很大的浪费，而且无法进行有秩序的分配"，后来更是甚至演变到了抢劫自己的补给以供应军队的境地。

法军的饮用水保障也同样出现了困难。在一些地方，由于缺乏水源，军队只能饮用沼泽里的水。由于汲水太多，令水混浊不堪，士兵饮用后常常发生腹泻，导致疾病的流行。总之，进入俄境仅一个多月，法军非战斗减员即达13万人，死亡马匹8万余匹。因饱受饥饿、疾病的折磨，士兵的成群逃亡无法制止，这支曾经威震欧洲的军队已沦为乌合之众了。面对如此困难的境地，拿破仑仍然没有听从军需总监关于增加运力、紧急调运补给品的建议，命令法军不顾一切地夺路追击有秩序撤退中的俄军。英国历史学家朱利安·汤普森曾经犀利地评论了当时的情况："拿破仑是在进行一场赌博。他知道他的后勤系统不能保证他到达莫斯科并在那维持下去，但是像希特勒一样，他希望在后勤影响到战略之前打败俄国人而强压以媾和条件。对他来说不幸的是，俄国以空间换时间，他们的部队虽然在撤退，但绝非逃跑，当然更没有被歼灭。"

从波兰边境到莫斯科城下，是绵延1000多千米、人迹罕至的乌克兰荒原。法军越深入俄国的领土，其后勤补给线就越长，后勤补给就越来越困难。俄军统帅库图佐夫敏锐地看到了法军补给线长且防卫薄弱这一致命弱点，大部队避免与法军正面交锋，却在沿途组织了大量以小分队为单位行动的哥萨克骑兵敢死队，专门在法军后方袭击其后勤运输线和辎重部队，破坏法军的后勤补给。这些哥萨克骑兵技艺高超，来去如风，令法军后勤胆战心惊，运输效率进一步变得低下。

9月7日，艰难前进的拿破仑大军终于在莫斯科西南的博罗季诺，遇到了等候在这里的俄军，双方进行了持续一天的会战，结果损失相当（法军伤亡4.7万人，俄军伤亡4.4万人）。在战争中，俄军的大批哥萨克骑兵偷袭了法军的辎重队和掩护队，使拿破仑不得不将部队有生力量后调，打乱了整个防御部署，使法军付出了死伤47名将军和上万名士兵的惨重代价。后来，俄军主动撤出阵地，并于9月14日放弃莫斯科后撤，以进一步加大法军的后勤困难。法军进入莫斯科后，面对的几乎是一座空城：俄军退却时撤走了几乎所有的居民，放出了所有的犯人，烧毁了所有能烧毁的木结构房屋，粮秣物品能运走的都已运走，运不走的也放火烧毁了，城里到处燃烧着大火，5天后才熄灭。而对

> 拿破仑观看莫斯科的大火

几乎一无所有的空城和不知去向的俄军,拿破仑陷入了进退维谷的困境之中。他先是下令建立交易市场,劝说郊区的农民把他们的食品拿到集市上出售,法军用临时性纸卢布购买,但这一政策没有取得相应效果。拿破仑又派出征粮队到周围农村征集,但征粮队一旦离开莫斯科数千米就会遇到俄军游击队的袭击。

俄军统帅库图佐夫在法军后方斯摩棱斯克到莫斯科的唯一交通要道上设下了重兵,彻底切断了法军的交通补给线。10月9日,法军一个大型运输队遭到了两个团哥萨克骑兵的截击,损失了所有粮食,只剩指挥官一个人来到莫斯科。为此,拿破仑下令,任何运输车队若无1500人的军队护送,均不得从斯摩棱斯克启程。

拿破仑多次向沙皇提议媾和,但均被亚历山大一世拒绝。与此同时,法国的侵略行径也激起了俄国人民的反抗。他们自发地组织起来,开展了袭扰

> 法军在莫斯科的寒冬中吃尽苦头

法军的游击活动，截夺车辆，破坏交通，使进入俄境的法军惶惶不可终日，人员和物资的损失不断增加。库图佐夫则利用这段时间休整部队，补充兵力，并抽调了一部分正规军加强敌后的游击战，为组织反攻积极做准备。在短期内，库图佐夫使自己掌握的兵力达到了12万，而拿破仑指挥的法军则仅剩9万，求战不得，求和不成，困守空城。

10月18日，拿破仑被迫撤离莫斯科。撤退途中，受到了俄军的跟进追击。半月之内，法军有数万人被歼灭，车炮、弹药全部沿途丢弃。11月16日，冬天的第一次暴风雪降临，更进一步加重了法军撤退途中的困难，部队、辎重互相混杂，拥挤在一起，以致每过一道山崖、河流都会付出一定代价。全军秩序大乱，整营整营地瓦解。

在"冬将军"的威力面前，拿破仑也开始颤抖了。12月19日，所有法军全部退出了俄国领土。这时，拿破仑60万大军只剩下不足3万人了。战后，

经天纬地:不可不知的战场环境

拿破仑深有感慨地说:"无论是宪兵司令,还是辎重车队的车长,或是参谋部的军官,他们之中对我恪尽其职的一个也没有。"①

正确的决策根植于对战场形势和敌我双方力量对比的准确判断,以及对未来战局可能发展的科学预见。对俄方而言,其统帅库图佐夫是在俄国处于极为困难的情况下,临危受命出任俄军总司令的。他所统帅的这支军队,由于连续后撤,且始终处于法军的追击中,导致了兵员锐减,粮秣不足,只能靠劫掠度日,士气也受到了严重的影响。虽然法军相当一部分被分散驻防各地,一线作战兵力在数量上与俄军大体相当,没有明显的数量优势,但他们士气旺盛,久经征战,战斗力很强,并且其统帅拿破仑具有极高的军事指挥艺术和才能。因此,对库图佐夫来说,在处理危局的决策中,必须小心谨慎,避免过早与法国人决战,保存俄军的有生力量。库图佐夫深知,战争的结局取决于俄国人民和军队的意志,取决于俄国所拥有的战争潜力。因为他早就预见到,法军不可能在一个离开本土几千千米,而且充满敌意的大国进行持久

> 拿破仑从莫斯科撤军

---

① "拿破仑兵败莫斯科",张连松:《中国机关后勤》,2001年第8期,第35页~37页。

作战，俄罗斯具有广阔纵深的领土，巨大的人口，以及冬季严寒等恶劣的自然条件，都允许俄国通过持久作战大量消耗敌人来改变双方的力量对比。为此，他一上任就确定了在较长的时间和较广阔的区域内消耗法军的战略决策，而不计较一城一地的得失，积蓄力量，为最后夺取胜利创造了条件。库图佐夫出任总司令后，第一项决策就是加强战略预备队的建设。他写信给陆军部，分析正在与优势法军作战的俄国军队极其不足，要求组建预备队，提出这是扭转战争进程的关键。正是由于俄军后备兵员的不断补充，改变了与法军的力量对比，在战略反攻阶段有充足的兵力在各个地区给法军以沉重打击。由于法军战线过长，后勤补给困难，库图佐夫抓住拿破仑急于决战的心理，采取避敌锋芒、诱敌深入的战略，通过不断削弱法军的有生力量，最后集中优势兵力围歼溃退的法军。①

拿破仑征俄最终以惨败而告终，导致其失败的原因有很多，但是未能对俄罗斯严冬的低温有清醒的认识应该是其中一个重要的原因。从这一点来说，"冬将军"成功阻击了拿破仑皇帝，挽救了俄罗斯。

---

① "避敌锋芒 后发制人——评库图佐夫在1812年俄法战争中的决策"，蒲宁：《科学决策月刊》，2006年6月，第59页。

07

莫斯科保卫战
"冬将军"又一次保卫俄罗斯民族

严寒天气不仅在拿破仑时代的热兵器时代影响了战争的结局，在其后的机械化战争时代也产生过重要影响。低温低湿环境能够使车辆装备动力装置的启动变得非常困难，而且容易造成蓄电池容量降低，启动时蓄电池极板负荷过大，甚至永久损坏蓄电池。低温还会使车辆装备的润滑剂粘度增大或凝固冻结，引起静态阻力矩增加，并且使运动部件机械强度降低，导致运动磨损大大加剧。对武器装备而言，低温低湿还会使导弹发射药的力学性能因水分、挥发性溶剂或组分的变化而改变。塑料包装容器和防护用漆在低温环境下会变脆，强度降低，漆层脱落，从而失去密封和防护作用。木质的包装箱以及木制品在低湿条件下，会因水分蒸发而出现干裂，而钢质包装箱的隔热能力较差，会在低温环境下受到很大影响，这些都会影响到导弹弹药的存储和使用。此外，低温也会使电子设备的性能严重下降。

例如，地面部队常见的轮式火炮，在极地的严寒低温环境下易造成金属部分变脆断裂，这往生发生在轴承零件上，从而造成机件损坏、失灵。低温低湿环境会造成橡胶制品老化加速，使连接部位出现空隙，漏油漏气，轮胎容易爆破或撕裂。此外，严寒气候会冻裂车辆的散

> 泥浆阻碍住了德军装甲车的车轮

热器和缸体、油箱、油罐、滤清器和手制动、摩擦片、排污阀等部位都可能会结冰，造成堵塞等。① 严寒天气对战争的影响，首推第二次世界大战期间苏德战场上的莫斯科保卫战。

1940 年 12 月 18 日，希特勒签署第 21 号令，发布了"巴巴罗萨"计划，将侵略目标直指苏联。1941 年 6 月 22 日凌晨，充分准备的德军以闪电战的手段向苏联发动了全面进攻。战争爆发 2 小时后，苏联外交部长莫洛托夫接过了德国驻苏大使舒伦堡递过的战书，《苏德互不侵犯条约》成为了一张废纸。

德军将北方、中央、南方集团军群将近 200 个师、550 万人的兵力，包括 3 个航空队的数千架战机，全数投入到了"巴巴罗萨"计划中。德军 3 位将军在波罗的海到喀尔巴阡山一线约 1500 米的战线上，指挥着 3 大集团军群急速推进。由伦德施泰特指挥的南方集团军群挥师乌克兰，目标基辅；北方集团军群由勒布指挥，从东普鲁士出发，奔向列宁格勒；汇聚了最精锐装甲部队的中央集团军群则由博克指挥，麾下第 2、3 装甲集群由古德里安和霍特大将指挥，直指莫斯科。对德军的突袭，苏联判断失误，未做充分准备，防线被迅速突破，一天之内 1200 架飞机报废，其中大部分都没有离开机场。至 7 月 9 日，苏军已有 28 个师遭到歼灭，70 个师的人员和武器损失过半，德军轻松

---

① "俄罗斯北极武器装备的发展"，王继新：《兵器知识》，2017 年第 8 期，第 47 页 ~48 页。

地将战线向前推进了 300 至 600 千米。勒布在北路很快打开列宁格勒的门户普斯科夫；伦德施泰特的南方集团军群也掀起了对基辅的攻击，麾下第 1 装甲集群轻松突破苏军薄弱防线，7 月 11 日便进抵基辅以西 20 千米；中路的博克挥军突进明斯克，7 月 16 日的斯摩棱斯克已经插上了德军的战旗，通往莫斯科的大门就这样让博克叩开了。

博克和古德里安野心勃勃地计划着下一步的莫斯科之旅，柏林陆军总部布劳希奇总司令和哈尔德总参谋长也正为提前占领莫斯科做着升级作战计划的准备。但就在此时，德军真正的老大希特勒却提出了不同的想法。他更看重经济发达的列宁格勒和乌克兰等地对战争的支撑作用，因此拿下了这些地区之后，狂妄的希特勒认为莫斯科已是囊中之物，摧毁它只是时间问题。

7 月 19 日，希特勒发布第 33 号训令，博克麾下的两大装甲集群分别转身投入到南北两大集团军群的战斗序列，古德里安的第 2 装甲集群投身合围基辅的大战，霍特的部队则参与合围列宁格勒的大战。博克及其剩下的大军只能停在冲向莫斯科的战线上等待希特勒新的命令。9 月 26 日，南线的基辅会战结束，但在北线，列宁格勒的苏军却将德北方集团军群死死拖在了城下，攻防战斗依然胶着。

基辅之战让德国人对拿下苏联充满了信心，而对苏联而言，政治中心莫斯科成为了苏联最后的支柱。德军为攻击莫斯科准备了"台风"计划。古德

里安的铁甲兵团奉命再次回到莫斯科方向。虽然在德军分兵基辅和列宁格勒时，苏军也获得了一些莫斯科防御战的准备时间。但实力对比依然明显对苏军不利：德军人员比苏军多40%，火炮和迫击炮多80%，坦克是苏军的1.7倍，作战飞机是苏军的2倍。此外，德军在军械质量上也同样占据优势，当时苏军有一半的坦克和飞机都是旧式的，而且部队中的自动枪械数量严重不足。总体而言，德军在坦克、航空兵、反坦克炮兵、高射炮兵和摩托化装备等方面的优势极其明显。

"台风"来势迅猛，9月30日凌晨，德军运用突袭战术对莫斯科实施火炮攻击，随后的几个小时德军出动轰炸机，将近200架苏军战机被炸毁在机场跑道旁。几天之内，德军装甲部队陆续包围了数支苏军主力，苏军再次遭受了重大伤亡。"台风"行动伊始就展示了德军的实力，而看着苏军节节败退，德军将士妄想很快就可以去红场见元首了。

就在莫斯科最为危难的时刻，"冬将军"又一次出面拯救俄罗斯民族。10月6日，莫斯科落下了雪花，随后雪又变成了连绵的秋雨。很快，遍地的泥泞改变了通往莫斯科的道路，德军机械化部队的推进明显受阻。苏军借此时机，对前线部队进行了换防，一线官兵得以休整，新的预备队补充进了一线。就在此时，一个情报让苏联对保卫首都有了更大的信心。这一情报来自二战"谍王"佐尔格，他准确地获知了日本关东军没有配合希特勒进攻苏联的消

> 德军在严寒中的惨状

息。于是，斯大林放心地从远东调来了 34 个师，这支部队是当时苏军剩下的唯一一支建制完整、装备精良的战略预备队，而且非常适应在严寒气候中作战。除了原驻地留下少量兵力保持无线电活跃状态以迷惑日军外，其他大队人马都在数周内急行 8000 千米赶赴莫斯科。苏联重新集结精锐部队，慢慢有了还手之力。[①]

11 月 3 日，莫斯科迎来了这个冬天第一次霜降。气温的下降使泥泞的道路迅速硬化，德军装甲部队终于可以提速了，然而没有做好冬战准备的德军士兵只能穿着单衣在苏联的寒冷中瑟瑟发抖。博克元帅意识到，只有快速攻占莫斯科，部队才有可能从真正的严寒中顺利脱身，遂命令机械化师快速推进，一来弥补因为停止进攻延误的时间，二来意图在苏联恐怖的严寒到来前攻占莫斯科。对于德国和苏联双方而言，这都是生死攸关的一刻，德国大军距离莫斯科已经不到 200 千米。苏联被迫将一些重要部门和外国使馆等向东转移到古比雪夫，一半的莫斯科市民也被紧急迁移疏散，很快莫斯科就变成了一座"兵城"。面对德军每晚的袭击，地铁成为了莫斯科市民的临时庇护所。在此关键时刻，10 月 28 日，斯大林斯大林召开政治局委员和国防委员会委员参加的秘密会议，决定纪念十月革命胜利 24 周年的传统阅兵照例举行，地点依旧是莫斯科红场。受阅部队在规定时间向莫斯科集结，但谁也不知道阅兵式的具体计划，他们得到的官方说法是，莫斯科市民要知道他们的军队将如何开赴前线。

11 月 6 日夜，莫斯科开始飘雪。为了防止德军空袭，阅兵式将提前 2 小时在 11 月 7 日 8 时开始。斯大林决定将此次阅兵向全世界直播，远在柏林的希特勒也会听到斯大林的声音和苏联军民的欢呼。红场阅兵的突然举行让希特勒非常震惊，他认识到斯大林并没有被击倒，而经过这次阅兵整个苏军将再次振作，接下来的莫斯科战役将更加艰难。疯狂的希特勒即刻叫醒了还在睡梦中的德军第 12 轰炸机联队指挥官，突遭一顿臭骂后的将军亲自率领轰炸机群飞往莫斯科，然而朱可夫早已准备好了密集的防空火力，在大雪中迎击德机的进犯，包括第 12 轰炸机联队指挥官亲自驾驶的轰炸机在内的 25 架战

[①] "莫斯科战役大逆转之谜"，毛剑杰：《同舟共济》，2014 年第 1 期，第 71 页。

机还没看见莫斯科就被击落了，其余轰炸机也只得被迫返航。

德军炮口前红场阅兵这天堪称是1941年最让世界震惊的一天。莫斯科军民依然在战斗，高昂的战斗激情和笼罩着严寒的莫斯科已经成为希特勒法西斯军队最大的对手。博克元帅意识到斯大林正在重振莫斯科的雄心，11月15至18日的新

> 德军在莫斯科城下饱受严寒之苦

一轮攻势再一次直指莫斯科，然而苏军的顽强抵抗让从北面和南面迂回攻击莫斯科的德军遇到了阻击。11月底到12月初，德军以巨大的代价推进到了莫斯科运河，强渡纳拉河，从南面逼近了卡希拉。尽管遭到很大损失，但莫斯科依然是德军前进的目标。在北面，先头部队距离莫斯科只有不到60千米，在南面，古德里安的部队也离莫斯科越来越近。德军离莫斯科越近，越难以继续向前推进。此时物资供应也出现困难，食物配给紧张，德军的意志出现了松动。而就在此时，真正的严寒降临了。德军的坦克在低温中无法启动，一些坦克不敢熄火休息，又消耗了大量燃油，几天下来许多坦克、车辆、火炮都成为阵地上的雕塑，而寒冷和风雪将衣衫单薄的德军精锐之师悉数冻僵。德意志的钢铁洪流高速突进了800千米，却倒在了最后的50千米。可怕的严寒不仅摧残着士兵的身体，还使机器停转、武器失灵。但对莫斯科的苏军而言，情形则恰好相反。来自西伯利亚的苏军早已习惯了寒带生活，后勤保障也准备了足够的冬季作战装备：他们的枪炮套上了保暖套，涂上了防冻润滑油，新型坦克T-34、T-35在严寒下仍能照常发动，士兵们有足够的棉衣、皮靴和护耳冬帽用来防寒。德军进攻莫斯科的主力在北面是霍普纳第4装甲军团和莱茵哈特第3装甲军团，但以苏军远东部队为核心新组建的弗拉索夫第20军团、库茨涅佐夫第1突击军团，不仅挡住了这两个最精锐的德军坦克集群，还趁势发动了反攻，使德军仓皇后退。此后德军节节退败，以致在1941年12月16日，希特勒不得不威胁称如果溃逃，将枪毙负领导责任的师长。德国第

4集团军参谋长布鲁门特里特后来在《致命决策》一书中写道:"希特勒已经意识到,部队在雪地上的撤退将导致整个战线的崩溃,我们的军队将重蹈拿破仑军队的覆辙。"

再也无法前进的德军只能停在原地等待老天和元首的安排,虽然远在柏林的希特勒仍坚信中央集团军可以到达莫斯科,但博克元帅已经没有能力继续进攻了,尽管莫斯科已经近在德军大炮的射程之内。德军在严寒中将进攻战转成了防御战。而苏军依托本土作战,依靠人民的强大支持,在严寒中依然保持着充足的配给,重武器运转正常。随着温度持续下降,战局开始出现转机,苏军的反攻很快到来。随着善于冬季作战的精锐远东部队回防莫斯科,12月5日,苏军的反攻开始了,第16集团军在莫斯科以北的卡里尼纳率先发起了反击。天寒地冻积雪深,却没有阻挡苏军坦克和装备了滑雪板的机动部队快速地打击德军。苏军很快获得了战场优势,空军也重新夺回了制空权。反攻的进展顺利,迫使希特勒在12月8日发布训令,德军正式转为防御。

苏联陆续解放了罗加切沃等地,完全控制了对德战争的局势,莫斯科保卫战向反击战转换。面对日渐不利的局面,希特勒于12月19日免去了陆军总司令布劳希奇的职务,亲自担任陆军总司令,严令博克元帅死守阵地。他无法接受自己复制当年拿破仑兵败的历史,然而命运就是如此相似,莫斯科用寒冷击退了那些妄图踏上红场的敌人。1942年1月初,苏联西线战略方向的反攻完成,从德军手中解放了大批居民区,其他几个方向也转入了战略反

> 德军坦克也扛不住莫斯科的寒冬

攻阶段。自二战以来未尝败绩的古德里安装甲部队也第一次被迫撤退了，虽然希特勒的命令还在生效，但博克不能看着自己最精锐的部队就这样在苏联的风雪中全军覆没，遂命令中央集团军后撤。希特勒的计划就此破产，倒在了拿破仑曾经倒下的地方，严寒中的莫斯科城依然属于苏联人民。

二战以来德国第一次失败，虽然希特勒认为他只是输给了天气，但在整个军事进攻战略上由于他的过度参与，导致军方计划改变，最终使德军在莫斯科面临困境。历史学家和军事家都认为是天气给了苏联、给了莫斯科战胜德国的机会，显然天佑莫斯科已经成为希特勒的梦魇。①

战后，德军第2坦克集团军司令古德里安也同样将兵败莫斯科城归咎于俄罗斯的严冬。1941年12月5日苏联红军转入反攻之际，严冬气候确实起到了一定作用。由于冰雪天气，德军坦克深陷雪地，大炮也因燃油被冻住而无法开动，攻击力大打折扣。1941年苏联的冬天确实很冷，气候有点反常。德国机械化部队在翻浆严重的乡间道路上几乎无法行动，只能沿着路况良好的公路进行攻击，这就给苏联红军进行防御带来了一定的帮助。苏联人民一直生活在高纬度地区，他们早已适应西伯利亚地区高寒的气候，所以他们的武器装备也就能够适应高寒气温，苏联的T-34坦克就能够完全适应高寒气温。

早在二战开始前，苏联科学家就进行了大量对气象的研究工作并取得了突破性进展。战后，有专家认为，当时苏联的科学家可能利用人工手段增加了降水量，加速了温度下降，并导致冬天提前到来，帮助苏军在莫斯科城下打败了不擅长在严寒中作战的德国侵略者。②

---

① "莫斯科保卫战"，冷沙洲、紫峰：《决策》，2015年第5期，第48页~50页。
② "莫斯科保卫战中成功运用的气象武器"，魏庆：《生命与灾害》，2015年第5期，第20页。

08 菲律宾海战
被台风"击伤"的航空母舰

人类战争进入机械化战争时代以后，台风对于海军作战产生的影响依然存在。风可能从任何方向作用于舰艇上，但无论从何方来，对于操纵都是有影响的，其影响体现在：一是使舰艇发生横移；二是使舰艇发生偏转；三是使舰艇前冲或后移。舷侧受风航行时，由于受风面积大，风力对舰艇操纵的影响最为显著。（1）舷侧风对停车漂泊舰艇的影响：舰艇在风压力矩的作用下，使舰首向下风舷偏转，且其边偏转边顺风漂移，漂移速度将随风力和受风面积增大以及水线以下面积减少而增大。这样，如果海区周围存在危险物，或在狭水道和港湾时，舰艇的安全就会受到威胁。因此，应及时用车、舵予以控制，当车、舵控制无法避免危险时，应果断抛锚加以控制，以防止搁浅及碰撞等事故的发生。（2）舷侧风对航行舰艇的影响：舰艇在风力的作用下将向下风舷横移，同时在风压力矩的作用下，又使舰首向下风舷位偏转，从而使舰艇离开原始直航线而发生偏离。为了保持舰艇重心原直线航迹，应向上风舷压舵，修正一个风压角。压舵角的大小，与风速、风向及艇速有关。当操满舵也无法保持原航迹时，应增速，以便提高舵效，保持舰艇的原直线航迹。（3）舷侧风对倒航舰艇的影响：风压合

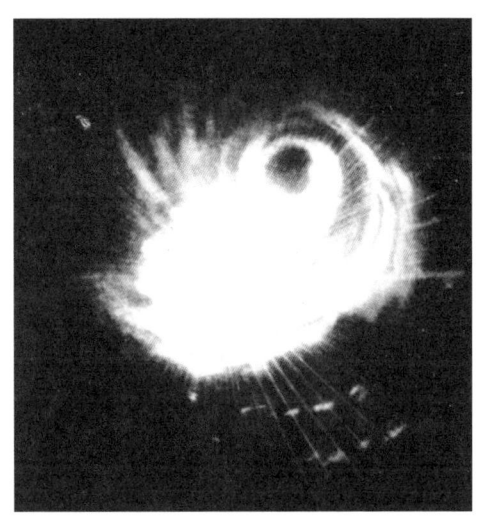

> 美军气象雷达发现的台风图

力作用在风压中心使艇首向下风舷偏转。此时艇受到的动水力作用点在重心之后促使艇首进一步向下风舷偏转，用方向舵无法克服这种偏航，但可以利用这种偏航进行转向。舰艇在水上航行中，当遇到台风时，应根据舰艇在台风中的部位，迅速驶离台风中心。当舰艇航行在危险半圆时，在北半球，应保持舰首右舷15°~20°受风角，并迅速驶离台风中心。在驶离过程中，还应注意判断台风动向，若风力越来越弱，气压不断回升，则说明舰艇离开台风中心越来越远了。如果风浪十分猛烈，或者由于前方有陆地等阻碍导致不能全速驶离时，可采取右首顶风滞航的方法，使舰艇处于几乎不进不退的状态，从而随着台风中心的前移而避离台风区。北半球危险半圆的避航法，可概括为"三右"：即右半圆，风向右转，右首受风驶离。当舰艇航行在可航半圆时，在北半球，应使舰尾右舷呈30°~40°受风角，并迅速驶离台风中心，直到风力由大变小，气压由低变高。如果前方没有充分的避离余地，则可改为右首受风，顶风滞航。在北半球可航半圆的避航法，可概括为"左左右"，即左半圆，风向左转，右尾受风驶离。若舰艇航行在台风进路上，风向不变，气压下降，表明台风中心即将来临。在北半球，应立即高速驶入可航半圆，然后保持舰尾右舷30°~40°受风角，并迅速驶离台风中心。直到风力由大变小，气压由低变高，则表明已驶过台风中心。以上只是舰艇驶离台风中心的

经天纬地：不可不知的战场环境

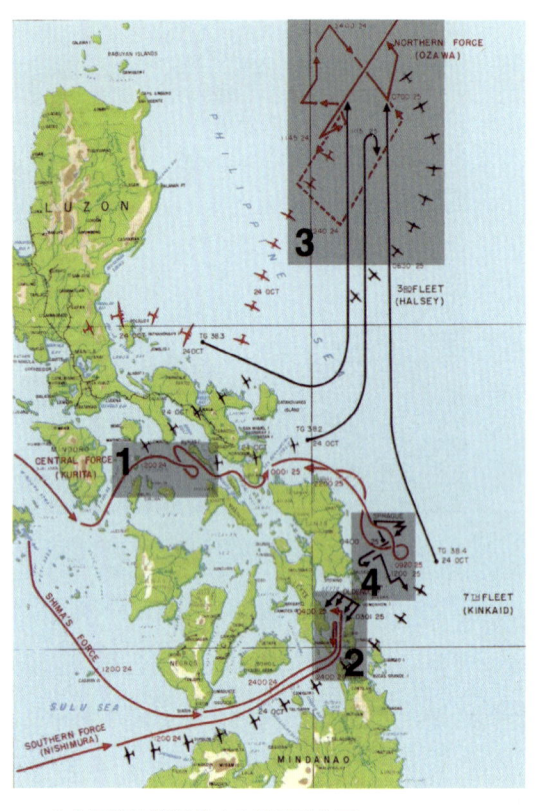

> 英文版莱特湾海战 4 个阶段形势图

一般方法，但由于台风进路是多变的，因此在指挥舰艇驶离过程中，还应不断判明台风动向，以便不断修正驶离台风的方案，严防盲目转向，以免重新陷入台风中心。[①] 二战中的美国海军曾经因为没有摸透台风的脾气而吃了大亏。这事儿还得从菲律宾海战说起。

1944 年，美军在中太平洋和西南太平洋两线同时向日军发起连续攻势。在尼米兹和麦克阿瑟的联合打击下，曾经在太平洋上不可一世的日军节节败退。1944 年秋，尼米兹的中太平洋部队夺取了马里亚纳群岛，而麦克阿瑟的西南太平洋部队已经完全控制了新几内亚，下一步的主要目标是向菲律宾进军。美军参谋长联席会议命令麦克阿瑟和尼米兹组成联合部队，计划于 1944 年 10 月 20 日在菲律宾中部的莱特岛实施登陆作战。10 月 10 日，麦克阿瑟下属金凯德海军中将率第 7 舰队运送美国第 6 集团军 17.4 万人，在尼米兹属下哈尔西海军上将的第 3 舰队的支援下向莱特岛挺进。10 月 20 日，美军在莱特岛登陆，日本"绝对国防圈"濒临崩溃，面临本土与南方交通线被切断、美军直接在日本周边甚至本土登陆的危险。针对这种情况，日本制定了"捷号作战计划"。该计划共由四个子计划组成："捷一号"计划防守菲律宾，"捷二号"计划防守中国台湾，"捷三号"计划防守本州、四国、九州与小笠原群岛，"捷四号"

[①] 孙文心、李凤岐、李磊主笔：《军事海洋学引论》，北京：海洋出版社，2011 年版，第 370 页 ~380 页。

计划防守北海道和千岛群岛。对上述地区以东的据点,则令部队就地固守,不再提供增援。总之,四个"捷号计划"就是要借助海军力量辅助陆军防守,击退美军登陆部队。

当美先头部队在莱特岛登陆后,二战日本帝国联合舰队司令官丰田副海军大将立即下达了"捷一号"作战命令。水面舰队在海军中将栗田健男的指挥下,分成两路出动。栗田亲自带领一路舰队经南海、锡布延海和圣贝纳迪诺海峡驶向莱特湾,而他的副手海军中将西村祥治则率另一路舰队前往苏里高海峡。两人定于10月25日早晨从南北两面同时冲进莱特湾,夹击美国的两栖舰队。

10月23日清晨,美潜艇"海螂"号和"缘鱼"号首先在巴拉望岛以西发现了栗田的中路编队,立即向哈尔西报告了日舰动向,随后用鱼雷发动攻击。被击沉的日军巡洋舰中有1艘是栗田的旗舰,栗田被迫将他的指挥部转移到"大和"号上。就这样,历史上最大的海战——莱特湾海战拉开了序幕。

哈尔西接到潜艇的报告,立刻命令谢尔曼和戴维森率领的大队向博根大队靠拢,并下达了准备攻击的命令。10月24日凌晨,金凯德派出的巡逻队向哈尔西报告,发现了西村的南路舰队正在接近苏里高海峡。随即他命令奥尔登多夫少将率第7舰队全部的炮火支援舰前往苏里高海峡实施封锁。

24日8时,栗田舰队进入了锡布延海。正当栗田的中路舰队穿越锡布延海向圣贝纳迪诺海峡行驶时,哈尔西的3支大队突然对栗田舰队连续发动了5次空袭。栗田的中路舰队损失惨重,他感觉到任务已经无法继续执行下去,于是下令舰队调转航向,退到了哈尔西的飞机航程以外。这时,小泽的北路舰队已到了离恩加奥尼角不远的地方。为了诱敌,小泽发出了明码电报,以吸引哈尔西的注意,同时出动了76架飞机攻击美军谢尔曼大队,将谢尔曼的"普林斯顿"号轻型航空母舰击沉。傍晚,谢尔曼报告哈尔西称,侦察机在190海里处发现日军了北路航母舰队。但哈尔西判断栗田的中路舰队已遭到重大损失,金凯德的第7舰队足以对付它。而日军南路舰队相对较弱,金凯德的第7舰队也能应付。因此,他决定他自己率领的第3舰队应该首先歼灭小泽的北路舰队。

24日下午8点20分,哈尔西率领第3舰队北上迎战小泽。此外,他又命令麦凯恩的 38-3 大队不要返回莱特湾，改向北航行以加入次日对小泽北路舰队的攻击。同时，哈尔西电告了金凯德其具体的行动计划与情况，但金凯德错误地理解了哈尔西这封电报的意思，认为第 34 特混舰队仍在封锁圣贝纳迪诺海峡。在哈尔西舰队北追时，船体带着累累弹痕但火控装置完好无损的栗田中路舰队出现在了哈尔西背后的圣贝纳迪诺海峡。这时，栗田接到了丰田从东京发来的一封电报："依赖神助继续前进。"但栗田不知丰田的诱敌战术已经取得了成功，导致栗田在这场海战中过分地谨慎了。

日军南路的西村舰队为了在 25 日天亮前进入莱特湾，把预定的行动时间提前了，与志摩舰队相距 40 海里。他们不知自己已经被美军发现了，仍然保持着无线电静默。24 日 23 时，西村舰队排成纵队开进了苏里高海峡，首先就遭到了美军鱼雷艇的攻击，接着又闯入了奥尔登多夫的埋伏中。在夹击下，西村舰队几乎全军覆没。

25 日凌晨 1 时，栗田的中路舰队驶出了圣贝纳迪诺海峡，变为夜航的搜索队形，小心翼翼地驶向莱特湾。7 时，栗田中路舰队在莱特湾北面的萨马岛海域与美军第 7 舰队第 3 特混大队相遇。栗田将其误认为了哈尔西的航母舰队，遂立即下令攻击。栗田舰队的突然出现使斯普拉格大吃一惊，急令驱逐舰趋前阻击，航空母舰则在烟幕掩护下向南撤退。金凯德接到斯普拉格的电报后，才明白了哈尔西的第 34 特混舰队根本不在圣贝纳迪诺海峡，但第 7 舰队的炮火支援舰此时正在向南面追击日军南路舰队。万般无奈下，金凯德命令斯普拉格尽力与敌周旋延缓栗田舰队对莱特湾登陆输送队的袭击，同时命令奥尔登多夫停止追击日军南路的志摩舰队，急速返回莱特湾以支援斯普拉格。同时，他马上向哈尔西致电求援。但哈尔西此时错误地估计了敌军情况，并未立即回师救援。栗田对斯普拉格紧追不舍，并开始炮击他的航空母舰群，导致一艘航母于 9 时 07 分沉没。正当美舰处于极端困难的时候，天空突降大雨，这帮了斯普拉格的忙，他趁机让航空母舰上的飞机全部起飞。飞机将栗田舰队的队形打散，被斯普拉格的航母舰队抛在了后面。25 日凌晨 2 时，哈尔西舰队的侦察机发现了小泽的北路舰队，随即对其展开第一次攻击。8 时 20 分，哈尔西再次接到了金凯德的求援电报，同时金凯德的电报传到珍珠港，坐镇后方的尼米兹也给哈尔西发了封简短的电报，询问第 34 特混舰队到底在哪里。

> 日本"大和"号战列舰在莱特湾海战中被击伤

接到电报后,哈尔西立即下令米切尔率第 38 特混舰队中的 2 个大队继续攻击小泽舰队,自己则率第 34 特混舰队和博根的特混大队返回莱特湾救援——用他自己的话说就是,"屈从了压力,挥师南下"。米切尔率谢尔曼和戴维森的 2 个特混大队继续向北追击小泽,最终令损失了全部诱饵和航空母舰的小泽带着仅剩的 10 艘水面舰只逃回了日本。

25 日上午 11 时,栗田的中路舰队整队完毕,挥戈直指莱特湾。但是当他的舰队前进了两个小时之后,栗田突然又决定停止向莱特湾突击,转而下令"全舰队北进",从而使唾手可得的胜利付之东流。原来,栗田从截获的无线电中得知了美国护航航空母舰上的飞机正在莱特岛上着陆。这本是美航空母舰在遭到日军袭击的惊慌中,为避免飞机与航空母舰一同沉没而采取的紧急措施,但栗田却将这一行动误认为是美军要建立一个陆上基地,准备对他进行更集中的空中攻击。此外,他从截获到金凯德的告急电报中,错误地认为哈尔西南下已 3 个多小时了,即将迫近栗田的中路舰队,因此栗田放弃了进击莱特湾的作战计划,转而改向北行驶,以便退出圣贝纳迪诺海峡,并趁黑夜全速向西逃走。

当日午夜,哈尔西终于到达了圣贝纳迪诺海峡的东端出口处,可栗田的舰队早已通过了。26 日上午,哈尔西舰队的舰载机对栗田编队进行了追击,日军"能代"号巡洋舰被击沉,"大和"号身中 3 弹,但仍继续航行,最终逃走。莱特湾大海战到此结束。[1]

---

[1] "莱特湾海战"施征,《海洋世界》,2005 年第 9 期,第 35 页~40 页。

> 美军遭遇台风袭击后的惨状

　　1944年12月，美国海军第38特混舰队转向菲律宾民都洛岛附近，进行支援登陆的作战行动。该特混舰队仍由哈尔西率领，麾下包括了7艘舰队航母、6艘轻型航母、8艘战列舰、15艘巡洋舰和50艘驱逐舰，规模庞大。击败了日本联合舰队最后的大规模攻势后，第38特混舰队经历了短暂的休整，然后继续投入了作战。14日至16日，第38特混舰队的作战飞机横扫了周围的日军目标，击落了超过269架各型日本飞机，击沉了若干商船，扫荡了机场和铁路系统，自身仅仅损失27架飞机。由于日军的主力舰队已经不复存在，美军航母也没有受到日军的反击。至12月17日，第38特混舰队的舰艇燃油储备量开始下降，开始执行补给和休整，为计划于19日重新开始的3天周期的空袭做准备。17日上午10点，补给作业开始，12艘舰队油轮在一大群驱逐舰和护航驱逐舰的掩护下，与第38特混舰队在吕宋岛以东800千米的海域汇合，并实施补给。

　　然而，由于当时没有气象卫星，人们无法及时了解到海况。此时在西太平洋上，一个台风已经形成，并且向着第38特混舰队袭来。在补给作业开始时，风速达到了20级~30级的大风已经开始让舰队油轮与作战舰艇间的补给变得困难，补给作业进行得非常缓慢。第三舰队的航空指挥官乔治·科斯克收到了一份来自乌里希环礁和珍珠港的电报称，这次大风是"热带风暴，很弱"。

他将电报转呈哈尔西和参谋长罗伯特·卡尔内上将，影响了高级指挥员的预判。

上午 11 点 07 分，驱逐舰"斯彭斯"号与旗舰"新泽西"号实施加油。看到令"斯彭斯"号驱逐舰航行艰难的风浪，哈尔西和很多舰队高级军官开始意识到，风暴可能比他们预计的更近。12 点 51 分，哈尔西下令暂停加油补给作业，在次日 6 点重新开始。第 38 特混舰队补给分队指挥官加斯皮尔·阿克夫进行了计算，发现次日 6 点，预定的汇合点地点很可能就在台风的路径上，而"圣贾欣托"号航母的米歇尔·科诺德尔舰长收到了台风 24 小时预警，但这个报告并未交给科斯克。第 38 特混舰队的燃料已经非常紧张了，如果 18 日早晨再不进行加油作业，那么很多舰艇的燃料就将被消耗完。但哈尔西时而命令正西航行，时而命令正南航行，结果整个第 38 特混舰队直直地朝台风驶去。

18 日早晨一大早，哈尔西很快就意识到了海况比昨天还糟糕，他在进行了 2 小时的努力后下令中止了补给作业，并向麦克阿瑟表示第 38 特混舰队这天将无法提供支援行动。此时，第 38 特混舰队正在萨马岛以东约 290 千米的海面上笔直地穿过台风"眼镜蛇"厚重的云层，经受着台风巨大能量的洗礼。相对而言，埋首、横摇都是不那么重要的问题——有的轻型舰艇已经丧失了驾驶能力，许多舰艇的横摇甚至高达 70 度，有水兵直接被巨浪扫入了海中。

> 台风的卫星图

航母上的舰载机即便完成了系留也被掀翻，战列舰上的水上飞机则直接被吹进了海里。每小时高达130千米的风速加上20米的狂涛不断吹袭着美军舰艇，即便是老水兵也没有见过如此狂暴的海洋，他们只能抓住一切抓得住的东西，用力地祈祷。

燃料即将耗尽而吨位又偏小的驱逐舰处境极为危险，"赫尔"号、"斯彭斯"号和"莫纳甘"号因为燃料耗尽丧失动力，加上额外的500吨物资和武器装备，最终倾覆。"塔伯尔"号护航驱逐舰不顾危险和自身天线也受损的事实，在台风期间和台风后的51小时里共救起了"赫尔"号上的41人和"斯彭斯"号的14人。最终，驱逐舰救起了"赫尔"号上的54名幸存者、"斯彭斯"号的24名幸存者和"莫纳甘"号的16名幸存者，总计94人（一说93人），其余舰员全部死亡或失踪。同样缺乏油料的"西科克斯"和"马多克斯"号通过把海水灌入空油箱中才略微增加了稳定性，从而在风暴中幸免于难。暴风持续到了下午2点，持续风力已经上升到了每小时150千米（约14级），阵风更是高达近每小时170千米（16级），之后才渐渐地逐步减弱。轻型航母"蒙特雷"号因为舰载机撞到舱壁引发爆炸而起火，经过处置才化险为夷——后来的美国总统杰拉德·福特当时就在这艘轻型航母上。包括"蒙特雷"号轻型航母和"塔伯尔"号护航驱逐舰在内9艘舰艇不得不退出一线进行维修。经历了这次台风的灾难，第38特混舰队共有790人死亡或失踪，还损失了146架舰载机。这一损失丝毫不亚于一场大规模海战。如果就战机的损失而言，台风比日军还要可怕。

美日海军之间的莱特湾海战，是历史上最大规模的海战，同时也是最后一次航母对战。此役后，日本海军名存实亡，美军则掌握了菲律宾地区的制海权和制空权，完全切断了日本与南方重要资源地区的海上运输线，为反法西斯战争的最终胜利奠定了重要的基础，也为后世带来诸多借鉴与启示。[①] 然而，对于美国海军来说，台风带来的损失算是给这支所向无敌的海上力量好好上了一课。

---

① "困兽之斗：莱特湾海战"，李享：《中国国防报》，2017年4月21日，第21版。

地形篇

09 电话亭里的搏斗
温泉关之战

在地面作战中，山地作战是一种非常特殊而又古老的作战样式。一般情况下，山区道路稀少，基础设施薄弱，人口较少，资源有限。地形山头林立、沟谷纵横，山形曲折变化，遮蔽环境复杂，通视条件较差。山崖、陡坡、河流、茂密植被等构成众多的断绝地带，雨季易发生洪水和泥石流，常使较平坦的地形突然断绝。有限的道路经常沿山谷、鞍部或山脊、山背分布，有时必须通过隘口或其他险要地带。多山地形给双方的指挥和协调、机动性带来了很大困难。山地易守难攻，更加有利于防御性作战。纵横交错的沟谷、断崖、陡坡是天然的障碍，良好的遮蔽条件有利于隐蔽伪装、兵力兵器的秘密配置，提高战场生存能力。防守方可以依托高地、台地、山脊、山背等构建防御阵地，并围绕卡点、堵口有重点地部署兵力，形成宽正面、大纵深的防御体系。在地形狭窄的情况下，进攻方力量展开和部署调整将受到影响，只能沿着山间通道内的公路、谷地等部署，沿着独立的方向穿插进攻。山地作战中，防御一方依点据守，控制正面较大；而进攻部队多沿有限的通道或山脊线攻击，队形拥挤，行动困难。

在山地作战历史上，温泉关之战可谓是其中的经典战例。这一战役是希波战争的重要组成部分。马拉松战役后，波斯侵略者继续扩军备战，从帝国境内的各个地区、各个民族征集了大批军队，集中训练。波斯人在亚陀斯海角挖掘运河，在色雷斯沿路建立了谷仓，贮备军需。据希罗多德记载，波斯的陆海军兵员合计 230.761 万人（其中步兵 126 万，转兵 8 万），战舰 1207 艘，再加非战斗人员，全军共有 528.322 万人（这显然是个夸大的数字。近代学者中有人估计，波斯军队的总人数约为 50 万人，又有一说称有十余万人）。公元前 480 年春，波斯国王薛西斯亲率大军向希腊发动了大规模的进攻。波斯这次采取了"长驱直入，步步推进"的战略方针。从小亚细亚渡过赫勒斯蓬特海峡，沿爱琴海北岸，水陆配合，齐头并进，指向北希腊。

波斯人的积极扩军备战，不能不引起希腊人的高度紧张。此时正值雅典海上党的领袖迪米斯托克利当政，他动员雅典人建造了 100 艘三层桨的大型战舰，并扩建了比里犹斯港，把雅典建成了一个海上强国。公元前 481 年秋，希腊各城邦在斯巴达集会，讨论抗击波斯的部署，共推斯巴达为希腊联军海陆军统帅。公元前 480 年春，各城邦再次在科林斯地峡召开会

> 山地作战是难题，图为山地作战训练中的士兵

> 波斯国王薛西斯的雕像

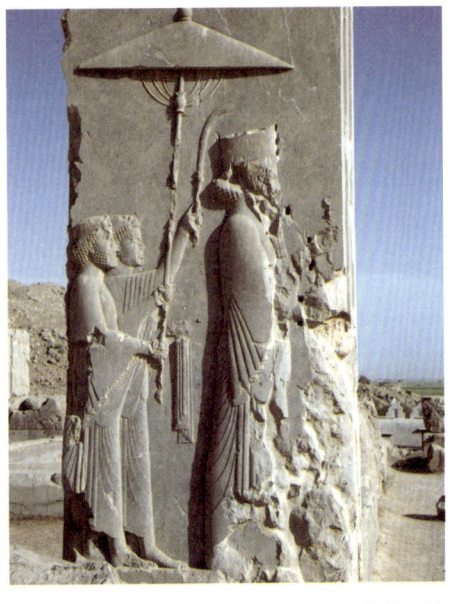

077

经天纬地：不可不知的战场环境

> 温泉关战役前，斯巴达人把波斯人的使者扔进井里

议，共有 31 个城邦参加，会上结成了"希腊人同盟"，入盟者宣誓向"同盟"效忠，并派陆军到北希腊阻击敌人，海军开到阿尔特米西昂海上防守。

希腊的陆军以斯巴达为首，海军以雅典和科林斯为强，总计共有重装步兵 4 万人，轻装步兵 7 万人，战舰 400 艘。就在薛西斯阅兵的一个星期后，两支希腊联军的部队从科林斯出发，分海、陆两路向水域狭窄的阿特米西亚和地势险峻的温泉关（德摩比利）挺进，前去阻击入侵的异邦人。

温泉关在马列湾南岸，有三道门户：西门、中门和东门。其西门在阿索普斯河河口东面，东门在阿彭尼镇之西，中门位于二者之间的位置，南方则紧靠着险峻的卡里德罗马斯山。希腊同盟军以斯巴达国王李奥尼达所率领的 300 名斯巴达勇士为核心，加上梯盖亚和曼提尼亚 1000 人，阿尔卡尼亚 1000 人，普列欧斯 300 人，迈锡尼 80 人，提斯庇亚 700 人，底比斯 80 人，主要据守中门。为了保护左翼，希腊联军另派遣了 1000 名弗西亚兵驻守阿罗培亚。

波斯大军行至赫勒斯邦海峡（今达达尼尔海峡），薛西斯下令架桥。很快埃及人和腓尼基人各造了一座索桥。桥刚刚修好，忽然狂风大作，把桥吹断。薛西斯大为恼怒，不但杀掉了造桥的工匠，还命令把铁索扔进海里，说是要把大海锁住。还命人用鞭子痛击海水 300 下，惩戒大海阻止他前进的罪过。他的自命不凡和目空一切，由此可见一斑。最后，工匠再次造好了两艘浮桥。

他们把360艘战船整齐排列，用粗大的绳索相连。船上用木板铺出两条路，一条走人，一条走骡马。浮桥的两边又装上栏杆，以免人马坠入海中。这支波斯大军用了整整7天7夜才全部渡过海峡。有个亲眼看到了这一切的当地人，惊恐地说："宙斯啊，为什么你变为一个波斯人的样子，并把名字改成"薛西斯"，率领着全人类来灭亡希腊呢？"

渡过赫勒斯邦海峡后，波斯大军迅速席卷了北希腊，于当年七八月间来到了温泉关。温泉关的关口极狭窄，仅能通过一辆战车，是从希腊北部南下的唯一通道，希腊人占有地利；但是天时和人和等种种因素，使这次联合防御终究很难持久抵挡波斯人，只能延迟对方南下。首先，根据以斯巴达军队为核心的希腊陆军的部署，温泉关的陆地防御只是进行长期抗战的前奏。他们派出一位国王作为温泉关军队的统帅，就是为了稳住联军浮动的士气，为长期抗战做出表率。第二，波斯人入侵时，希腊正在庆祝一年一度的卡尔纳尼亚节和奥林匹亚运动会。这些节日庆典大约要持续到9月下旬，也就是直到后来萨拉米斯海战发生的前夕。第三，斯巴达国内也同样需要留足兵马，以防范奴隶阶层黑劳士趁乱起义，所以派出军队的人数不可能太多，主要是一支以300名斯巴达王族卫队和1000名二等边民步兵为核心的7000人守军。由于波斯的军营中也有来自亚洲城邦的希腊人，甚至包括了流亡到波斯的斯巴达废王德玛拉图斯，因此薛西斯得知了希腊人的节日风俗，故意控制了行军的进度。波斯大军在8月份抵达温泉关下，正是利用了希腊人，特别是斯巴达人虔诚信奉宗教的软肋。第四，7月~8月正是希腊粮食收获的时机，在此时展开军事行动利于收集粮草。此外，温泉关地区事实上并非自古一条道，而是有包抄后路的小道可走。如果不安排足够的人手，关口非常有可能提前陷落。更何况，在此次远征前，斯巴达人在伯罗奔尼撒半岛之外的战争鲜有胜绩，对萨摩斯岛的远征、在南意大利建立殖民地的远征以及干预民主雅典的远征，都以失败告终，所以战前斯巴达对于这次跨海远征取得胜利缺乏信心。再加上斯巴达经过吕库古改革之后，主流社会日益保守自足，与外界的经济联系和文化交流减少，整体社会风气趋向于保守，渐渐有落后的趋势。

以国王列奥尼达为代表的最高将领也自知此战凶多吉少。斯巴达王的特权之一是可以在出征时携带100名亲卫，即使双王同时出征一共也只能带200

名亲卫队，剩下100人必须留守国内。而这次列奥尼达破例带了300人，体现出了对此战非比寻常的重视。经过斯巴达国内挑选出来的300卫队成员，全都是有子女的成年勇士——因为没有子女的年轻战士一旦阵亡，就意味着某个家庭的绝嗣。而列奥尼达国王本人对王后的临别嘱托，已经表明了他视死如归的态度：嫁个好人，生几个好孩子。

对于科林斯地峡以北的雅典和普拉提亚等城邦来说，温泉关保卫战更是决定城邦生死存亡的大会战。因为雅典的西北方即温泉关的后方，坐落着与雅典有世仇，但和波斯亲善的底比斯。一旦温泉关失守，雅典的国土就将门户洞开。公元前480年6月，当斯巴达国王列奥尼达还在准备北上时，迪米斯托克利就已经提议对雅典进行全城疏散，并获得了公民大会的通过。"鉴于国土即将落入敌手，所有雅典公民以及在雅典生活的外邦人，必须把他们的妻子儿女都转移到特罗增。老人和动产必须转移到萨拉米斯岛，雅典的长老们将在那里组织临时政府，维持国家运作。神庙司库和祭司留在卫城，以保护神的财产。所有达到服役年龄的雅典人和外邦人必须登上已准备好的200艘船，去和斯巴达人、科林斯人、埃吉纳人以及其他盟友一起并肩作战。为了增强全体雅典人民一致抵抗异邦人的决心，也为了防止被波斯人收买成奸细，那些被判处10年流放的人必须来到萨拉米斯岛。在雅典有地产和房产，且不超过50岁的人里，将军们选出了200位船长。并以抽签的方式为他们每人指定一艘船来指挥。将军们还要为每艘船指定10名20岁以上、30岁以下的士兵，并指定4名弓手。在指定船长的同时，将军们还要为每条船指定相应的专业军士。将军们把桨手汇总，并分成200组，每组180人，公布桨手名单时要注明每组对应的船名、船长的名字、专业军士的名字，以便桨手去各自的船报到。当200条船全部装备完毕之后，其中100艘要去支援优卑亚岛北部的阿尔特米西亚，另外100艘要分布在萨拉米斯岛以及阿提卡其余地区的四周保卫国土。"就这样，雅典人也做好了两手准备。

波斯大军在距离温泉关不远的平原扎下大营以后，薛西斯首先对希腊守军展开了心理攻势。他派人捎信给希腊守军称，波斯兵多得数不清，光是射击的箭矢就能把太阳遮住。但自幼接受严格军事训练的斯巴达人没有害怕，反而嘲笑道："那太好了，我们可以在荫凉里杀个痛快。"过了两天，薛西斯又派人去打探希腊人的动静。斥候回报称,希腊人把武器堆在一边,有的在梳头,有的在做操,丝毫没有打仗的样子。薛西斯对此感到大为奇怪,经过对知情者的询问后方知,战前梳头是斯巴达人的习惯,意味着将要血战到底。薛西斯又耐心地等了四天,见守关的希腊人丝毫没有投降的打算,便下令武力攻城。但在战斗爆发之前,薛西斯仍旧不愿放弃,最后一次派使者前去告诉列奥尼达,如果他和他的军队愿意投降,波斯皇帝可以封他为全希腊之王。列奥尼达回复道:"如果你知道生命中什么是最宝贵的,你就不会成天垂涎觊觎别人拥有的

> 温泉关战役图画

东西;而对我来说,为希腊光荣地去死比成为我的民族的首领更为重要。"薛西斯恼羞成怒,发布最后通牒,让斯巴达人立即投降,但再次遭到拒绝。于是在第五天,波斯军开始向希腊守军发起了猛烈地进攻。①

根据温泉关山道狭窄、骑兵和战车无法展开行动的特点,薛西斯采取了令步兵轮番冲击的强攻战法,企图利用人数的优势打垮斯巴达人。在大战的第一天,薛西斯派出了米底亚人和色雷斯人的军队,以及在马拉松战役中丧失亲人的战士,组成了第一波攻击阵型,再将之前俘获的希腊俘虏放在最前方当作盾牌,希望利用人数优势迅速击溃温泉关守军。而希腊人则利用温泉关的地形优势,居高临下,用锋利的长矛凶狠地刺向波斯军队。希腊人的防守阵型是著名的"希腊长枪方阵"(Phalanx formation),利用一堵由宽大盾牌拼接的盾墙和层叠其间的长矛来迎击敌人。色雷斯人和米底亚人的小盾和短矛没

---

① "希波战争的三个主要战役及希腊胜利的原因",赵秉新:《历史教学》,1983年第12期,第34页。

> 列奥尼达在温泉关战斗的油画

有办法和希腊人匹敌,成批的士兵在斯巴达人的阵势倒下。一位当时的古代希腊历史学家克特西亚斯的说法是,波斯人的第一波攻击被完全地粉碎,而希腊人只损失了2个~3个斯巴达战士。而根据希罗多德的记载,薛西斯在第一波攻击遭到瓦解之后充分认识到他面对的是一支多么可怕的军队。于是在同一天,他派出了由1万名最为精锐的御林军"不死军"组成的第二波攻势。(根据克特西亚斯的另一种说法,薛西斯在第二波攻击中使用了2万名战士,其中1万名是"不死军",另外1万名是靠军官鞭斥前进的米底亚战士。)但是,第二波攻击也同样遭到了失败。到了第二天,依据克特西亚斯的记载,薛西斯派出了总共5万人对希腊守军进行猛攻,依然没有奏效。对此薛西斯十分困惑,于是决定暂时停止攻击,命令波斯军队撤回驻营地。就在此时,一个名叫埃彼阿提斯的当地农民来报告说,有条小路可以迂回绕到关口的背后。薛西斯大喜过望,立即命令这个希腊人带领御林军"不死军"沿着小路直插后山。他们穿越峡谷,渡过溪流,攀上山崖,黎明时分穿过一片橡树林,接近了山顶。本来列奥尼达将佛西斯城邦的军队1000人安排在小路旁的山岭上，但因数日无战事，他们已经放松了警惕。直到寂静的黑暗中传来嘈杂的脚步声时，他们才慌忙披挂上阵。波斯将军面对这些希腊军队感到目瞪口呆，因为这与前两天他们曾经面对的可怕杀人机器大相径庭。尽管如此，波斯将军还是不敢下令自己的军队立即进攻。向导埃彼阿提斯提醒他，这些人不是可怕的斯巴达公民，于是波斯人立即用密集箭雨袭向这些希腊人。佛西斯人一直败走到山顶，波斯人也没有追赶，而是直向温泉关背后插了下去，至此完成了对希腊主力守军的合围。

当夜温泉关内一片寂静，酣战后的希腊人都已进入梦乡。只有斯巴达王列奥尼达未曾入睡，长期的戎马生涯使他养成作战期间晚上很少睡觉的习惯。突然，一阵急促的马蹄声传来，夜色苍茫中，一小队骑兵来到营前，为首的是列奥尼达手下的一个占卜师。他翻身下马，气喘吁吁地对列奥尼达说："不好了，有一队波斯人从后面绕了上来，天亮之前就会赶到这里。"久经沙场

> 被波斯人包围的斯巴达战士

> 列奥尼达和他的斯巴达战士

的列奥尼达立刻意识到这个消息的严重性：腹背受敌，温泉关无险可凭，危在旦夕。他思索片刻，命令把部队集合起来，然后对各邦的指挥官说："带着你们的人回去吧，温泉关守不住了，不要留在这里作无谓的牺牲。"关隘的阵地上只剩下 300 名斯巴达的重装步兵。列奥尼达命令将士们，父子、兄弟同在军中的，可以回去一个人，但是 300 名战士没有一个人离开阵地。[1]

前后夹攻的波斯人潮水般扑向关口，而腹背受敌的希腊人则竭尽全力奋勇迎战。他们用长矛猛刺，长矛折断了，又拔出佩剑劈砍。希腊人杀退了敌人的四次进攻，但是列奥尼达也战死了。战士们拼死保护自己统帅的尸体，

---

[1] "二千五百年前的大海战——萨拉米海战始末"，兆奇、何平：《航海》，1981 年第 4 期，23 页~25 页。

他们的人数越来越少，逐渐被压到了一个小山丘上。赛斯比人的心理防线逐渐崩溃，很多赛斯比人举起了双手，颤抖着向波斯人投降，但是随即就被杀红了眼的波斯人毫不犹豫地斩杀。最后波斯军队将残余的斯巴达人死死围住，在口令声中将雨点般的标枪和箭投向他们，直到最后一个斯巴达人倒下。至此，温泉关最终被波斯军队攻占。据希罗多德记载，在最后这场野蛮血腥的战斗中，薛西斯的两个兄弟阿布罗科麦斯和海帕兰西斯也殒命其中。

斯巴达王及其士兵的牺牲为雅典军主帅特米斯托克利斯赢得了宝贵的时间，波斯军虽然占领了希腊三分之二的土地，但在攻至雅典时，却发现雅典只剩下一座空城，全城居民早已撤走，结果波斯军只得焚城以泄愤。温泉关战役的历史意义有短期和长期两个方面。在短期方面的意义是，温泉关战役成功地迟滞了数十倍于己的波斯军队，帮助希腊军队完成了主力的转移，为最后取得战争的胜利奠定基础。在长期方面的历史意义是，希腊取得战争的胜利后，完成了西方历史文明重心的偏移，从原来的两河流域转移到地中海沿岸。波斯帝国在战争失败后被其他小国灭亡。打破了波斯帝国对丝绸之路的垄断，从此加强了中西方文化的交流，促使了人类历史文明的进步。在温泉关战役中，斯巴达300勇士的壮举一直以来都是文学家极其推崇的精神食粮，以诗歌和谚语的形式流传至今，甚至被改编成影视作品和游戏渗透到青少年群体中。温泉关战役的历史意义深刻且深远，千余年来一直被西方国家所津津乐道，在文化交融的今天成为世界各民族学习的楷模。

10 中场崩溃的渡河登陆战
淝水之战

在中国地理中，河流占有很重要的地位。由于我国地势西高东低，呈阶梯状分布，河流也主要发源于三大阶梯的隆起带。发源于青藏高原东、南缘的河流，大都是源远流长的大河，如长江、黄河，澜沧江、怒江、雅鲁藏布江等，它们构成了亚洲东南部河流网骨架。发源于大兴安岭—冀晋山地—豫西山地—云贵高原一线的河流，主要有黑龙江、辽河、滦河、海河，淮河、珠江的上源西江和元江等，为我国大河，但除黑龙江外，长度和水量都不及前者。发源于长白山地山东丘陵—东南沿海丘陵等山地一线的河流，主要有图们江、鸭绿江、沂河、钱塘江、贩江、闽江、九龙江、韩江以及支流东江和北江等，它们的发源地离海较近，大多独流入海，长度和流域面积都远较以上河流小，但水量都很丰富。这些特殊地形布局，为我国针对周边安全形势，建立多方向、多层次、大纵深的战略防御体系。但这种布局全国的交通网被山脉阻隔，形成一个个区域性的交通网，区域性的交通网之间则由少数几条国家主干交通线联系，一旦遭到破坏，则区域间的交通容易中断。而单一的河流走向构成了军队南北机动的巨大障碍，尤其是长江、黄河等。许多河流同时具有一定的内河运输条件，为东西水运提供了基础，但对军队协同造成一定影响。① 地理是凝固的历史。在历史上，中国的河流曾经对决定政权更迭的战争产生过巨大而直接的影响。这场战争就是著名的淝水之战。

淝水，又名"肥水"，发源于安徽肥西县和寿县之间的鸡鸣山将军岭，自源头向北流20里后分为两支，东南支经巢湖注入长江，为南淝水；而西北支绵延200里，出寿县而流入淮河，为东淝水。安徽省会合肥，即是因东淝水与南淝水交汇于此城而得名。距今1600多年前，在淝水河畔，确切地说是在东淝水岸边，一场大战正上演。在这场战争中诞生了"投鞭断流""草木皆兵""风声鹤唳"等众多成语，此战也因而取得了"中国成语大会"的入场券。②

316年，中国出现了南北朝的历史大分裂格局。在南方，司马睿于317年在建康称帝，建立了东晋王朝，占有南方大部地区。在北方，鲜卑、匈奴等首领也争相称王称帝，整个北方地区沦为割据混战的状态。在这一过程中，占领陕西关中地区的氐族人苻坚，即帝位后，重用汉族人才改革朝政，推行一系列治理措施，大刀阔斧的动作使得各方面均收到显著的效果，使前秦在一定程度上实现了"国富兵强"。可是前秦国内民族成分复杂，鲜卑、羯、羌等各族都分布在京畿附近。他们臣服于前秦主要是屈服于前秦的武力，因此对前秦的统治者存有戒心，怀有灭国之恨。而广大的汉族人民则仍然将南方的东晋视为自己的故国，对前秦的统治并不心服，这些都是威胁前秦政权的很大隐患。但是苻坚对此无清醒的认知，继续向外积极扩张。他消灭了前燕等割据势力，北方地区出现了初步的统一。③

前秦统一中国北方后，苻坚励精图治，制定了一些有利于社会安定和人民休养生息，有利于生产恢复发展和民族融合等的政策。政治上，苻坚把"混一四海"作为奋斗目标。他任人唯贤，重用一大批汉族知识分子，使内外之官，率皆称职，一改门阀士族的腐败现象，社会风气呈现出"人思劝励，号称多

---

① "中国人民解放军战区的划分"，王继新：《舰船知识》，2016年第5期，第23-25页。
② "淝水之战"，吴鹏：《中国三峡》，2017年第4期，第7页。
③ "论淝水之战的战争艺术"，赵娜：《兰台世界》，2014年第7期，第63页。

士，盗贼止忽，请托路绝"的景象。经济上，苻坚重视发展农业生产，为防治水旱灾害，"开漫水上涯，凿山起堤，通梁引渎，以溉泻卤之田。及春而成，百姓赖其利"。建元十八年，前秦粮食大丰收，亩产高达70石，为使民休养生息，他还减租免税、提倡节俭。时于边地部落以及衔附州县，苻坚下令"优复三年无悦租""复租从一年"等，在一定程度上减轻了人民的负担。当西域大宛国向前秦进贡"天马千里驹，皆汗血、朱跳、五色、凤房、麟身，及诸珍异五百余种"时，苻坚说："吾思汉丈之返千里马，咨吸美泳。今所蔽马，其悉返之，庶克念前王，仿佛古人安。"遂命群臣作《止马诗》而透之。可见，苻坚是非常崇尚汉文帝的俭朴精神的。在民族政策上，苻坚提倡民族平等，民族融合。他强调"修魏绛和戎之术"，即时匈奴、乌丸、独孤、鲜卑等少数民族"遣使修和，示之信义"。他在给其弟苻融的信中又说："今四海事旷，兆庶未宁，黎元应抚，夷敬厚和，方将泥六合以一家，同有形于赤子。"苻坚对异族降将仍予以重用；对后进民族，劝其读书；对同族犯过者，决不留情。如氐族首领樊份仗势欺人，当众侮辱王猛，即被苻坚怒除。这些做法抑制了某些专横自大的氐族贵族。

军事上，前秦拥有骑兵近30万，步兵征集达70万。苻坚十分重视前秦军的建设，强调加强军事教育训练，提高官兵的军事素质。对于士兵的训练，则强调"教人战斗之术"。同时，前秦军经长期的战争实践，积累了许多作战经验，有较强的战斗力。尤其是苻坚擅长谋略，精于用兵，能征善战，指挥前秦军打了许多漂亮的胜仗。就是发动对东晋的战争，他也是慎重出战，周密部署的：先取梁、益两州，控制长江、汉水上游，以威胁东晋西冀，再占襄阳、那城等要地，以迫近长江；最后兵分三路，水陆并进，会师建康（今江苏南京），一举灭晋。应该说，这样的作战部署是符合当时敌对双方的实际的。[①]

在做出大举进攻东晋的决策之前，苻坚就已经进行了一些必要的战略部署，几年前就派长子苻丕拿下长江重镇襄阳，俘虏东晋守将朱序，并用相当于财政部长的度支尚书的职务将其收编；接着大军压向淮河流域的彭城（即徐州和淮阴、盱眙一带），东西两线都给东晋造成很大的压力。建元十九年（公

[①] "前秦东晋淝水之战探析"，潘曙光：《军事历史研究》。1993年第7期，第39页。

元383年）7月，苻坚"下诏大举入寇"，主力部队全部进入战时状态，紧急征调民兵，"民每十丁遣一兵；其良家子年二十以下，有材勇者，皆拜羽林郎"。在苻坚看来，诏书发布之日，就是胜利之时。在诏书中，他甚至给东晋君臣在前秦朝廷里提前安排好了职务，"其以司马昌明为尚书左仆射，谢安为吏部尚书，桓冲为侍中"，并为君臣三人在长安城提前建好官邸，"势还不远，可先为起第"。八月初二，苻坚亲率步兵60万、骑兵27万从长安出发，前后绵延千余里，旌旗招展，锣鼓喧天。由于军队太多，各军没能步调一致地抵达集结地。九月，苻坚进抵河南项城时，从甘肃武威征调的西北军才走到咸阳，从四川出发的川军才刚刚坐上船顺流而下，从华北调拨的北方军才抵达彭城，数路军队东西相距万里。苻坚的弟弟苻融率领前锋部队30万人，先行抵达颖口（即安徽颍上县）东南前线。外患从来都是内部团结的最好黏合剂。在前秦巨大的军事压力下，东晋面临着开国以来最严重的危机。平时窝里斗的几大家族也歇火了，毕竟覆巢之下无完卵，朝廷没了，斗来斗去要争的那点利益也就没了。掌握朝廷内外实权的谢家、桓家携起手来，开始第一次桓谢合作，并更加紧密地团结在以司马曜为核心的东晋朝廷周围，勠力同心，共襄国是。

东晋孝武帝司马曜任命谢安负责军政全权，谢石为征虏将军、征讨大都督，谢玄为前锋都督，率领谢家8万北府军赴前线与前秦"死磕"，死也要把前秦的铁骑顶在淮河一线，万万不能让其打过长江，誓保五胡乱华、衣冠南渡后汉文化的最后火种。驻守荆州的桓冲，带领10万荆州军，横亘在长江中游，顶住前秦巴蜀水师东下，迫使苻坚放弃效仿西晋灭吴从长江中游突破的计划，在战略上给予淝水前线的谢家北府军极大支持。十月，前秦先行出击，苻融率军进攻寿县。寿县素有"中原屏障，江南咽喉"之称，为前秦所必攻，东晋所必救。东晋龙骧将军胡彬率5000水师紧急驰援。十月初八，还没等胡彬赶到，寿县就落入苻融之手。胡彬遂退到硖石（即安徽凤台、寿县之间）布防，相机而动。拿下寿县的苻融军团，士气正旺，接着去围攻布防硖石的胡彬，这又引来东晋征讨大都督谢石、前锋都督谢玄带剩余的7.5万北府军前来救援。东晋援军是到了，但是畏惧前秦兵锋，一时顿军不前。谢石、谢玄按兵不动，被"包了饺子"的胡彬沉不住气了，派出密使，"今贼盛，粮尽，恐不复见大军"，前秦士气正旺，兄弟我死活突不出去，眼看粮食又要吃完，恐怕此生再难相见。不幸的是，胡彬的这封信，还没送到上峰二谢手里，就被苻融截获。

幸运的是，因为这封信，苻融提出了一个重要建议；因为苻融的建议，苻坚做出了一个重要决定；因为苻坚的决定，东晋捕捉到了一个重要战机。

截获胡彬求救密信的苻融，大喜过望：胡彬所部眼看覆没，东晋援军兵力不多，现在都被吸引到我军阵前，这可是一举歼灭东晋主力的绝好时机。苻融马上派出800里快马向苻坚报信，"贼少易擒，但恐逃去，宜速赴之"。苻坚立马"留大军于项城，引轻骑八千，兼道就融于寿阳"，将几十万行动缓慢的大部队扔在项城，只带领8000轻骑兵，星夜兼程赶奔寿县与苻融会合，准备指挥前秦前锋30万部队以多打少，与区区7.5万兵马的东晋主力决战。

大战之前，苻坚决定劝降，要先派人去谢石、谢玄那里游说一番。到底派谁去合适？朱序。没错，就是那个前面提到的在襄阳被前秦俘虏，又被委任为财政部长的原东晋将领朱序。在苻坚看来，朱序从内到外、从思想到行动都已经焕然一新，从东晋人变成前秦人。派朱序过去，也算现身说法！苻坚让朱序对谢石、谢玄说："强弱异势，不如速降！"朱序确实完完整整向谢石、谢玄传达了这个八个字。不过朱序又擅自加了一段："若秦百万之众尽至，诚难与为敌。今乘诸军未集，宜速击之；若败其前锋，则彼已夺气，可遂破也。"本来被苻坚进抵前线的消息吓得"甚惧"的谢石、谢玄叔侄，一时斗志昂扬。十一月，谢玄派北府军名将刘牢之率精锐5000人，在洛涧（即安徽省淮南市东淮河支流洛河），以一敌十，大败前秦5万劲敌，"秦步骑崩溃，争赴淮水，士卒死者万五千人……尽收其器械军实"。谢石、谢玄叔侄乘洛涧大捷之余威，率诸军水陆并进，与寿县的前秦先锋大军隔东淝水对峙。

收到洛涧大败消息的苻坚、苻融登上寿阳城楼，眺望东晋军队大营，看到北府军军容严整，"望见八公山上草木，皆以为晋兵"。打遍北方无敌手的苻坚，这时才感觉有点害怕，"怃然始有惧色"，对苻融说："此亦劲敌，何谓弱也。"这可是强敌，你怎么能告诉我他们既弱且少呢？此时，前秦虽然折损了1.5万人，但前线仍有二十七八万前锋部队，而东晋北府兵就算在洛涧之战中刀枪不入零伤亡，也仅有8八万人。而在寿县这一个点上，北府军的直接参战兵力只有800人，前秦至少有10万步骑。从力量对比上看，对前秦而言，这仍然是以多打少，是从高纬度向低纬度的降维"碾压"。最好的策略就是守住淝水河防，阻止北府军过河，耗也要把这8万人耗死。

前秦利在长期对峙，东晋利在速战速决。东晋谢玄派人与苻融约架："君悬军深入，而置陈逼水，此乃持久之计，非欲速战者也。若移陈小却，使晋兵得渡，以决胜负，不亦善乎。"你们不是想打吗？现在隔着淝水，怎么打，隔空对骂吗？您看您能不能往后退一点，让个道，让我们过河去，咱们干一仗！这么大的事，苻融做不了决定，上报给苻坚。众将都反对让东晋军过河。但关键时刻，苻坚准备半渡而击，"使之半渡，我以铁骑蹙而杀之，蔑不胜矣"，等东晋军过一半的时候，嘿嘿，那咱们就可以愉快地玩耍了！但撤退尤其是想全军而退，要比全军冲杀更难。要有组织地后退，必须做好大量的准备工作，必须要有得力干将压住阵脚。否则，有意的小步后退，将演变为失控的瓦解。这不久就被印证了。

前秦军刚刚开始后撤，便"不可复止"。危急之刻，朱序乱中添乱，大呼"秦兵败矣"！这边朱序在呼叫，那边东晋军来到，"谢玄、谢琰、桓伊等引兵渡水击之"。苻融还是有担当的，没有夺路而逃，而是"驰骑略陈，欲以帅退者"，赶到阵前要压住阵脚。可天不遂人愿，苻融的坐骑竟然无故倒地。东晋兵杀将而来，将苻融砍成肉泥。主帅被杀，"秦兵遂溃"，小撤退演变成雪崩式的大溃退。谢玄率东晋军一鼓作气，从寿县一直追击到青冈（即安徽凤台县西北）。败逃的前秦军"闻风声鹤唳，皆以为晋兵且至，昼夜不敢息，草行露宿，重以饥冻，死者十七八"，一路向西北昼夜狂奔，伤亡二十多万。[①]

苻坚在淝水之战前，采取整顿政治、打击豪强、发展经济和教育、广收人才等一系列奋发有为的积极措施，迅速整顿了前代苻生统治期间的社会乱象。在五胡云扰、砍杀掠夺的混乱时代，苻坚治国有方的种种举措，使前秦出现了短暂的升平景象，与前赵、后赵、冉魏、胡夏等政权灭绝人性的大破坏、大屠杀形成了鲜明的对比。苻坚连续灭掉了前燕、前凉、姚羌、代国，并攻占了巴蜀、南中，降服鲜卑段氏、氐族仇池杨氏、匈奴、高句丽等势力，对降服的各族领袖采取绥靖政策，对其人民也采取了休养生息的安抚措施。

[①] "淝水之战"，吴鹏：《中国三峡》，2017年第4期，第8-10页。

从苻坚所创立的政绩、武功及民族政策来看，应该对其予以肯定。但随后苻坚未能听从王猛的劝谏，过分相信自己的军力，对东晋拥有正统声望及稳定政局的状况认识不足，并且在战略战术方向上出现了重大失误，以致其在淝水之战中一败涂地，导致了前秦的灭亡。[1]

如果详细分析苻坚在淝水之战中失败的原因，可归纳为以下几点：

第一，苻坚对自己的军力过度自信，认为秦国有雄师百万，征服东晋唾手可得，可以轻而易举地大获全胜；但是他没有看到自己内部的矛盾与危机，而且也不相信王猛、苻融等人的"鲜卑、羌、羯等族是前秦的仇敌，时时准备复辟"的谏言。他自信有能力驾驭慕容垂、姚苌等外族枭雄，想领导他们在各国各族的战争中为己所用。所以苻坚任用了慕容垂为冠军将军、京兆尹，把首都的军政大权交给宿敌；任命了姚苌为宁州刺史，独掌一州的军政大权。慕容垂、姚苌曾经配合前秦的军事战略，在攻灭前燕前凉、反击桓温北伐、攻占巴蜀等战役中立过战功，但那终究只是见机行事。他们知道时机不成熟，故以立功表示对前秦的忠诚，争取苻坚的信任。而在淝水惨败之后，苻坚赖以控制国家局势的主力军已经瓦解，慕容垂、姚苌等遂趁机纷纷复辟。苻坚在权势正盛时，还犯了一个大错，就是把氐族本族的部队派往外地，而让鲜卑、羌族等外族人的军队驻守首都长安。此正所谓"太阿倒持，授柄于人"，是非常不利于政权安定的。二是苻坚对东晋正统声望及政局稳定的局面认识不足。东晋政权建立之初，曾长期处于混乱状态。先有周勰、徐馥起兵反晋，后有王敦之乱、苏峻之乱，以及权臣庾亮、褚裒、殷浩、桓温等人为争权而兴北伐之役，掌握实权者有如走马灯一样转换不定；但在桓温篡位不成病死后，东晋中央由谢安执政，荆州地方由桓冲掌权，两位政治家和谐相处，东晋政局进入了一段稳定时期。谢安鉴于北伐屡次失败的教训，打造了一支训练有素、勇敢善战的北府兵，使东晋政权有了坚强的军事力量作为后盾。苻坚选择在此时南征，并没有必胜的把握，但他却把灭晋视如拾芥，这种轻敌思想是一大失策，也是他战败的因素之一。三是战略、战术方向的失误。首先，从当时前秦和东晋的宏观局势来考察，苻坚没有必要发动这场战争，苻坚的近臣

---

[1] "苻坚与淝水之战"，朱绍侯：《中原文化研究》，2018年第4期，第9页。

和亲属都对此看得很清楚。东晋有大政治家谢安、桓冲分别掌握中央和地方军政大权,内部安定,又有精锐的北府兵防守;而前秦虽然兵多将广,但内部矛盾重重,潜伏着巨大的隐患。即使退一步讲,苻坚真的有理由发动这场战争,也没有必要"御驾亲征"。如果采纳了释道安的意见,苻坚本人坐镇洛阳,任命苻融为前敌总指挥,即使苻融在前方失利,苻坚也可以在后方支援、接应,也不至于一败涂地、不可收拾;而慕容垂、姚苌等人知苻坚兵权在握,也不敢轻举妄动。但实际情况是,淝水一败,前秦主力军瓦解,苻坚只好投奔慕容垂。尽管慕容垂没有杀掉苻坚,但在苻坚退回长安时,长安已成为了鲜卑人慕容冲、羌族人姚苌的势力范围,而忠于苻坚的苻丕早被派往邺城(河北临漳县)戍守,远水不解近渴。最后,苻坚屡受姚苌、慕容冲攻击,被迫逃至五将山(陕西岐山县东北)自缢(一说被姚苌所杀),前秦在北方独霸局面宣告结束,于是就进入了五胡十六国后期阶段,出现了十国纷争和东晋、北魏对峙的局面。

在淝水之战的具体战术上,苻坚的另一个失误在于调动各地军队大举出动。虽然前秦的总兵力达到九十余万,但在实际战争中却没有起到应有的作用,而且战线既长又分散,后勤难以供应,增加了军队负担。从各路军队距前线距离不同来说,苻坚的主力军已达项城,而凉州之军才抵咸阳;蜀汉之军正顺流而下,而幽冀之军才至彭城;东西相距万里,彼此不能相顾,而苻坚又不等各路大军到齐而开战,所以淝水之战,各路大军都无用武之地。淝水战败后,各路大军也只能随之败退。所以为灭晋而调动各路大军,只能落个劳民伤财而不得人心的结果,苻坚如能根据实际需要,调动少量精锐部队,可能还会起到一定的作用。①

然而,对于苻坚来说,如果没有那条淝水,恐怕东晋政权早就被他的铁骑踏破。可是历史不能假设,地理也不能。

---

① "苻坚与淝水之战",朱绍侯:《中原文化研究》,2018年第4期,第10-15页。

11 邓艾灭蜀汉
征服蜀道的必然战果

山地作战是一种重要的陆战形式。对山地战役特点的研究，属于军事地形学的范畴，是从军事需要出发，研究如何识别和利用地形的一门应用学科。军事地形学的主要任务是研究地形，揭示地形对作战行动的制约与影响规律，阐述地形分析的理论、方法和手段，为作战行动与实际地形的紧密结合提供依据。地形是地物和地貌的总成。根据史料统计，从远古以来的四五千年中，世界各种地形上发生了近千次著名的战争和战役，其中，在山岳丛林地这种地形上发生的约占到了总数的十分之一。在地球上布有山地、丛林的地区中，又以东南亚、南亚发生的战争和战役的次数为最多，约占该种地形上发生战争战次数的一半以上。[1] 拿破仑在提及山地战的要诀时曾重点强调，山地战争的天才是绝不应该进攻的，哪怕是在非常想要获胜的时候，也应该采取阵地行军去开辟道路，这种阵地行军迫使防御兵团只能进攻或者后

---

[1] "现代化山地战怎么打？"，张浩：《舰载武器》，2017年第9期B，第66页。

> 四川盆地的特殊地形

退。①在中国古代，就曾发生过通过山地行军机动作战获取重大战果的战例——邓艾灭蜀之战。

四川盆地独特的地势使之成为一个相对独立的单元，从而造就了历史上众多的割据政权，三国时期的蜀汉就是其中之一。蜀汉政权能凭借一州之地与曹魏抗衡近五十年，与蜀汉特殊的地理环境是分不开的。三国鼎立局面正式形成以后，蜀汉政权依据周边不同的政治格局，灵活地选择自身的防守策略，依据四川盆地北部山水相间的复杂地形，构筑起了数条防备曹魏进攻的防线：以汉中为中心，以北部的秦岭南麓为屏障，沿山修建了若干防御据点，组成第一道防线；汉中以南，以剑门、马阁诸山道和白水、西汉水为屏障，组成第二道防线；临涪水而建的涪城为第三道防线；以鹿头关、绵水而建的绵竹为第四道防线；紧邻锥水的锥城则是保卫成都的最后屏障。针对周边地区不同的政治格局，蜀汉选择了不同的防守策略。北方的曹魏是蜀汉最大的敌人，因而蜀汉北部防线以严密防御为主，并在时机适当时发动反击；东部防线以稳固防守为主，同时积极联络孙吴，共同抵抗曹魏；南部防线则以安抚蛮夷为主。正是凭借着四川盆地优越的地理条件和正确的防守策略，蜀汉在经济、

---

① ［法］拿破仑·波拿巴著，［法］布鲁诺·科尔森编著，曾珠、郭琳、樊静薇等译，《拿破仑论战争》，上海：上海社会科学院出版社，2016年版，第329页。

军事实力为三国最弱的情况下依然维持鼎立格局达数十年之久。[①]然而，这一稳固的防御体系最终还是被名将邓艾所破。

邓艾（约197年～264年），字士载，义阳棘阳（今河南新野）人，三国时期魏国杰出的军事家。其人文武全才，深谙兵法，在内政方面也颇有建树。邓艾自幼丧父，在战争频发、社会动荡的年代，日子的艰难是可以想见的。不过，邓艾从小受过的良好教育对他的一生产生了重大的影响。

建安十三年（公元208年），曹操攻克荆州后，曾强行将当地人民北迁，邓艾及其母亲、族人便在这时被强行迁居到汝南（今河南上蔡），成为了屯田民。邓艾幼年曾做过放牛娃。但他从小有大志向，决心通过奋斗来改变自己的命运。12岁时，邓艾又随母至颍川，读到已故太丘长陈寔碑文中的两句"文为世范，行为士则"，欣然向慕，于是给自己起名为邓范，字士则。后来，发现宗族中有与他名字相同者，遂改名邓艾。

在屯田民中，有才学的人很少，邓艾凭其才学被推荐为典农都尉（相当于县）学士，但因为口吃，典农都尉认为他不适于担任重要职务，便指派他充当一名看守稻草的小吏。同郡一长者见其家贫，经常资助他。邓艾喜欢军事，每见高山大川，都要在那里勘察地形，指画军营处所，遭别人讥笑也不介意。

就这样，邓艾平淡地度过了近20年的人生，后来总算当上了典农功曹，帮助管理屯田。一次，邓艾上洛阳去呈报，见到了洛阳太尉司马懿。司马懿很赏识他的才能，征召他为太尉府的掾属，后升任尚书郎。这是邓艾一生的重大转折。正始（公元240年—249年）初，魏国准备在东南一带进行屯田，储备军粮以对付吴国，派邓艾前往了解情况。邓艾从陈县（今河南淮阳）、项县（今河南沈丘）出发，一直巡视到寿春。经过考察，邓艾提出了两项重要建议：第一，开凿河渠，兴修水利，以便灌溉农田，提高单位面积产量和疏通漕运；第二，在淮北、淮南实行大规模的军屯。他认为："两淮地区土地肥沃，可惜水源较少，土地难以得到充分利用。治理这一地区应当开挖河渠，引水灌溉，广积军粮，同时还能开通漕运的水路。"于是，著《济河论》

---

① "论三国时期蜀汉政权的防御战线"，王栋亮、郜俊斌：《兰州教育学院学报》，2014年4月，第5页。

以阐述自己的观点。邓艾还认为：从前平定黄巾之乱，为此而屯兵开田。在许都积蓄了许多粮食，目的在于控制天下。而今三面已平定，但淮河以南还有战事，每当大军南征，仅用于运输的兵力就占去一半，耗资很大，劳役繁重。陈、蔡之间，土地肥沃，可以减省许昌周围的稻田，引水东下。而今淮河以北屯兵2万人，淮河以南屯兵3万人，按十分之二的比例轮休，常有4万人，边种田边戍守。风调雨顺时，收成常常是西部的三倍多。扣除兵民的费用，每年用500万斛作为军资。六七年间，可以在淮河上游积蓄3000万斛粮食。这些粮食够10万军民吃上5年。凭着这些积蓄进攻东吴，可无往而不胜啊！

司马懿看后非常满意，采纳并实施了邓艾的建议。正始二年（公元241年）起，魏国在淮南、淮北广开河道，大举屯田。北以淮水为界，钟离以南，横石以西，至沘水源头之间的方圆400多里的土地上，每五里设置一个军屯营。每营60人，一面屯田，一面戍卫。同时，淮阳、百尺两条河渠也拓宽了，从黄河引水注入淮水和颍水，颍南、颍北地区也都修了许多陂田。淮水流域挖掘了300多里长的水渠，灌溉农田2万顷，从而使淮南、淮北连成了一体。几年之后，从京都到寿春，沿途兵屯相望，鸡犬之声相闻，出现了一派繁荣富庶的景象。从此，

> 清代邓艾画像

淮水流域的水利和军屯建设得到飞速的发展，魏国在东南的防御力量大大加强。每当东南有战事，大军便可乘船而下，直达江淮。军资粮食有储备，又没有水害，这些，都是邓艾的功劳。可以说，曹魏政权能在三国中始终保持实力最强，特别是后期，邓艾的许多政治主张都起了很大的作用。

然而，邓艾真正在历史上留名，还是由于灭蜀之战。甘露二年（公元257年）五月，魏将诸葛诞联合东吴在淮南起兵，司马昭将关中兵力调往东方讨伐诸葛诞。蜀大将姜维趁机出兵攻魏秦川（渭水流域）。十二月，姜维率兵数万出骆谷（今陕西周至西南），到达沈岭（今陕西周至南）。当时，魏在防守薄弱的长城（今陕西周至南）积存了大量军粮，邓艾和征西将军司马望恐姜维袭夺，立即合军据守。姜维军进至芒水，依山为营，邓艾、司马望则率军近水筑寨。蜀军多次挑战，但邓艾、司马望坚守不出，两军长期对峙。次年三、四月间，姜维闻诸葛诞败亡，只得引军而还。邓艾因功升任征西将军，前后共增食邑6600户。

景元三年（公元262年）十月，蜀汉大将军姜维再度起兵攻魏，攻入洮阳。邓艾率兵迎战。邓艾分析，姜维悬师远征，给养困难，难以持久。于是率先抢占有利地势，在洮阳以东的侯和（今卓尼东北）布阵，以逸待劳，阻击蜀军，双方激战后，魏军发起反击，姜维败退往沓中（今甘肃舟曲西北）。

同年，总揽朝政的大将军司马昭制定了先灭蜀再顺江灭吴的战略，任命司隶校尉钟会为镇西将军，前往关中整军备战。景元四年（公元263年）八月，魏军兵分三路伐蜀：征西将军邓艾率兵3三万余人，由狄道（今甘肃临洮）进军，以牵制姜维驻沓中（今甘肃舟曲西北）的主力；雍州刺史诸葛绪率3万余人，进攻武都（今甘肃成县西北），以切断姜维退路；钟会率主力10余万人，欲乘虚取汉中，然后直趋成都。廷尉卫权为镇西军司马，持节监邓艾、钟会军事，大将军司马昭统一调度指挥。

蜀军派右车骑将军廖化率军往沓中增援姜维；左车骑将军张翼等前往阳安关口拒守。姜维令汉中诸将放弃汉中外围据点，收缩兵力退保汉城（今陕西勉县东）、乐城。由于蜀军未对咽喉险道斜谷、骆谷、子午谷严加防守，被魏魏兴太守刘钦占领。钟会遂几路并进，直入汉中，留2万人围汉、乐二城，自率主力直下阳安关口，斩蜀将傅佥，收降蒋舒，继克关城（今陕西阳平关），长驱南下。

邓艾命天水太守王颀直攻姜维营地，陇西太守牵弘等人邀击姜维的前部，金城太守杨欣进击甘松。姜维听闻钟会等部已入汉中，知汉中难保，急摆脱邓艾，退往阴平。杨欣等人追击，直到疆川口，双方大战，姜维败退，为抢先占桥头（阴平东南）的诸葛绪所阻。姜维从孔函谷佯作向北欲绕道而东，做出出兵攻击诸葛绪后部的样子，诱使诸葛绪离开桥头30里向北堵击时，姜维乘机迅速通过桥头，与廖化、张翼等合兵，据守剑阁。诸葛绪赶去阻截，但差了一天，没有赶上。

邓艾进至阴平，欲与诸葛绪合兵南下，诸葛绪不从，领军向东靠拢钟会。钟会欲专军权，诬告诸葛绪畏敌不前，将其押回治罪，随即统领大军南下，被姜维阻于剑阁。剑阁素有"一夫当关，万夫莫开"之称，姜维凭险据守，钟会攻剑阁不下，无计可施。时魏军因军粮不继，钟会准备退兵。

邓艾上书说：如今贼寇大受挫折，应乘胜追击。从阴平沿小路、经汉德阳亭，奔赴涪县，距剑阁西有百余里，距成都300余里，派精悍的部队直接攻击敌人的心脏。姜维虽死守剑阁，但在这种情形下，他一定得引兵救援涪县。此时，钟会正好乘虚而入。如果姜维死守剑阁而不救涪县，那么，涪县兵力极少。兵法说道："攻其不备，出其不意。"今进攻其空虚之地，一定能打败敌人。

十月，邓艾趁姜维被钟会牵制在剑阁的时机，率军自阴平沿景谷道东向南转进，南出剑阁200多里，钟会也派部将田章等跟进。邓艾率军攀登小道，凿山开路，修栈架桥，鱼贯而进，越过700余里无人烟的险域。山高谷深，至为艰险，途中粮运不继，曾多次陷入困境。部队走到马阁山，道路断绝，一时进退不得，邓艾身先士卒，用毛毡裹身滚下山坡。邓艾率军出其不意地直抵江油，迫降守将马邈。蜀汉卫将军诸葛瞻（诸葛亮之子）从涪城回到绵竹，列阵等待邓艾。

邓艾派其子邓忠攻打诸葛瞻的右翼，司马师纂攻其左翼。邓忠、师纂失利，退回，对邓艾说："贼兵坚守牢固，很难击破。"邓艾大怒，说："生死存亡之际，全在此一举，还说什么可与不可！"大声叱责二将，并要将其斩首。二将策马奔回，挥军再战，邓艾也亲临督战，终大破蜀军，遂克绵竹，斩蜀将诸葛瞻及尚书张遵等人。

绵竹陷落后，蜀军全线崩溃。邓艾乘胜进击，一鼓作气攻陷雒县（今四川广汉北），逼近成都。蜀汉后主刘禅惊恐失据，感到大势已去，在主降派劝导下，派人送上皇帝的印绶，并写信到邓艾那里请降。邓艾率军进入成都，蜀汉灭亡。刘禅又派人去前线命令姜维等投降，姜维等得到命令，便到钟会军中投降。

此战，邓艾趁两军主力相持之际，率偏师出奇兵，进行大纵深迂回穿插，绕过蜀军的正面防御，直捣蜀都成都，创造了中国战争史上著名的奇袭战例。

邓艾入成都，刘禅率领太子、诸王、群臣60多人绑住自己，抬棺至军营拜见。邓艾手执符节，解开绑缚，焚烧棺材，接受投降，并宽恕了他们。邓艾约束部众，进城后，没有发生抢掠。他安抚投降的人员，使他们复任旧业，受到了蜀人的拥护。

在巨大胜利面前，他擅自按照东汉将军邓禹的做法，以天子的名义，任命大批官吏。他拜刘禅为行骠骑将军、蜀汉太子为奉车都尉、诸王为驸马都尉；对蜀汉群臣，则根据其地位高低，或任命他们为朝廷官员，或让他们领受自己属下的职务。

邓艾任命师纂兼领益州刺史，任命陇西太守牵弘等人兼领蜀中各郡郡守，

> 邓艾灭蜀路线图

派人在绵竹把作战中死亡的战士跟蜀兵死者一起埋葬，修筑高台作为京观，用以宣扬自己的武功。

邓艾灭蜀之后，便向司马昭提出了自己对局势的看法和准备采取的措施："兵家讲究先树立声威，尔后才真正以实力进攻。今凭借平定西蜀的声威，乘势伐吴，正是席卷天下的有利时机。但是大举用兵之后，将士都已感到十分疲劳，不能轻易动兵，暂且缓缓再说，先留陇右兵两万人，巴蜀兵两万人，煮盐炼铁，为军事和农业做准备，同时建造船只，事先准备日后沿江讨伐东吴的事宜。做完此事后，布告天下，让东吴知道他们所面临的局势，明白利害关系，东吴一定归顺。这样，就不用征讨而可以平定东吴了。而今当厚待刘禅，以便招致吴景帝孙休归顺；安抚士卒平民用来招致远方的人。如果将刘禅送到京城，东吴的人认为这是软禁流放，这对于劝他们归附之事实不利。应当暂且留下刘禅，等待明年秋冬，到时东吴也完全可以平定了。可以封刘禅为扶风王，赐给他资财，派人服侍，让他享受。郡内有董卓坞作为他的宫室。封赐他的儿子为公侯，分郡中一县为食邑，用以显示归顺朝廷所获得的恩宠。设置广陵、城阳为王国，以待吴主孙休投降。那样，东吴就会畏惧威德，望风归顺了。"

邓艾一心筹划灭吴之策，他的种种建议实具远见卓识。但钟会修改了他和司马昭之间的通信，把邓艾的上表改成了傲慢无礼的措辞。邓艾在蜀地擅自承制拜官，而钟会见邓艾居功自恃，则乘隙向司马昭诬告其谋反，称他做的事情悖逆不道，已经露出了叛乱的苗头。于是，朝廷下诏书派监军卫瓘逮捕邓艾父子，用槛车将其送到京都来，邓艾仰天长叹："我是忠臣啊，居然到这种地步，白起的境遇，于今又重现了。" 景元五年（公元264年）正月十五，钟会抵达成都，将邓艾押往洛阳。这时，钟会麾下有魏、蜀军队20余万，排除了有灭蜀大功的邓艾，又掌握庞大的远征军，遂密谋反叛。但司马昭对钟会怀有野心早有戒备，遣中护军贾充率1万步骑入蜀进占乐城，随即亲率10万大军进驻长安。措手不及的钟会遂扣押了魏军所有将领，并出示废黜司马昭的所谓太后遗诏，蜀降将姜维也怂恿钟会诛杀被扣将领，预谋趁机杀掉钟会，恢复蜀汉。但因钟会迟疑，消息泄露。十八日中午，护军胡烈之子胡渊率部众擂鼓呐喊而出，各营官兵为营救本部将领也一起响应，蜂拥杀入蜀

经天纬地：不可不知的战场环境

> 邓艾灭蜀之后的魏国疆域

宫，被拘宫内的将领们冲出与其部众会合。双方在宫城内外展开激战，斩姜维、钟会及部众数百人，蜀汉太子刘璿和姜维妻儿也一并被杀。魏军大肆掠劫，监军收拾稳定了局势。因卫瓘曾参与诬诟邓艾，为了灭口，遂派护军田续追杀邓艾父子于绵竹（今四川德阳）西。邓艾在洛阳的其他儿子也被诛杀，邓艾妻子和孙子被发配到西域。

就邓艾奇袭阴平本身而言，对中国历史产生了重大影响。此次奇谋的成功不但使蜀汉如期灭亡，还对晋日后灭吴打下了坚实基础——占据了蜀地则可以顺江直下，威胁长江下游。史学家认为，"蜀地之甲，乘船浮于汶，乘夏水而下江，五日而至郢。"北魏邢峦也认为："扬州、成都，相去万里，陆途既绝，惟资水路，水军西上，非周年不达。外无军援，一可图也。"如果中国出现南北对峙，那么北方在四川的成功便是南方覆亡的开始。这就是顾炎武所说的"昔之立国于南者，必先失蜀，而后危亡从之"。

后世兵家吸取邓艾的经验和蜀亡教训，守蜀者必然加强阴平一线的防御。五代时，石敬瑭攻两川，西川帅孟知祥一面遣军争剑阁，一面派军趋龙州，扼守要害，以备阴平故道；石敬瑭果然遣军欲从阴平道进兵，因西川兵有备，败还。明初傅友德伐蜀，扬言出金牛道，而潜引大军循邓艾阴平故道而趋成都。

可以说，邓艾奇袭阴平的成功，不仅是山地作战的典范，也带有心理战的特点。其用兵狠准的特点值得后世的军事家们借鉴。

12 高仙芝征小勃律
高山流水一般的高原机动作战

地理上的亚洲与欧洲陆地相连，合称"欧亚大陆"，总面积大约为 5071 万平方千米。其中亚洲的大陆面积约为 4130 万平方千米，占欧亚大陆总面积的 4/5。亚洲的大陆中心为海拔 6000 米的帕米尔高原，有"世界屋脊"之称。在这样的条件下展开军事作战，难度可想而知。高原地区山高、谷窄、林密、气候多变，通路较少，机动极为不便。地理学将 3000 米以上的海拔称为高海拔，随着海拔升高，植被、气候、地貌都变化明显。低海拔地区多为高大乔木组成的森林，随着海拔上升渐渐变为低矮矮曲林，继续上升依次变为高山草甸、裸露的土壤和岩石、冻土地带，而高山顶部则是终年不化的积雪。地域不同，林线和雪线的高度也不相同。一般来说，纬度越高，林线和雪线就越低。比如印度东北部边境的林线高达 3600 米以上，而北部和西北部边境林线则一般在 2100 米左右。林线以下植物繁茂，而林线以上地面光秃，土壤内多石。植被情况直接影响的是氧气含量，同样是 3000 米高度，在植被丰富和植被缺少的地区，人体对缺氧的感受完全不同。比如去过九寨沟（海拔 1900 至 3100 米）的人就很少有高原反应，但如果去的是海拔相差不多的西藏林芝地区朗县（海拔约 3200 米），就会有严重

> 帕米尔高原地势图

的高原反应。因此，军事上也并不完全按照海拔高低来区分作战，而通常是根据林线和雪线的位置来进行区分。在常绿阔叶林组成的森林地带的作战一般被称为"丛林作战"，部队面对的是多雨、迷雾、潮湿的气候；在林线附近的作战一般被称为"山地作战"，林线以上的则被称为"高寒山地作战"或"高山作战"。部队在土壤和岩石裸露的山区需要穿着荒漠迷彩服，强调保温，面对的是少雨、低温、风雪的气候以及高海拔带来的高山病。2002年，美军在阿富汗沙希果德山谷发动的"水蟒行动"，就属于典型的高山作战。而在雪线以上的作战，则属于"极寒地带作战"，其着装与"极地作战"类似，部队除配备高山装备外，还配备滑雪及攀冰工具，而且进入前必须进行适应性训练。目前，世界上只有少数几个国家和地区具备这类作战环境，如印度与巴基斯坦对峙的锡亚琴冰川地区以及印巴两国1999年在印控克什米尔的卡吉尔冲突中的虎山等地，都属于这类地区。高原地区的军事行动危险性和难度极大——即便士兵不直接参加战斗，持续停留在高海拔地区也会有重重危险。冻伤和冻疮会伴随始终，来势凶猛的高山病、高原肺水肿、脑水肿也时刻威胁着生命。在精神方面，由于持续的压力和生理上的不适，会导致语无伦次、急躁，甚至包括行为失常等。[1] 然而，在中国古代的大唐盛世，却曾经上演过一幕高原机动作战的精彩好戏。

唐王朝能拥有庞大的财富、崇高的声望和强大的威慑力，雄踞东方、四夷俯首，很大程度上是由于这是一个在丝绸之路上崛起的王朝。唐王朝的创始者李渊、李世民父子发迹于胡汉混血的关陇军事集团，该集团第一代发源于南北朝时的西魏（公元535年—556年）。由于占据了丝绸之路的起点——长安，西魏获得了足以称雄一时的财富、兵源、人才、武器以及先进战术，曾一度主宰中国北方。此后，关陇军事集团更是孕育出了北周、隋和唐三个王朝的皇族，他们在五胡乱华的尾声中再度统一了中国。至唐玄宗前期，中原王朝的疆域已经前所未有地广大而稳固：唐帝国向北先后攻灭了东西突厥，自秦汉以来中国北方最大的边患一扫而光；向西击破吐谷浑（原控制今青海、甘肃一带），保持了河南道（由四川、青海至西域的通道）的畅通；西南与吐蕃时战时和，在天宝年间之前基本上保持着战略优势；西北将高昌国（今吐鲁番）郡县化，牢牢掌控丝绸之路南北枢纽；置安西、北庭两大都护府，分治南北疆；设龟兹、焉耆、于阗、疏勒四大军镇，驻扎有2.4万名唐军精锐，守卫着丝路要道，并且震慑域外的突厥、吐火罗、粟特诸部。唐王朝极盛之时，在西域的势力范围远达中亚阿姆河、锡尔河流域，堪称空前绝后。[2] 然而，大唐盛世并不是天上掉下来的，而是一步步打出来的——并且其战略竞争对手没有一个省油的灯。

唐朝新中国初期，大食（阿拉伯帝国）勃兴于西方，不断向东扩张。武则天统治时期，大食征服了伊拉克和波斯，继而开始将矛头对准归附于唐朝的中亚诸国。唐玄宗开元年间，大食名将屈底波领兵东征，陆续击败了安国、火寻、戊地、石国、吐火罗等国并迫使其屈服，让它们按时交纳沉重的赋税。但是，这些国家一心倾向唐朝，并未因此改变态度。它们仍然自称为唐朝的

---

[1] "在高海拔地区打仗，为什么这么难？"，汉卿：《世界军事》，2017年第18期，第59页。

[2] "大国天威岂足恃"，朱利安：《中国经营报》，2015年8月3日。

属国，除不断遣使入关朝贡外，还时常乘隙反击大食。以石国为例，开元二十九年（公元741年），副王伊捺吐屯屈勒即曾上书唐朝，要求出兵进攻大食。唐朝深知大食是西域的最大威胁，为了确保西域的安全，一方面大力安抚西域诸国，给予精神上或者军事上的支持；另一方面则有意结纳突骑施汗国，利用其近在西边和兵强马壮的特点，为唐守卫边疆。为此，唐朝曾册封突骑施可汗苏禄为"忠顺可汗"，赠官左羽林大将军、金方道经略大使；后又立史怀道的女儿为"交河公主"，遣嫁苏禄为妻，双方结"舅甥之好"，苏禄也因此助唐抗击大食，为时长达20余年。唐朝在西域实施的这种边疆政策，曾经取得了巨大的成功，使唐帝国在玄宗朝近40年里，遏止了大食向东继续扩张的势头。不过，有时唐朝好大喜功的西域将帅不顾大局，肆意作威作福，严重损害了西域各国和各族的利益，因而影响了唐朝与西域各国和各族的关系，使西陲边疆时常出现不稳定的局面，甚至演变为祸乱。如高仙芝曾为了满足贪欲，诱杀石国王和突骑施可汗，大肆劫掠石国和突骑施汗国，就是这类恶性事件的典型。

唐朝是一个尚武的时代，武将颇众，仅两部《唐书》所载的"蕃将"就有数千人，涉及到的民族达数十个。其中高句丽将领不仅有高句丽权臣泉盖苏文的子孙泉男生、泉献诚等人，也包括了众多移民后裔，其中最有代表性的就是上文提及的赫赫有名的高仙芝。《旧唐书·高仙芝传》载："高仙芝，本高丽人也。父舍鸡，初从河西军，累劳至四镇十将、诸卫将军。仙芝美姿容，善骑射，勇决骁果。少随父至安西，以父有功授游击将军。年二十余即拜，与父同班秩。事节度使田仁琬、盖嘉运，未甚任用，后夫蒙灵詧累拔擢之。开元末，为安西副都护、四镇都知兵马使。"[①]

这位骁勇善战、少年得志且相貌英俊的少数民族将领最擅长的是机动作战。在高仙芝的军事生涯中，通过高原机动作战大破小勃律乃其巅峰之作。说起小勃律，就不能不提起大唐的宿敌吐蕃。吐蕃于722年征服大勃律（今克什米尔北部之巴勒提斯坦地区）后，西北20余国皆为其所制；不久，吐蕃又夺取了小勃律（今巴基斯坦北部的吉尔吉特地区）九城。小勃律王没谨

---

① "高句丽移民后裔高仙芝史事考"，苗威：《通化师范学院学报》，2010年第1期，第1页。

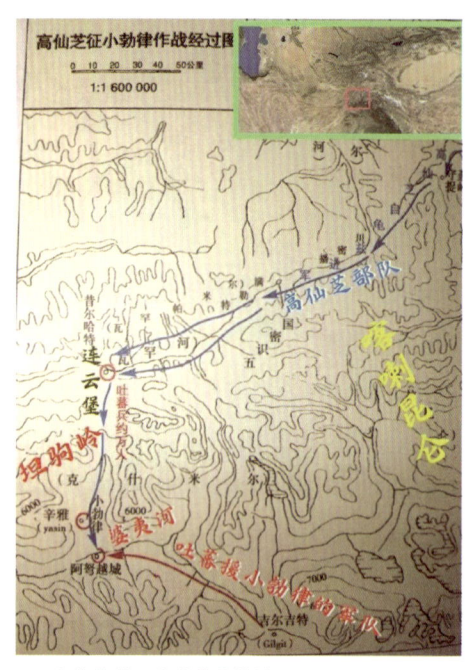

> 高仙芝进军小勃律作战地图

忙在开元初曾经成为玄宗的养子,此时他只好向唐求援,自称:"勃律,唐之西门,勃律亡则西域皆为吐蕃矣。"由是,北庭节度使张孝嵩遂派疏勒副使张思礼助没谨忙破吐蕃。开元二十二年,吐蕃加紧了对大小勃律的进攻,并于当年攻破大勃律,但唐蕃关系却由于赤岭分界立碑而稍有缓和,同时藏文史料也保留了吐蕃与突骑施通使的痕迹:"(开元二十二年)夏……唐廷使者李京、大食与突骑施使者均来赞普王廷致礼",赞普以"王姐墀玛类嫁突骑施可汗"。二十五年,吐蕃再次西击勃律,唐朝出兵于青海大破吐蕃。此后,没谨忙的继承者苏失利之成为吐蕃的女婿,小勃律因此臣属吐蕃,其西北20余国"皆为吐蕃所制,贡献不通"。安西边将盖嘉运、田仁琬、夫蒙灵察等屡讨不捷,高仙芝遂受任于败军之际,于天宝六年春以特敕行营节度使率兵万人前往征讨。①

由于这次行军要翻越雄伟的葱岭,所以高仙芝在做了充分的准备后,便率部从安西出发,一路西行。经15日,行军至拨换城(今新疆阿克苏);又经10余日,至握瑟德(今新疆巴楚);再经10余日,至疏勒(今新疆喀什),随后挥军南下,踏上葱岭。葱岭即今天的帕米尔高原,由天山山脉、昆仑山脉、喀喇昆仑山脉和兴都库什山等交汇而成,海拔4000米~7700米。帕米尔高原分东、中、西三部分,东帕米尔以高山为主,是帕米尔高原海拔最高的部分,平均海拔为6100米,山峰相对高度1100米~1800米。唐军的行军路线不但要穿越东帕米尔,而且还要经过海拔7564米的青岭(慕士塔格山),

---

① "高仙芝的活动轨迹与开天之际战略局势的转变",周保明:《洛阳师范学院学报》,2006年第3期,第118页。

其艰难程度可想而知。当时唐军士兵皆有私马相随，后勤方面在规定的时间内都能得到保障；加上唐军选择从平坦宽阔的山间谷地行军，这才最大程度地降低了行军的困难。

经过 20 余日的艰苦行军，唐军到达了葱岭守捉（今新疆塔什库尔干塔吉克自治县），随后再度转而向西，沿兴都库什山北麓西行，又经 20 余日，到达了播密水（今阿富汗瓦汉附近）。唐军继续前行，再经 20 余日，到达了特勒满川（今瓦罕河）。至此，唐军经过百余日的跋山涉水，于同年六月终于完成了第一阶段的行军。随后，高仙芝兵分三路攻击吐蕃在中亚的阵地连云堡（今阿富汗东北部喷赤河南源兰加尔）：一路由疏勒守捉使赵崇玼统领，共有 3000 骑兵，从北谷向吐蕃连云堡进发；一路由拨换守捉使贾崇瓘统领，自赤佛堂路南下；一路是高仙芝与中使边令诚率领的主力，从护密国南下。三路兵马于七月十三日辰时在连云堡下会合。连云堡南面依山，北临婆勒川，堡中有 1000 吐蕃军，又在城南 15 里处因山为栅，有吐蕃兵八九千人，遥相声援。高仙芝认真分析了当前的形势，认为唐军必须尽快渡过婆勒川，否则河水暴涨时将无法渡河。唐军一旦被吐蕃守军发现，就将大大增加攻占连云堡的难度。高仙芝遂以三牲祭祀河神，命令诸将选好兵马，兵士每人自备三天干粮，准备次日清晨渡过婆勒川。将士都对高仙芝的命令感到难以置信，甚至认为他疯了。次日清晨，婆勒川河水低缓，唐军趁机迅速渡河，以至"人不湿旗，马不湿鞯，已济而成列矣"。高仙芝见此情景，兴奋不已，对边令诚说："如果我们渡河渡到一半，贼兵来了，我们一定失败，如今已经渡河成功而且列阵，这是上天赐给我破贼的良机。"高仙芝指挥唐军登山攻城，吐蕃守军未料到唐军突然至此，大为惊骇，慌乱中只能依山拒战，滚木擂石如雨而下，无法攀登。高仙芝任命部将李嗣业为陌刀将，下令："在中午前一定要打败敌人！"李嗣业手持一旗，领陌刀手自险处先登，自辰时至巳时，大败吐蕃，斩首 5000 级，俘虏千余人。吐蕃余众逃入山谷，唐军缴获战马千余匹，衣资器甲数以万计。高仙芝准备乘胜追击，但边令诚认为孤军深入敌境过远，惧而不敢进。高仙芝遂让边令诚率老弱士卒 3000 留守连云堡，亲率大军继续前进。

唐军疾行三日，到达了坦驹岭（今克什米尔北部德尔果德山口，在今克什米尔西北境巴勒提特之北、兴都库什山米尔峰东）上。坦驹岭长 40 里，山口海拔4688米，是兴都库什山著名的险峻山口之一，下岭就是阿弩越城。要想登临山口，必须沿冰川而上，除此之外别无其他蹊径。这里有两条冰川，东面叫雪瓦苏尔冰川，西面叫达科特冰川，而冰川的源头就是坦驹岭山口。这两条冰川长度都在10千米以上，而且冰川上冰丘起伏，冰塔林立，冰崖似墙，裂缝如网，稍不注意就会滑坠深渊，或者掉进冰川裂缝里丧生。高仙芝怕兵将畏险而不敢前进，就偷偷派20名骑兵，穿上阿弩越胡人的服装来迎接，他先对部将说："阿弩越胡人来迎接了，我没有担心了。"到了山边，兵将不肯下山，质问高仙芝："您要把我们带到哪里去？"此时先派出的20人来了，声称："阿弩越胡人来迎接大军，我们已切断了娑夷桥。"娑夷水（今克什米尔西北吉尔吉特之北的印度河北岸支流）即古弱水，水上架有一座藤制桥，是小勃律通往吐蕃的唯一之路，断桥则吐蕃不能入援。高仙芝遂假装闻讯欢喜，而兵士听后，畏惧心理顿消，唐军得以迅速下岭，向阿弩越城进发。下山三天后，阿弩越城守军果然派人前来请降。次日，唐军得以顺利进入阿弩越城中。入城后，高仙芝先令将军席元庆、贺娄余润率兵修桥梁、道路。次日，高仙芝令席元庆率1000骑兵行至小勃律首府孽多城下，对小勃律王说："不取汝城，亦不斫汝桥，但借汝路过，向大勃律去。"但孽多城中有五六个首领，皆死心塌地投靠吐蕃。高仙芝先前已跟席元庆定计：大军到，首领和百姓必然逃入山谷，你以救命和赠品招呼他们来，等首领来到就抓住他们，然后等我来到。席元庆依计行事，果然俘获几个首领。小勃律王及吐蕃公主慌忙逃入石窟躲避，唐军一时无法找到他们。高仙芝率唐军主力到达后，首先处死了那五六个首领，然后急令席元庆率军砍断通往吐蕃的藤桥。藤桥离孽多城有60里，席元庆在日落时终于将藤桥砍断。藤桥刚砍断，吐蕃兵马已至娑夷水东岸，但桥已砍断，吐蕃兵马只得隔水观望，束手无策。这座藤桥长有一箭之地，需要一年的时间进行修复，而小勃律之前被吐蕃欺骗借了道，才修建有此桥。至此，高仙芝再慢慢招降小勃律王，小勃律王只得携吐蕃公主出来投降，于是平定小勃律国，以3000军队驻守这里。自平定了小勃律国之后，唐军声威大震，拂菻、大食诸胡72国都纷纷投降归附了。

在小勃律战役中，高仙芝出奇制胜，保全了安西四镇，保障了由西域南赴印度、西抵阿姆河南之路的畅通。小勃律战役是中亚史上的著名战役，也是唐在西北绝域军事上一次长途奔袭的成功战例，使唐王朝在周边国家威名远扬。斯坦因评价高仙芝称，其功"可与欧洲史上翻越阿尔卑斯山之著名军事将领相提并论"。《孙子兵法》曰："知天知地，胜乃可全。"这也是高仙芝于小勃律之战取胜的关键。"知天"可具体理解为充分利用气候条件。《唐书》记载，高仙芝率军行至连云堡，"城下有婆勒川，水涨不可渡。仙芝以三牲祭河，命诸将选兵马，人贵三日干粮，早集河次。水既难渡，将士皆以为狂。即至，人不湿旗，马不湿鞍，已济而成列矣。"高仙芝用"天时"之利，使其部下顺利渡过婆勒川。于是唐军登上挑击，大破吐蕃。至夜奔逐，杀5000人，生擒千人，得马千余匹，军资器械不可胜数。20世纪初，英国探险家斯坦因沿高仙芝破吐蕃的路线考察，发现沙哈德（连云堡）峡谷地形地貌与《唐书·高仙芝传》记载完全一致。由于夜间霜冻，河上游融化的冰雪水量减少，"夏日之晨，河水沿宽阔的谷底穿流，可涉水横渡"，因此确实只有凌晨才能渡过婆勒川。"知地"即了解战场地理环境。高仙芝以马步万人越葱岭，首要问题是保证粮秣供应。高仙芝利用地理环境之便，采取兵分三路的办法来解决后勤问题。他"使疏勒守捉使赵崇玼统三千骑趣吐蕃连云堡，自北谷人，使拔换守捉使贾崇玼自赤佛堂路人；仙芝与中使边令诚自护密国人。"其一，可借安西边戍之葱岭守捉来补充给养；其二，途经"寂麦半多"的揭盘陀；其三，在到达特勒满川后，极易接近物产丰富的巴达克山。另外，还可利用阿赖大道到达属唐管辖的肥沃丰饶的大宛平原，以取粮秣。高仙芝利用有利的自然地理条件，保证了全军的后勤供应，才能使万人之军顺利会合连云堡。"仙芝深入万里，立奇功。"斯坦因评价高仙芝的战略战术是只有中国人才可能创造的奇迹。因此高仙芝以"中国山岭之主"而闻名西方。[①]

就其军事意义来说，高仙芝的高原机动作战不仅在中国军事史上留下了光辉灿烂的一笔，在世界军事史上也创造了难得一见的奇迹，其璀璨的光辉历经千年而不衰。作为一位优秀的军事将领，高仙芝乃是世界级的"高原作战之王"。

---

① "唐代高丽边将高仙芝及其在西域的活动"，李琪：《西北民族研究》，2000年第2期，第117页~118页。

13 无敌铁骑饮恨丛林
蒙元征安南

丛林战是一种特殊的作战方式。在常绿阔叶林组成的森林地带，一般被称为"丛林作战"，部队面对的是多迷雾、潮湿的气候。热带山岳丛林地山多坡陡，地形复杂，植被茂密，河溪较多，雨季水流湍急，不易徒涉；道路少、质量差，起伏大、弯道多；气温高、雨雾多而潮湿，疫病易流行，毒虫多，对人畜危害大。部队地面机动速度慢，进攻战斗部署易被分隔；指挥、协同、通信较为困难，不便于观察射击，武器性能减弱，工程作业量增加，各种保障难度增大。在中国古代，这样的特殊地形曾经让天下无敌的蒙古铁骑吃尽了苦头——这就是蒙古征安南之战。

安南，即今天的越南，古称"交趾"。地处中南半岛。作为亚洲的另一个农耕文化区，中南半岛与其北部地区亦可以形成一个类似于中国的三级地缘结构，并且在各地区文化结构上与中国的三级结构有着很强的可比性。只不过从政治的角度看，这一次的情况又有所不同。其不同点在于，这三级地形并未包含在同一个国家之内，不仅中南半岛本身是由5个不同国家所组成，它的第一级地形更是在中南半岛以外的中国境内。位于青藏高原边缘的横断山脉，和青藏高原在中国境内的三级结构中所处的位置一样，都是处在第一级位置。两者之间最为相似的特征并不是高度，而是它们都是各自的三级结构中主要河流的发源地。尽管这种一级地形由于地理环境，并不是最适合人类生存的地方，但仅凭其对二、三级地形水源的控制，就足以彰显其重要性了。为此，我们应当再次庆幸中国的三级地形能够自成体系，这无疑为中国的战略安全又增加了一层保护。中南半岛的第二级地形则是以缅甸东部的掸邦高原为代表的高原地带。与中国第二级地形稳定的政治状况不同，这一地区由于地形复杂，中南半岛诸国政府对它的影响力要相对薄弱很多。由于低地才是人口集中、经济发达的核心板块，除了老挝这个纯高地国家以外，中南半岛其他国家的地缘中心都在第三级地形上。这也使得那些山地成为毒品贩卖的集散地和政治独立事件的多发地区。造成这一状况还有一个重要的地缘因素，就是中南半岛没有形成一个统一的、强有力的中央政府，这使得那些并不愿意归顺中央政府的人可以在各国之间游走，加大了打击难度。第三级地形的核心为沿海的河流冲积平原，包括与

> 热带雨林

平原相间的低矮丘陵地带。由于中南半岛面海的一面弧度比较大，因此这些平原丘陵区并没有像中国东部的类似区域一样呈弓形排列，而是呈角度更大的 U 形。不过，就大的低地板块分割来看，中南半岛与中国倒也十分相似。正如中国境内主要存在东北、华北、江南三大平原区一样，中南半岛由于山地的分割也形成了西、中、东三块主要的平原区，即东北方向的红河下游平原，西南方向的伊洛瓦底江下游平原，以及南部的湄公河下游平原。有所不同的是，中国的东西向河流所形成的平原地区最终形成了统一的地缘文化，并被纳入同一政治体；而中南半岛这些河流呈南北向的平原地区，却成为不同民族、国家的核心区。萨尔温江与湄公河都发源于青藏高原，而红河发源于横断山脉。正如我们前面所分析的那样，作为亚洲东南部这个三级地形的第一级，横断山脉并不属于中南半岛，而是属于中国国土的一部分。其中只有伊洛瓦底江有一半的源头是在缅甸最北端（其源头有两支，另一支在中国境内）；湄南河发源于掸邦高原，完全与中国无关。当然，仅仅靠控制上游的水源并不一定能成为控制者，这还跟上游国家本身的实力和想法有关。不过既然中国、中南半岛之间被这几条重要的河流联系在一起，彼此之间就算不想发生密切的地缘关系，也是不可能的了。横断山脉实际上是由一系列南北走向的山脉组成，这些山岭海拔多在 4000 米～5000 米，岭谷的高度差一般在 1000 米～2000 米。山高谷深的地形横断了东西间的交通，所以被合称为"横断山脉"。俗话说"山水总相连"，这句话所表达的意思是：由于山脉的横截面一般都是呈三角形的，因此落在上面的雨水会沿着两面的山坡下流，最终汇集成河，那条决定水流方向的山脊就是"分水岭"。如果山小，那么形成的就是山间小溪；但如果山脉足够高大，就会有足够大的水量汇集成江河了。对于横断山脉这样高密度的山脉区，由于山脉之间的距离近、海拔高，因此往往能够汇集出水量极大的江河。即使你手边没有能够标示山脉的地形图，仅从中南半岛的河流结构来看，你也能很清楚地观察到横断山脉的存在，并由此感受到这个一级地形对中南半岛的地理影响。前面我们也说了，由于山脉的阻隔，中南半岛被分割为了三大平原区。其中缅甸境内的那两条河流所形成的平原，与越南北部的红河冲积平原是各自处于独立状态的。相比之下，半岛中心的湄南河—湄公河地区在地理上的联系要紧密得多，中南半岛最早的文明和博弈的焦点也正在这一地区。由于缅甸境内的两条大江都没有延伸到其他国家，因此缅甸在中南半岛上与其他国家的联系相对没有那么紧密。在缅族强大时，他们更多的是与湄公河—湄南河流域的泰族发生冲突。双方之间的地缘博弈甚至让两国之间的边境线延伸到了马来半岛北部，将这条狭窄的陆地纵向一分为二。这种地缘格局是利大于弊的，毕竟对于拥有这种战略纵深的国家，你很难一口把它吃掉。① 而蒙元远征安南失利就是吃了这样的亏。

从13世纪中叶起，安南李朝开始衰微，殿前指挥使陈守度的势力日益发展，独揽了朝中大权。陈氏并非出生于名门望族，其家族本在沿海以渔业为生，于李朝末年动乱时发展成为一支具有强大经济实力的军事势力，并以此凭仗晋升京都，执掌了国家命运。宋理宗宝庆元年（公元1225年），安南陈朝建立。陈朝建立后与宋朝仍然保持藩属关系，在政治经济文化方面对中国存在很大的依赖性。但是此依赖性使其得到不少实惠的同时，也付出了相当沉重的代价。宋理宗绍定二年（公元1229年），安南遣使于宋，宋朝册封安南太宗（陈日

> 代表安南陈氏王朝的陈氏宗庙

---

① 温骏轩：《谁在世界中心》，北京：中信出版社，2017年版，第107页~108页。

煚）为安南国王；宋理宗端平二年（公元 1235 年）十一月，安南入贡；端平三年（公元 1236 年），宋赐安南国王裘衣金带；十月，安南再次入贡。宋理宗淳祐三年（公元 1243 年），宋赐予陈太宗以功臣之号；淳祐十一年（公元 1251 年），安南再次入贡于宋。后来，由于蒙古的势力日益壮大，安南陈朝渐渐开始转向蒙古进贡。[1]

然而，进贡并不能满足蒙古人的野心。公元 1252 年，还是宗王的忽必烈奉蒙古大汗之命出征大理，在攻破大理都城之后，留下了猛将兀良合台继续攻克云南其他不愿归附的部落。兀良合台是蒙古名将速不台之子，在当时的蒙古帝国中也属于超一流的将才。在他的努力之下，不到一年，云南各地尽数平定。大理国远处西南偏僻之地，地狭民贫，蒙古帝国不惜以 10 万大军攻之，无非是为了对南宋进行战略包抄。可是，当大理国灭亡、大理皇族段氏成为大理总管之后，兀良合台却发现，要包抄南宋还有一个障碍，那便是安南。大理段氏软弱恭顺，兀良合台平定云南几不费力，因此他认为安南应该和大理差不多，没必要兵威相加。于是，兀良合台派出两名使者前去安南劝降。此时，安南太宗和陈太师还沉浸在篡国成功的喜悦中，也不知道蒙古军的可怕，对蒙古人的劝降断然拒绝，并将使者投入了监狱。兀良合台哪里容得下这种侮辱，1258 年初，与儿子阿术率军征讨安南。陈日煚作为开国之君，自然不是气壮如牛胆小如鼠之辈，遂亲帅主力布阵于红河南岸，"隔江列象骑、步卒甚盛"。兀良合台的此次南征并非奉中央命令，再加上忽必烈离开云南时带走了主力，因此兵力实际上并不雄厚。见到安南军已有防备，兀良合台命令所部分三路强行渡河，自己一路猛攻敌军阵营，儿子阿术负责切断安南军队的退路，大将彻彻都负责抢夺安南军战船。兀良合台所部后来能够在孤军深入的情况下从云南势如破竹攻到湖南潭州（长沙），可想而知战斗力之惊人。安南军在东南亚诸国中虽称劲旅，毕竟是井底之蛙的水平，一战下来，土崩瓦解。太宗陈日煚本来无处可逃，但因为彻彻都只顾着追击岸上敌军，没有专注于俘虏安南军战船，终于使得陈日煚逃出生天。战后，兀良合台追责彻彻都违命之罪，彻彻都服药自杀。

---

[1] "元朝与安南之关系"，王英：暨南大学硕士学位论文，2000 年 5 月，第 4 页。

安南的红河防线一丢，首都升龙便无险可守，陈日煚带着文武宫眷弃城而走，兀良合台占领升龙，发现派出的使者已经有一个病死狱中。这样的场景在忽必烈占领大理城时也发生过，忽必烈想要屠城，幸亏随军听用的姚枢等人力谏才作罢。但此时兀良合台的身边却没有可以劝谏他的文士，于是，为了泄愤，屠城令下，升龙顿时成为鬼蜮。首都虽然拿下了，可国王没有抓到，安南也没有屈服，太宗陈日煚和太子陈日烜聚集残部，准备反攻，大将陈国峻也率军从山西路东下勤王。兀良合台兵力有限，有陷入包围的危险，再加上热带气候使得兵士尤其是蒙古兵颇多患病。无奈之下，兀良合台在占领升龙九日后，撤兵回云南。留下两名使者等陈日煚回来招降。待到陈日煚"回銮"，发现京城残破不堪，虽然大怒，但已领略蒙古军善战的他不敢再拘押使者，将两名使者捆绑送回。一个民族的领袖是否称职，就要看他是否能灵活地顺应时势来换得民族最大的利益。安南太宗陈日煚当初拒绝蒙古帝国的招降，在于不知彼不知己，在吃一堑之后得以长了一智，遂传位给太子陈日烜，是为圣宗，父子二人开始改变"侍北"策略。1260年，大元王朝建立，圣宗主动遣使表示归附。忽必烈派礼部郎中孟甲，礼部员外郎李文俊出使安南，宣谕："尔国官僚士庶：凡衣冠典礼风俗，一依本国旧制。已戒边将不得擅兴兵甲，侵尔疆场，乱尔人民。卿国官僚士庶，各宜安治如故。"安南从此得以短暂太平。

中统二年（公元1261年），忽必烈封陈日烜为安南国王。但是，元朝对待藩属国的政策，要求必须君主亲朝，太子入质，设置达鲁花赤等。这对于儒化极深的陈朝来说根本无法接受，陈圣宗以宣谕诏书中有"一依本国旧制"为理由，百般推脱。在此时阿里不哥尚未讨平、南宋尚未吞并的情况下，忽必烈也只能睁一眼闭一眼。

景炎二年（公元1277年），陈晃的儿子陈昑（仁宗）继位，安南没有向元朝廷报备，因此元朝对仁宗不予承认，要求陈昑入朝请命。而陈昑借故拒绝入朝，其实是内心不服。至元十六年（公元1279年），元军在崖山海战中消灭了南宋，很多南宋臣民逃到安南。至元十八年（公元1281年），元朝建立安南宣慰司，已经有了进攻安南的想法。至元二十年（公元1283年），忽必烈要求陈昑为蒙元军进攻占城提供粮草兵马，陈昑拒绝。这次忽必烈准备

经天纬地：不可不知的战场环境

> 胡志明市纪念抗元将领陈国峻的塑像，他因受封为"兴道王"而得名陈兴道

跟安南算总账，至元二十一年（公元 1284 年）命镇南王脱欢和大将李恒率军假装攻打占城，其实是进攻安南。陈昑亲自率水陆 10 万军队抵抗蒙元，但是每战每败。安南发现，在正面战场战无法取胜，不再与蒙元军正面作战，改为坚壁清野的战术和游击战法。进入 5 月份，安南迎来暴雨季节，加上当地的丛林和山地根本不适合蒙古骑兵作战，而且蒙元军找不到对方主力，又分兵屯守各要害，优势完全发挥不出来；另外的致命伤害就是蒙元军中开始暴发瘟疫。安南军开始四处出击，反攻升龙，脱欢只得带着元军后撤，一路上频频遭遇袭击。陈国峻指挥安南军民层层阻击元军，为保护脱欢安全，大将李恒舍命断后，且战且退，被毒箭射中膝盖，回到广西思明州后毒发而亡。李恒为西夏王族后裔，在灭宋战争中屡立战功，更协助张弘范在崖山几乎全歼南宋水军，是元军中难得的悍将，结果却在热带雨林中殒命。北路军撤退，南路唆都、乌马儿所部却还不知道，得到安南人告知后仍不相信，待看到北路军大营已人去营空才仓皇向顺化海岸撤退，结果耽误了时间，在入海口遭

到安南军的包围，唆都力战而亡，乌马儿侥幸逃脱，损失将士数万。脱欢狼狈逃入广西南宁。这次征讨安南虽然失败，但南宋逃亡过来的宗室成员和官员被元军一网打尽了。在至元十一年到至元二十一年的这10年中，世祖忽必烈可谓流年不利，在西面被自己的侄子海都压着打，西北防线退缩到斡端，东面连续两次征伐日本失败，损失将士10余万，这回竟然征讨安南也失败，且损失两员宿将。堂堂元世祖，继承了无敌祖父成吉思汗最大遗产的"众王之王"，竟然屡战屡败，这口气如何咽得下？

至元二十三年（公元1286年），陈昑的弟弟陈益稷与兄长分裂，归顺了元朝，忽必烈封陈益稷为安南王。至元二十四年（公元1287年），忽必烈为了报前仇，并且准备把陈益稷扶上安南王位，取消了第三次进攻日本的计划，改为第三次征讨安南。这次调集了江淮、江西、湖广三行省的蒙军和汉军7万人，黎族兵1.5万人，云南兵6000人，新附军1000人，战船500艘。此战仍是以九皇子镇南王脱欢为统帅，设立"征交趾行尚书省"，以大将奥鲁赤为平章政事，程鹏飞、阿八赤为右丞，乌马儿、樊楫为参知政事，统归镇南王节制。蒙元军入境后，接连17战皆胜，一路攻城拔寨，势如破竹。再次攻占安南首都升龙城后，烧了寺庙，挖了陈朝祖坟，实施了屠城。但是陈昑带着官员和卫队逃了出去继续组织抵抗，最后撤退到海上指挥抗元战争，安南军民确实非常顽强，重新实施坚壁清野和游击战术。

面对安南的战术，镇南王脱欢也并非毫无应对。他吸取了上次征安南失败的教训，采取了步步为营的策略，分兵占据安南州县，立寨防御。这一招确实有效地避免了被安南军搞得疲于奔命。但是安南百姓抗战热情高涨，与元军极不合作，使元军无法靠就地筹粮解决给养问题，而元军从本土运送的粮食又遭到了安南军阻截。运粮万户张文虎押粮渡海，在绿水洋被安南水军拦截，张文虎无奈之下将粮食全部沉于海底，率轻舟突围逃脱。元军粮食不济，脱欢不得不放弃步步为营的战术，转而命令所部寻找安南主力决战。可茫茫雨林，熟悉地貌的安南军总是隐藏得恰到好处，元军费了九牛二虎之力也无法找到。并且此时，潮热的气候再次让缺乏补给的元军成批病倒。脱欢除了仰天长叹"地热水湿，粮匮兵疲"之外，拿不出任何好办法。拖到了至元二十五年（公元1288年）二月，脱欢终于听从了众将领的劝说，率领斗志几乎为零的元军分路撤退。同上次一样,这时候安南军如同从地底下冒出来一样,处处阻击元军。右丞阿八赤率精锐步骑开路,每天作战数十次,最后在内傍关中毒箭身亡。脱欢改道由单已县和盝州撤退,方才逃回广西,但所率人马已经损失十之六七。乌马儿、樊辑率水军沿白藤江入海撤退,在入海口遭到了陈国峻的伏击,安南军在河道钉了木桩,元军水师被困在江面进退不得,400艘战船全军覆没,乌马儿、樊辑双双被俘杀。

再次惨败于蕞尔小国安南,忽必烈勃然大怒,就算脱欢是他的亲儿子也无法姑息。于是忽必烈将脱欢先调至淮南江北,再迁汴梁,最后贬谪到扬州,并下令终身不准入觐。脱欢从此郁郁不得志,未能再被委任领兵,也没能再见父亲一面。

总结蒙古铁骑折戟热带丛林的原因,主要还是地理环境。看地形图就知道,安南一面临山,一面临海,易守难攻,逃跑还容易,安南军队在这两次远征中,都是失败的,但是国王一次逃到了山上,一次逃到了海上,元军拿他一点办

> 越南人把陈国峻视为守护神,专门立庙祭祀

法都没有，只要国王没有被抓住，政权就还存在。安南军民战败以后，又采用坚壁清野的政策，蒙古军队在当地抢不到一点粮食，所以蒙古军队进攻的纵深不能太大，两侧又没地方可去，只要安南军队不蠢到自己送东西给元军，失败是必然的。后来忽必烈想到了这一点，派人押送粮草跟随，却又被安南军队偷袭，粮草被烧。可以说，热带山岳丛林地带特殊的战场环境是导致元军失败的重要原因。

14 潮汐的威力
鸣梁海战

潮汐是一种常见的现象，是指海水在天体（主要是月球和太阳）引潮力作用下所产生的多周期性运动。习惯上把海面周期性的升降称为"潮汐"，把海水相应的周期性水平流动称为"潮流"。当海面上涨到最高位置时称为"高潮"，当海面下落到最低位置时称为"低潮"。从低潮到高潮这段时间内的海面上涨过程称为"涨潮"。涨潮时海面水位不断增高，达到一定的高度以后，水位短时间内既不涨也不退，称为"平潮"，平潮的中间时刻称为"高潮时"，平潮时的水位高度称为"高潮高"。平潮过后，水位开始下降。从高潮至低潮间的海面下落过程称为"落潮"，当海面水位落到最低位置时，与平潮情况类似，也发生水位不退不涨的现象，叫作"停潮"。停潮的中间时刻称为"低潮时"，停潮时的水位高度称为"低潮高"。停潮过后水位又开始上涨，这样周而复始地运动着。从低潮时到高潮时的时间间隔叫作"涨潮时"，从高潮时到低潮时的时间间隔则称为"落潮时"。相邻的高潮高与低潮高之差叫"潮差"，从低潮到高潮的潮位差称为"涨潮潮差"，从高潮到低潮的潮位差叫"落潮潮差"。①

　　随着潮汐的变化，海洋在不同的时期和不同的海域会形成独特的水道。在古代近海沿岸航行时代，迅速发现和熟悉潮汐的运动规律，找到安全的水道对于沿岸航行和近海航行十分重要，在朝鲜半岛西海岸，涨潮时海水流向北方，落潮时海水流向南方。朝鲜半岛东海岸受潮流涨落的影响不大。朝鲜半岛南海岸是海峡地形，涨潮时海水由东北方流向西南方，落潮时海水从西南方流向东北方。南海岸是拥有众多海湾与小岛的里亚式海岸地区，潮流的流速很快，各海域间潮流的方向偏差较大，是潮流多变的地区。潮流的这种复杂变化在狭窄的海峡或海湾沿岸地区对沿岸航行的影响会大幅增强，对古代朝鲜半岛西海岸和南海岸的海洋活动具有决定性的影响。早在远古时期，朝鲜半岛海岸附近的重要水道就存在着了解潮流变化特点的海上势力，他们掌握海洋控制权，逐步发展成为政治势力，例如，汉江以南的三韩小国和日本列岛小国的形成与他们熟悉

---

① 孙文心、李凤岐、李磊主笔：《军事海洋学引论》，北京：海洋出版社，2011年版，第168页。

> 涨潮与退潮的差异景象

潮流动向密切相关。风向会使海洋流向发生改变甚至产生逆流现象。东亚属于季风性气候，人类很早就利用季风展开航海活动。从春季到夏季吹南风，从中国南部海岸可以到达朝鲜半岛或日本列岛；秋季到冬季吹北风，从朝鲜半岛北部可以到达中国的中部或南部海岸。吹南风时，可以从日本列岛到达朝鲜半岛；吹北风时，可以从朝鲜半岛到达日本列岛南部和西部。古代中国、朝鲜半岛、日本列岛三者之间常常利用季风实现相互往来。[①]

在东北亚的海战史上，曾有一场海战深受潮汐影响。这就是著名的鸣梁海战。明万历二十年（公元 1592 年），日本拥兵 15 万大举进攻朝鲜，欲以朝鲜为跳板侵略中国。朝鲜人民奋起抗争，开始了壬辰卫国战争。朝鲜水军节度使李舜臣指挥的海上战场捷报频传，成功切断了日军"水陆并进"的计划，与明朝联军一起沉重打击了日本的侵略企图。在壬辰卫国战争的进程中，鸣梁海战是最具转折意义的一战，为中朝联军露梁海战的最后胜利赢得了时间，一举奠定了之后朝鲜两百年的和平态势。

16 世纪后期，丰臣秀吉继承织田信长未竟的遗志，相继征服了日本西部和南部地区，初步完成了统一日本的大业，结束了封建割据的"战国时代"。此时，日本国内的生产力遭到了战争的极大破坏，民生凋敝，物资匮乏。为了给发展经济寻找出路，也为了满足日益膨胀的扩张欲望，丰臣秀吉决定以扩大对外贸易为借口，积极推行侵略明朝和朝鲜的政策。一方面，他派出使臣假装向朝鲜"示好"，要求朝鲜与其联合进攻大明。另一方面，他又命令沿海诸藩国加紧打造兵舰，储备军粮，做好出征的准备。当"示好"遭拒后，已备战多时的日本悍然发动了侵略朝鲜的战争，并制定了庞大的"水陆并进"计划，企图先占朝鲜，再图大明。

而此时的朝鲜却是"人不知兵二百余年"，党争日盛，疏于防范。丰臣秀吉在正式对朝动武之前，曾派遣柚谷康广、宗义智等人出使朝鲜，威胁朝鲜与日本一同攻打明朝。1589 年，朝鲜朝廷曾派遣通信使团出访日本，名义上是"庆贺秀吉统一日本"，实际是伺机窥视日本国内的动向。正、副使黄允吉和金诚一回国后给出的日本国情通报却是截然相反：黄允吉说日本"兵

---

① 李雪威著：《韩国海洋战略研究》，北京：时事出版社，2016 年版，第 6 页~8 页。

强马壮，武士当国"，丰臣秀吉"深目星眸，闪闪射人"，判断"必有兵祸"；金诚一却称"不见如许情形"，丰臣秀吉更是"目光如鼠"。本是事关国家生死存亡的战略问题，却成为相互攻击的党争话题。因金诚一是朝鲜有名的大儒，在朝廷党争中东人党占据上风。当时，朝鲜已是文恬武嬉二百余年，过惯了太平日子。朝鲜国王"昵又湎酒，弛备"，认为日本不会轻易开战，无非是海上袭扰加小规模的两栖突击而已，命釜山整饬警备了事，放松了警惕。而海对面的日本却在厉兵秣马，日本沿海地区的造船工坊和铁炮工坊正紧锣密鼓地建造着战舰和铁炮（鸟铳），名护屋天守已建成。秀吉下令"广征诸镇兵，诸三岁粮"，各地的兵勇和武士正向九州地区集结，辎重和粮草车队也接踵而来。金诚一在朝堂之上虽然故意与同团出使的黄允吉为难，但私下却第一时间将日本备战的消息通知自己的同乡、身居"右议政"的柳成龙。柳成龙深感事态严重，但由于党派有别，在朝廷上也只能站在东人党一边。柳成龙开始有意识地在全国选拔亲信武人，派往朝鲜半岛南部，整饬军备以防不时之需。当时柳成龙"乃

> 朝鲜抗倭名将李舜臣的塑像

经天纬地：不可不知的战场环境

> 李舜臣的龟船模型

以公（权慄），及李舜臣应旨而奖拔焉"，出任光州牧使的权慄和全罗左道水军节度使的李舜臣成为壬辰战争时期朝鲜的名将，二人一陆一海，堪称朝鲜的中流砥柱。[①]

我们这个章节的主人公李舜臣因此登上了历史舞台。公元 1545 年，李舜臣出生于朝鲜京箭道开丰（也就是今天的首尔地区）的一户没落士大夫家庭，排行老三。父亲自然希望儿子将来能有大的作为，故从中国上古时代选出四位最牛的人物为四个儿子命名，四个儿子的名字分别是羲臣、尧臣、舜臣、禹臣，分别暗喻伏羲、唐尧、虞舜、夏禹，可见父亲对儿子的殷切希望。父亲原本指望儿子们在文功方面取得功业，但李舜臣的父亲由于出身士祸家庭，终生无法获取功名，因此李舜臣走上了从军之路，而且创造了朝鲜古代历史上的奇迹。11 岁开始就读私塾的李舜臣，尽管文章做得尚可，但一直垂青于弓马之事。在性格方面，他的确不堪文才——顽童李舜臣最喜欢干的事情，一是舞枪弄棒，喜欢行军打仗的游戏；二是捉弄人，据称其少年时期经常带着弹弓到处游逛，喜欢射击行人，居然使得"长老皆惮之，不敢遇其门"。大概也是意识到自己在文职方面没有天才，李舜臣 22 岁时干脆彻底放弃儒生的身份，正式开始习武生涯，不仅学习骑射等十八般武艺，而且也研习中国的著名兵书，如《孙子兵法》《吴起兵法》《司马穰苴》等。十年磨一剑，到 32 岁时，李舜臣终于考中武举。（其实此前他已参加过一次武举考试，但在马术考试中，其坐骑突然反常，将他重重摔落在地，没有摔死的李舜臣居然只是一条腿受伤，他一瘸一拐地折到许多柳枝后自行包扎。考试虽然不得不终止，但其勇气却令人佩服。）尽管高中武举，但李舜臣的仕途却一直并不顺畅，这和其耿直倔强的个性有很大的关系。到 40 岁时，他仍然是无足轻重的官员，然而似乎真的不经历风雨无法见彩虹，在经过 10 余年低级军官生涯后的 1591 年，当丰臣秀吉的大军行将侵略朝鲜之时，李舜臣在小时的挚友、后来成为朝鲜王朝左议政（相当于承相）柳成龙（属于东人党，李舜臣后来自然也属于该党派了）的帮助下，居然坐火箭一般从副将到郡守

---

① "壬辰倭乱时期朝鲜名将权慄的军事活动述略"，金洪培、李长龙：《延边大学学报（社会科学版）》，2018 年第 10 期，第 25 页。

再到三品官的全罗左道水军节度使(大致相当于舰队司令)只用了短短的6年。

让我们再回过头看看半岛局势。尽管做了准备，但刚一交手，朝鲜便吃了大亏。战争初期，日军的陆上进攻摧枯拉朽、势如破竹，短时间内就占领了朝鲜半岛的大部分地区。接到日军的战报，丰臣秀吉兴奋之余不禁扬言道："如处女之大明国，可知山之压卵者也，况如天竺、南蛮乎？"分明已把明朝视若无物，连印度（天竺）、东南亚（南蛮）也可手到擒来，狂妄姿态可见一斑，狼子野心昭然若揭。

"三尺誓天,山河动色,一挥扫荡,血染山河。"这是李舜臣佩剑的题剑铭。自交战以来，李舜臣用一次次辉煌的战绩兑现着这句誓言。1592年5月4日，当李舜臣率领14艘大型板屋船、15艘小型挟船以及46艘鲍作船编队驶出全罗南道丽水港时，已经很顺畅地进攻了近两个月的日本海军发现朝鲜军队并非只会望风而逃，于是迅速集结了50艘战船前来迎战。但李舜臣已经在庆尚南道巨济岛东岸的玉浦港附近埋伏多时，5月7日，日军将领藤堂高虎率领的50艘战船终于进入李舜臣的伏击圈，霎时间，朝鲜水军的无数火箭、火炮、火铳（朝鲜的火铳样式落后，作用有限）齐声轰鸣。激战一上午，日军有26艘战船被击沉或被焚毁。下午，李舜臣又在永登浦附近发现5艘敌船，将其击沉；5月8日，又和日本另一支舰队遭遇，再次击沉其大小战船13艘。李舜臣在三次战斗中共击沉日舰44艘，而自身战船却无一损失。开战两个月来，朝军只有败绩，但唯有李舜臣率领的水师，三日之间便取得如此大的成绩，可以说是创造了奇迹。不过，当李舜臣返回军港时，获悉的却是都城平壤沦陷的消息。而在李舜臣出发作战前两日，朝鲜另一大城市汉城就已经沦陷了。李舜臣明白，他只能孤军作战，没有后援了。扶大厦之将倾，方显英雄本色。利用朝鲜东南部这仅有的一小片陆地，李舜臣的水师将要进行顽强的抗争。在料定日军会再次西侵后，李舜臣积极准备着他的第二次反击战。5月27日，得知日军10余艘战船向庆尚南道南海岸的泗川进犯，李舜臣迅速率领23艘战船（其中包括后来闻名世界的龟船）迎战，途中又与庆尚南道左水营元均率领的3艘战船汇合（不堪为将的元均在战争初期就把自己的战船几乎全部凿沉了），迅速赶到泗川海湾外，发现了里面停泊的12艘日本楼船。怯于上一次的失败，日本海军居然弃船登岸布阵，眼见退潮，日军又在高处，李舜臣果断决定诱敌出海。日落时，李舜臣的水军佯装后退，日军看朝军撤退，即来追赶，当进入深海时，李舜臣水师突然掉转船头，霎时间以龟船为先锋，其他战船纷纷冲入敌阵，瞬间火炮、火箭齐鸣，将12艘日本战船全部击沉。6月2日，李舜臣部再次击沉21艘日船；6月4日至5日，再次击沉26艘敌船；7日，再次击沉7艘敌船。李舜臣接连近乎神话般的胜利给了日军沉重的打击。6月下旬，日军动员所属舰队的全部力量，再加上陆军的紧密配合，企图进攻全罗道，夺占朝鲜水军的后方基地。为此，包括李舜臣水师在内的朝鲜所有海军力量组成了一支强大的联合舰队，并于7月开始出击。在闲山岛附近，朝军再次采用诱敌出击的办法，将日军引入伏击区，然后再次两翼包抄，将追击的60艘日军战船全部击沉。到8月时，越战越勇的朝鲜水师居然集合起了74艘战船和92艘挟船的庞大舰队，展开绝地反击，采取近乎剿匪的作战方式，一个海湾一个海湾地搜索，发现日军战船即击沉，沿途击沉了30多艘日船，直逼日军当初的登陆之地——釜山，并在那里发现了470余艘日船（大部分是轴重等补给船）。朝军自然不打招呼直接开炮，当即击沉100多艘日船，日本海军的主力从此几乎不复存在。

在玉浦海战、唐浦海战和闲山岛海战三次大捷之后，李舜臣率领的朝鲜水军将日本水军死死压制在外海，牢牢地控制着海上交通线，切断了日本水军对陆军的物资供应链，粉碎了日军速战速决侵吞朝鲜的企图，成功逼迫日本主动走向了议和的谈判桌。李舜臣在朝鲜的威望剧增，官至三道水军统制使。这让丰臣秀吉意识到：要保证战争胜利，就要夺取制海权，而要夺取制海权，就必须除掉李舜臣。因此，日本利用宣宗的偏听偏信和朝廷的朋党之争精心设计了一场"离间计"，致李舜臣被逮捕法办，差点砍头，幸好底下将士们竭力保举，才免于一死。日本人听闻"离间计"成功后再次卷土重来。1597年7月15日，日本海军突然袭击漆川岛锚地的朝鲜战船，接替李舜臣的三道水军统制使元均毫无准备，猝不及防下遭受惨败，几乎葬送了水军的全部家当。[①]

眼见海军覆灭，朝鲜政府才想起自己的"擎天柱"李舜臣。很快，李舜

[①] "鸣梁一战定乾坤"，池本亮／夏松山、杨经慧：《解放军报》，2015年9月21日。

臣便官复原职，只是这次运气太差了，上次好歹还有近百艘战船，这次只有区区13艘战船，如何和多达600艘战船，并且已经变得聪明的日本海军决战？所以李舜臣的第一步只能是先撤退，避开日军锋芒，从驻地龙浦撤往兰浦，但由于距离日军仍是太近，所以几天后便被日海军搜索部队发现，双方避免不了一场激战。此时的朝鲜海军已经是惊弓之鸟，幸亏李舜臣的强力指挥，13艘战船才将8艘日本战船打跑。日本战船岂肯善罢甘休，很快几百艘战舰（130艘战船，200余艘运输船）便蜂拥而至。李舜臣早有预料，在敌人来到之前又退往珍岛。到这里已经无路再退了，再退日军便可能经此地直取江华岛，进而威胁汉城的安危，和350年后麦克阿瑟仁川登陆一样直取朝鲜要害了。仅有的13艘战舰如何作战？熟悉当地水域的李舜臣决定再次利用地理条件。珍岛和朝鲜半岛之间的水域最窄处仅仅250米，而且此地水文极为复杂，水流湍急，高达10节，不用摇船，每小时也能走将近20千米，也就是每秒能走5米～6米，而且该水域有很多暗流、漩涡，每当潮汐变化，涛声如同雷鸣，是以名曰"鸣梁"。这地方自然是人人都害怕的，更别说不熟悉该水域的日本人了。而让李舜臣满意的，还在于该海峡最窄处仅仅250米，船多了布置不开，有利于数量居于劣势的朝鲜海军。李舜臣在此布置战船，就等着日本海军上钩了。果然，9月7日占领兰浦的日军搜索战船又遭遇了李舜臣的舰队，自然遭到打击，这次日军选择了先逃跑，然后再呼叫支援。9日后，日本海军倾巢出动，直奔珍岛海域，正当日本海军前锋要通过海峡时，李舜臣的伏兵一起突然杀出，由于速度太快，双方的舰队立刻交织在一起。但当日军看清朝鲜海军仅有13艘战船的兵力时，形势陡然逆转——朝方官兵的意志几乎崩溃，因为双方的实力实在不在一个量级，即使再身经百战，又能杀得了几个日军？能击沉几艘日船？关键时刻，李舜臣晓以大义，鼓动了朝鲜官兵的意志，使战斗得以继续。在李舜臣指挥下，朝鲜水军集中炮火击沉了日本海军旗舰，不久，李舜臣一直期盼的鸣梁海峡乱流终于来了。不用朝军动手，原本排列整齐的日船被乱流搅着互相碰撞，或者被撞向两岸，士兵站立不稳，一片慌乱，朝鲜海军火炮、火箭、鸟铳、弓箭趁机齐放，日军死伤惨重，不得已只好仓皇撤离战场。是役，日军被击沉战船31艘，而朝方战船无一损失。以少击多，李舜臣获得了海军历史上少有的成功战绩。此战后，李舜臣的威名再度响彻朝日双方，日本海军从此又恢复了过去的那种龟缩局势。[1]

鸣梁海战创造了以少胜多的海战奇迹，并为露梁海战这场决定日本和朝鲜两国命运的海上大决战创造了条件。鸣梁海战带来的一个结果就是使李舜臣在海战史上具有世界性的影响，这对于一个小国而言几乎是最自豪的资本，除了李舜臣，朝鲜再也没有出现过具有世界影响力的军事人才了。尽管对李舜臣的战功和地位有相当大程度的夸大——意义更为重大的露梁海战的总指挥官是大明水师名将陈璘而非李舜臣，但是李舜臣合理利用潮汐打败日军的战法和精神还是值得充分肯定的。

---

[1] "李舜臣——朝鲜海军的战魂"，楚水昂：《舰载武器》，2010年第6期，第84页~85页。

15 伊兹梅尔之战
百万军中取敌首级的城市攻坚战

攻城作战向来是战争中的难题，以至于中国古代著名大军事家孙子认为，"用兵之道，攻心为上，攻城为下，心战为上，兵战为下"。关于攻城的做法和难度，他又进一步在《孙子兵法》中作了说明："修橹轒辒，具器械，三月而后成，距堙，又三月而后已。将不胜其忿而蚁附之，杀士三分之一而城不拔者，此攻之灾也。"攻城之难，可见一斑。在世界军史上，曾有一场影响战局的攻城战的难度可谓百万军中取敌上将首级，然而在指挥员高超的战争艺术指导下，最终取得了胜利，这场影响历史的攻城战就是大名鼎鼎的伊兹梅尔之战。

说起这场著名的城市攻坚战，就不得不提起俄土战争的大背景。俄土战争指沙皇俄国与奥斯曼土耳其帝国为争夺黑海及其毗连地区的统治权而进行的一系列战争。在17世纪至18世纪上半叶这段时间内所进行的战争旨在抵御奥斯曼帝国和克里木汗国对俄国的侵略，此外俄国的目的还包括合并13世纪被蒙古鞑靼人侵占的黑海北部沿岸地区、夺取黑海出海口等。这一时期俄土战争的目标是出于俄国经济发展的需要。从18世纪下半叶起，俄土战争的起因转变为东方问题的国际矛盾。土耳其企图对乌克兰和黑海沿岸国家进行报复；而俄国力图在巴尔干半岛和高加索巩固自己的势力，为此发动土耳其国内受奴役、信奉基督教的各族人民，开展反对奥斯曼帝国压迫的民族解放运动。

1676 年～1681 年的第一次俄土战争是在乌克兰同俄国重新合并后，奥斯曼土耳其帝国入侵乌克兰而引起的，土耳其借此反对俄罗斯与乌克兰的合并。在 1672 年～1676 年的波土战争中土耳其占领了波多利亚，又扶植右岸乌克兰"黑特曼"多罗申科，企图将整个右岸乌克兰地区置于自己的统治之下。1674 年，左岸乌克兰的"黑特曼"萨莫伊洛维奇被选为乌克兰的"总黑特曼"，多罗申科率部 1.2 万人于 1676 年占领了黑特曼首都奇吉林，企图借助土耳其恢复自己的统治。为阻止这一企图，俄国—乌克兰联军在萨莫伊洛维奇和罗莫达诺夫斯基的率领下，于 1676 年春渡过第聂伯河、包围了奇吉林，并于 8 月 2 日夺取该城，俘虏了多罗申科。在奇吉林远征期间，俄国—乌克兰联军与土耳其鞑靼军争夺奇吉林的斗争始终没有停止。1679 年～1680 年，萨莫伊洛维奇和罗莫达诺夫斯基率领的俄乌联军依托新筑起的伊久姆鹿砦防线，击退了克里木鞑靼人的多次侵袭。土耳其由于未能达到目的，被迫于 1681 年 1 月 23 日签订了《巴赫奇萨赖和约》，承认左岸乌克兰与俄国的重新合并。俄军和乌克兰军的一致行动，对在战争中战胜土耳其鞑靼军起了重要作用。

> 第六次俄土战争中的俄军围城战

1686 年~1700 年的第二次俄土战争是俄国反对奥斯曼帝国侵略斗争的继续，在俄国加入反土耳其的"神圣同盟"之后爆发。战争过程中俄军进行了克里木远征和亚速远征。后由于俄罗斯与瑞典的战争迫近，并且同盟的其他成员国与土耳其缔结了和约，俄国政府也与土耳其缔结了《君士坦丁堡和约》，将亚速和到米乌斯河的亚速海沿岸一带转归了俄国。1710 年~1713 年的第三次俄土战争是在北方战争期间进行的，以俄国的失败告终。俄国被迫放弃亚述，拆毁亚速海沿岸的工事。战争证明俄军必须进行改革。而 1735 年~1739 年的第四次俄土战争是由 1733 年~1735 年俄罗斯—波兰战争后俄土之间的矛盾激化引起的。1736 年 5 月 31 日，俄罗斯米尼赫元帅的第聂伯河集团军猛攻夺占了彼列科普，尔后又占领了克里木汗国首都巴赫奇萨赖，但后来发生了流行疾病，并且俄军缺乏粮秣及饮水，于是被迫撤回乌克兰。俄罗斯将军拉西指挥的顿河集团军，在布列达利海军中将的顿河区舰队的支援下，于 1736 年 6 月 30 日攻占了亚速。1737 年 7 月，顿河集团军在舰队的协同下强渡锡瓦什湖，在萨尔吉尔河交战中击溃了克里木汗的军队。7 月 13 日，第聂伯河集团军攻占奥恰科夫。同年，奥地利参战，但屡遭失败。为了与瓦拉几亚和波斯尼亚的奥地利军队协同作战，俄军于 1739 年初向摩尔达维亚展开进攻，从而使战争产生了转折。8 月，第聂伯河集团军在斯塔武恰内战役中击溃了土军。根据摩尔达维亚代表团的请求，摩尔达维亚被并入俄国版图。此时，俄国由于面临瑞典入侵的威胁，并且同盟国奥地利已经退出了战争，不得已与土耳其签订了《贝尔格莱德和约》。在第四次俄土战争中，强渡地形复杂的水障碍的经验丰富了军事学术。

1768 年~1774 年的第五次俄土战争是由奥斯曼帝国反对俄国对波兰的侵略行动而引起的，是俄国争夺黑海出海口斗争的继续。10 月 6 日，得到法奥两国支持的土耳其对俄宣战。为应对土耳其人的进攻，俄国将戈利岑将军的第 1 集团军从基辅调往霍京，将鲁缅采夫将军的第 2 集团军调到第聂伯河与顿河之间的地区作战。1768 年 12 月，克里木汗卡普兰·格来的军队入侵乌克兰领土。鲁缅采夫率领俄第 2 集团军击退了敌人对乌克兰的进攻后，前出至亚速海，封锁了克里木。戈利岑在多瑙河地区与 20 万敌军作战，对霍京的两次猛攻失利后，他被迫于 1769 年 6 月率部撤过德涅斯特河。当年 11 月，土耳其驻防军由于缺少补给，遂放弃霍京撤退。俄第 1 集团军向雅西展开进攻，于 10 月 7 日占领该城；第 2 集团军沿南布格河作战。1769 年 7 月，海军上将斯皮里多夫的分舰队从波罗的海驶入地中海参战。

在 1770 年的战争中，第 1 集团军在坑田墓地附近及拉尔加河和卡古尔河河畔击溃了敌军。俄国分舰队在爱琴海的出现，促进了希腊人民反抗土耳其统治的起义。在切斯梅海战中，俄国分舰队击溃了土耳其舰队，从而保障了自己在爱琴海的制海权，并完成了对达达尼尔海峡的封锁。9 月，俄军攻占宾杰里要塞，7 月~11 月，先后攻占了伊兹梅尔、基利亚、布赖洛夫和阿克尔曼。1771 年，第 1 集团军展开军事行动，在多瑙河区舰队的协同下，于 2 月占领了茹尔扎，3 月封锁了土耳恰和伊萨克恰要塞。多尔戈鲁科夫将军的第 2 集团军在亚速海区舰队的协同下，于 6 月 25 日夺取了彼列科普，并占领了克里木。奥军推进到俄国边境之后，俄第 1 集团军遂转入积极防御。该集团军分 3 个集群在 1000 千米的战线上正面作战，在 6 月和 10 月多次击退企图以优势兵力冲入多瑙河左岸地区的土军。而俄国舰队在地中海成功的行动，则促进了埃及和叙利亚的阿拉伯人 1771 年反土起义的爆发。俄国在陆海战场的胜利迫使土耳其于 1772 年 5 月 30 日在茹尔扎同俄国签订停战协定。11 月 12 日，俄国又同克里木汗萨希布·格来缔结条约。根据条约，克里木脱离土耳其，转入俄国的庇护之下。

1768 年~1774 年战争的结果是土耳其被迫与俄国签定了《库楚克－凯纳吉条约》，俄国从土耳其手中夺取了黑海以北大片领土，从此获得了通往黑海的重要出海口。至 1787 年，在瑞典的支持下，土耳其要求俄国归还克里米亚，并承认格鲁吉亚为土耳其属地。俄国拒绝了土耳其的要求，土耳其遂出动军队对俄重新开战。战争爆发后，俄国与奥地利结盟，先后在金布恩、奥恰可夫、福克尼沙和雷姆尼重创土耳其军队，直逼土耳其在多瑙河的最后一个堡垒伊兹梅尔要塞。

伊兹梅尔要塞位于多瑙河右岸，控制着多瑙河下游，战略地位极为重要。该要塞壁垒森严，城墙林立，壕沟环绕，大有一夫当关、万夫莫开之势。驻守伊兹梅尔要塞的土军共有 3.5 万人，装备有 300 门火炮。而俄军的攻城兵力则有 3.1 万名步骑兵、600 门火炮和 200 余艘多瑙河区舰队的小型舰艇。

1790 年 10 月，俄军向伊兹梅尔发起进攻，土军凭借多瑙河天然屏障和坚

经天纬地：不可不知的战场环境

固的城堡顽强抵抗。战至11月，俄军数次进攻均告失利，转而围困该城，但城内土军弹药和粮秣充足，俄军围困多日仍一无所获。俄军总司令波将金元帅在一筹莫展之际终于想到了一个可以担此重任的人，他就是亚历山大·瓦西里耶维奇·苏沃洛夫中将。

说起这位苏沃洛夫将军，可得多费一些笔墨介绍一下。苏沃洛夫是俄国著名将领，最高获得过俄罗斯大元帅的军衔。他在50多年的军事生涯中，指挥过60多次战斗，屡战屡胜，从无败绩，可谓战争史上的奇迹。苏沃洛夫从小向往军旅生涯，只是矮小瘦弱，经常生病。时任俄国将军的父亲认为儿子不能适应军队的生活，可小苏沃洛夫不是这样想的。他积极参加体育锻炼：跑步、游泳、骑马疾驰、用冷水洗澡。父亲被儿子的顽强说服了，同意儿子进军官学校。苏沃洛夫15岁开始服兵役。在兵营度过了9年，和士兵们同吃同睡；在此期间，他总能挤出时间看书。后来他在自传中写道："说到我的学问，我懂数学，知晓一些哲学、地理、历史，会几种语言，如德语、法语、意大利语、波兰语、土耳其语，还会一点儿阿拉伯语、波斯语和芬兰语。"苏沃洛夫的战斗生涯开始于"七年战争"（公元1756年~1763年）。在这场战争中，他圆满地完成了指挥员的任务；而对每一次战斗，他都会有新颖独特的见解。他很爱护官兵，总是说："对我来说，士兵比我本人更宝贵。"对苏沃洛夫来说，军队、远征、战争成了他生活的唯一意义。他44岁才结婚，而直至婚后，这位功勋卓著的著名将军仍不愿改变军营生活去过安逸的日子。哪里有危险，苏沃洛夫就会出现在哪里，哪里需要他的经验和知识，他就会在哪里。他几乎没有时间留给家人，虽然他很爱孩子们，经常给他们写信、寄礼物，关心儿女的成长和教育。他留存至今的写给女儿的信中，饱含了一个父亲的慈爱与温柔，充满了对女儿的关怀与想念。苏沃洛夫65岁时获得

> 俄国名将苏沃洛夫

元帅称号。可就是在这个年纪、拥有这样的身份，他也没有改变自己的习惯。他身板硬朗，他睡干草，盖床单，冷了就盖上军大衣。苏沃洛夫认为，军人应该保持年轻，也正因此，在他眼里，年老就像生病一样，经历严酷的生活磨练，是可以战胜的。他不爱照镜子，因为镜子会让他想起自己的年龄。据说，他走路如跑，骑马似跳，遇到坑洼就跳越过去，而不是绕过。1796年苏沃洛夫写成了杰出著作《制胜的科学》。书中讲述了自己对军事艺术的理解、多年培养和训练士兵的经验，语言生动形象，通俗易懂。

叶卡捷琳娜二世去世后，她的儿子保罗成了俄罗斯的新沙皇。保罗一世推动俄罗斯的军队改革，推行普鲁士军制，对此苏沃洛夫提出了强烈抗议，沙皇保罗一世遂让苏沃洛夫元帅退休。然而，反拿破仑战争开始后，在盟国的坚决要求下，保罗一世找到经验丰富的苏沃洛夫，并任命他为驻意大利北部俄军总司令。当时苏沃洛夫已经70高龄，却扛起了俄罗斯抵抗外来入侵的重担。战争初期，俄军在意大利北部取得的辉煌胜利为俄国军队打通了往阿尔卑斯山之路，但是在山里，俄军陷入了死胡同，四面临敌，并且在大雪覆盖的悬崖峭壁和万丈深渊间只有几条小路；要想走出困境，就必须联合驻扎在瑞士的俄军。苏沃洛夫对士兵们说："孩子们，必须前进迎敌。不要想你们面临着多少个敌人。要知道，你们是来打败敌人的，而不是来数敌人人数的。"俄军士气大振，经过苦战击败了法军，并且沿着山中崎岖小路翻越了阿尔卑斯山天险。从此，苏沃洛夫就被士兵称为"前进将军"。因为这一战役，沙皇保罗一世授予苏沃洛夫俄国最高军衔——大元帅，但中止了与奥地利的联盟，将苏沃洛夫的军队召回俄国。返回圣彼得堡后，苏沃洛夫就一病不起，于1800年5月18日离开人世，被安葬在了圣彼得堡。遵照他的遗言，墓碑上刻着简短的铭文："苏沃洛夫之墓"。[①]

在伊兹梅尔战役进行时，波将金曾给苏沃洛夫写了封信，信中写道："敌人绊住了我们的腿，使我们不能再向前进。"11月30日，苏沃洛夫奉命赶到了伊兹梅尔前线，出任俄军攻击部队总指挥。当时的俄军部队大部分是骑兵，并不适合攻城作战。土耳其军队不仅数量上占优势，而且有坚固的城堡，对

[①] "亚历山大·瓦西里耶维奇·苏沃洛夫"，朱晓燕：《俄语研究》，2010年第2期，第11页~12页。

俄军来说，要打下这个堡垒是很艰难的。尽管这样，苏沃洛夫却并不却步，仍然充满信心去迎接这场生死未卜的战斗。到任伊始，他立即着手组织俄军进行突击训练。他仿照伊兹梅尔堡的样子在城堡附近的布斯罗克镇建造了一个土围，每天夜里让士兵一批接一批练习攻城动作，并下令从速制造填塞壕沟的用具以及攀登城墙用的梯子，白天则亲自带领士兵练习血刃战。苏沃洛夫鼓励士兵说："训练多流汗，战时少流血。"同时，为了迷惑土耳其军队，俄军表面上仍在进行长期围困准备。苏沃洛夫将指挥部设在城堡附件的特鲁巴耶夫高地，在这里完成了与攻城有关的各项准备工作，他对作战中可能出现的各种情况都一一做了周密细致的安排，并为官兵制定了专门手册，其内容包括攻城作战及城内作战规则。

　　苏沃洛夫的作战计划是：地面部队编成3个集团，从东、西、南三个方向同时发起猛攻。主攻方向指向防御较薄弱的南面，苏沃洛夫在该方向上集中了三分之二的兵力和四分之三的火炮。经过8天的准备，一切就绪，苏沃洛夫召开了一次战前军事动员大会，他在会上立下誓言："俄国军队已经两度攻到伊兹梅尔城下，但又两度退却。现在我们第三次来到这里，绝不能无功而返，我决心夺取这个堡垒，倘若不成功便死在城堡之下！"到会官兵众皆响应，士气大振。总攻开始前，苏沃洛夫派人给伊兹梅尔城卫戍司令艾多斯·迈哈迈德送去一封劝降信，信中写道："我已统帅大军到此，给你24小时的时间考虑。只有投降，才有自由。一但进攻发起，你只有死路一条，攻城就意味着你们灭亡！"迈哈迈德十分相信自己的力量，傲慢地复信道："天可以塌，多瑙河水可以倒流，但伊兹梅尔决不投降！"为了进一步激励官兵们的求胜欲望，苏沃洛夫命人当众宣读了这位土耳其统帅的复信。1790年12月22日凌晨3时，俄军在夜幕和浓雾掩护下秘密接近伊兹梅尔城墙。5时30分，特鲁巴耶夫高地上空升起三枚绿色的信号弹，俄军在地面火炮和多瑙河区舰队的舰炮支援下，兵分三路同时对伊兹梅尔发起了总攻。俄军冒着土耳其守军的猛烈炮火，冲过壕沟，架起云梯，迅速爬上城头，双方进行了凶猛的白刃战，土军也拼死抵抗，寸土不让。激战到早上8时，伊兹梅尔的外城墙终于被俄军攻破，土耳其人退却到城内，负隅顽抗，经过8小时激烈的巷战，到下午16时俄军终于彻底攻克了伊兹梅尔。

> 伊兹梅尔现归乌克兰所有

在伊兹梅尔之战中，还发生过一个小花絮，是关于苏沃洛夫和另一位盖世名将库图佐夫之间的激将法故事。由于城防坚固且兵力众多，伊兹梅尔实在难以攻克，未来的元帅库图佐夫率部连攻两月未克。血战中，俄军曾两次冲上城头，又先后被土军击退。望着城下的累累尸体，身经百战的库图佐夫也不由得产生了疑问："仅靠剩余的兵力能取得强攻的胜利吗？"他感到毫无把握，毕竟俄军只有3万人，而土军兵力还在俄军之上。于是向苏沃洛夫将军求援。但苏沃洛夫的训令是：不仅不给他增调一兵一卒，而且还派遣使者向俄罗斯发出了伊兹梅尔已被攻破的捷报，库图佐夫本人已升任为伊兹梅尔要塞的司令官。

其实，苏沃洛夫对他的部下的指挥才能和困难处境了如指掌，然而他却另有一番良苦用心：他一面暗自增兵，一面决心将库图佐夫的依赖念头完全打消掉。他认为：一个将领假如信心动摇，纵使增兵10万也于事无补。明激励，暗增援，同时断其退路。库图佐夫攻不下要塞，反荣升为要塞司令，这使他羞愧难当，只有破釜沉舟，背水一战。他迅速调集好队伍，亲率部队发起了第三次强攻。在库图佐夫奋不顾身精神的感召下，俄军士兵个个舍生忘死地冲锋，一鼓作气攻进了城内。此时，恰好苏沃洛夫的增援部队赶到。每条街上都展开了短兵相接的肉搏战，终于占领了伊兹梅尔要塞。城破之后，苏沃洛夫目睹双方殊死争夺的场面大为感叹："没有哪一个要塞被这样拼命地防守过。""这样激烈的战斗，一生中只能有一次。"

> 阿尔卑斯山中的苏沃洛夫纪念碑

此役，俄军以 4000 人战死，6000 人受伤的代价，击毙土耳其守军 26000 人（其中包括城防司令迈哈迈德将军），俘虏 9000 人（其中包括伤兵），缴获了 30 艘战船，245 门火炮和大量装备。只有 1 名土耳其士兵逃出了城堡，游过了多瑙河，将伊兹梅尔失陷的消息带给了土耳其苏丹，但却被恼羞成怒的苏丹下令斩了首。伊兹梅尔这座固若金汤的城堡被攻克，特别是俄军仅用一天就拿下了它，这在欧洲引起了强烈的震惊，并基本上决定了俄土战争的结局。苏沃洛夫因此战一举成名，成为俄罗斯一代名将。苏沃洛夫在给沙皇叶卡捷琳娜二世的奏表中是这样描述伊兹梅尔之战的："没有任何一个堡垒比伊兹梅尔更坚固，没有任何一个抵抗比伊兹梅尔更激烈，但是它在我皇的宝座之下倒下来了，这是英勇进攻的结果。"这句话后来被镌刻在苏沃洛夫的纪念碑上。

尽管苏沃洛夫爱惜士兵，然而俄军破城之后还是发生了大屠杀事件，大约有4万名土耳其平民不幸罹难。而苏沃洛夫在这次战争后并未得到他应该得到的荣光：本以为能够得到元帅权杖，却因为有人作梗，他仅仅获得一个无足轻重的荣誉职务，并被调离战场，前往芬兰去视察，任务是加强对瑞典的防御。苏沃洛夫后来获得元帅军衔是因为镇压波兰起义有功。

> 俄国修道院中的苏沃洛夫之墓

16 克里米亚战争
鲨鱼上岸式的两栖登陆战

若论作战的难度,两栖登陆作战绝对是名列前茅的。两栖行动是海上力量投送的主要组成要素。它们分为四类:1. 两栖进攻。主要目标是登上敌方海岸,在那儿站住脚,增强作战力量,开辟新的战线,可能对战争进程带来实质性影响。2. 两栖袭击。意图是建立暂时的立足点,达到战术或者战役目标,然后按计划撤回。3. 两栖撤退。实施战斗性撤出的能力是提高岸上远征部队信心的最高手段。[①] 19世纪50年代以前,舰只以风帆为动力,海军比陆军更具机动性。陆军不但得越过诸如山脉、森林、沼泽和沙漠等障碍,而且无法使用好的路段,铁路和动力化交通工具更是一种无法企及的奢望。因而,陆基部队移动缓慢,这意味着它们很难阻止海岸线受到来自海上的入侵。而另一方面,具有制海权的海军能在洋面上迅速移动,并在敌人陆基部队抵达滩头阵地之前,让部队在对方的海岸登陆。由于帆船时代的两栖登陆相对容易得手,所以大国很少对另一国领土发动两栖进攻,而是在对手军队部署很少的地方登陆。事实上,从1648年

---

① [英] 杰弗里·蒂尔著,师小芹译:《21世纪海权指南(第二版)》,上海:上海人民出版社,2013年版,第259页。

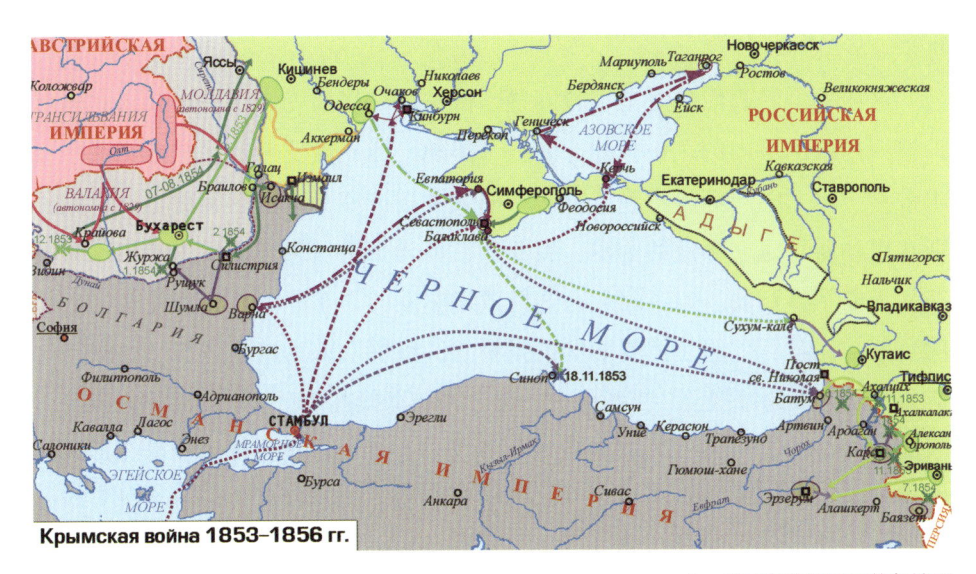

> 俄文版克里米亚战争地图

国家体系建立时起，到 19 世纪中期汽船开始取代帆船，欧洲没有发生过两栖进攻的战例。尽管在敌人领土上登陆部队相对容易，但海军不可能把大部队送上岸，并坚持很长时间。帆船海军运载能力有限，因此，它们无法为入侵部队在敌人领土上的生存提供必要的后勤支持，也不可能迅速提供必要的物品增援。因而，帆船时代的欧洲大国极少在敌对大国本土和被其控制的领地实施两栖登陆。实际上，在 1792 年拿破仑战争开始前的两个世纪内，尽管欧洲大国间频繁开战，但没有出现两栖登陆的战例。① 然而，在进入 19 世纪之后，欧洲却爆发了一场影响历史的两栖登陆作战，这就是大名鼎鼎的克里米亚战争。

克里米亚战争是 1853 年至 1856 年间在欧洲爆发的一场战争。参加这场战争的其中一方是俄罗斯，另一方则有奥斯曼帝国（即土耳其）、法国、英国三个国家，后来皮德蒙特—萨丁尼亚也加入了后者，变成了四个国家对俄罗斯的战争。这场战争最初被称为"第七次俄土战争"，但因为其时间最长和最重要的一次战役发生在克里米亚半岛上，因此后来这场战争被称为"克

---

① ［美］约翰·米尔斯海默著，王义桅、唐小松译：《大国政治的悲剧（修订版）》，上海：上海人民出版社，2014 年版，第 117 页。

经天纬地：不可不知的战场环境

里米亚战争"。

这场战争的表面起因是宗教问题。俄罗斯向奥斯曼帝国提出要求：为保护奥斯曼帝国境内的东正教徒，要在"圣地"建立俄罗斯的保护地。这个要求被君士坦丁堡的苏丹拒绝了。法国的天主教徒和英国的新教徒也反对俄罗斯在巴勒斯坦建立据点的企图。俄罗斯在苏丹拒绝后决定以此为借口，对奥斯曼采取军事行动。但实际上，这场战争爆发的真正原因是奥斯曼帝国内部的衰落与瓦解，引起了俄罗斯的扩张野心。俄罗斯认为这是将自己在欧洲的势力不断扩大的好机会，尤其是一个通向地中海和占领巴尔干半岛的好机会。因此在1853年，俄罗斯与奥斯曼帝国断交，并开始出兵占领奥斯曼在多瑙河流域的附属国。奥斯曼帝国在巴尔干半岛上的统治此时显得摇摇欲坠，而俄罗斯则趁这个机会争取获得对恰纳卡莱海峡和伊斯坦布尔海峡的控制。英国和法国则反对俄罗斯的扩张，它们不希望俄罗斯获得这些战略要地，这样才能维持它们自己在东南欧的势力和利益。[①]

在克里米亚战争中爆发的两栖登陆战在世界战争史上是一场不可略过的大战。1854年2月23日，第一批英国陆军登上运输船，出发前往土耳其。四天后的2月27日，英法向俄罗斯发出最后通牒，要求俄罗斯在4月30日之前撤离瓦拉几亚和摩尔达维亚。沙皇对英法的通牒置之不理，于是在3月12

> 俄军进攻奥斯曼帝国保护下的保加利亚

---

① "克里米亚战争"，木易：《生命与灾害》，2014年第4期，第32页~33页。

日，英法与土耳其正式结成了同盟。至3月19日，法国陆军也登上了前往土耳其的船只。一天后，俄军渡过了多瑙河，法国于3月27日，英国于3月28日遂相继对俄罗斯宣战，当时的三大列强一齐登场，战争扩大。4月5日，英国陆军在加里波利登陆，随后联军的作战计划就诞生在这里：6万英法陆军在海军的配合下在克里米亚半岛登陆，在6星期内拿下俄罗斯海军基地塞瓦斯托波尔要塞。这个目标很有限也很明确，其目的就是消灭俄罗斯的黑海舰队，结束俄罗斯在黑海的优势，这符合英国的愿望；而对法国而言，开战本身就达到了目的。4月20日，俄罗斯遭到开战以来的最大打击，那就是另外的两个可能干涉这场战争的国家、与俄罗斯曾结成"神圣同盟"的普鲁士和奥地利两国在这个关头宣布保持中立，并秘密缔结了防御同盟协定。两国选择中立的理由显而易见，但沙皇没有看到这一点，神圣同盟在最关键的时候的失灵只是使他感到沮丧和愤怒。仿佛为了给沙皇伤口再撒一把盐，英法舰队又在1854年4月22日炮击奥德萨。这一行动表明，英法确实准备实实在在地跟俄国打一仗。6月3日，奥地利也完成了部署，并在匈牙利与瓦拉几亚和摩尔达维亚的边境陈兵8万，同时向俄罗斯发出了最后通牒，要求俄罗斯立即从两公国撤军。1854年6月14日，奥地利又同土耳其签订条约，土耳其同意奥地利占领两公国直到战争结束。

英、法、土三国军队在瓦尔纳相处得很融洽，但是部队的健康问题却越来越让人担心。潮湿、小昆虫和血吸虫不断地侵袭着军营。英军后勤组织的缺陷非常明显，军中没有人知道邮局在哪里，野战医院在哪里，甚至他们的将军在哪里。7月19日，法国军营中爆发了霍乱，并于22日蔓延到了英国军营。尽管作为应对措施，所有帐篷都被销毁了，但瘟疫仍然没有得到有效控制。至8月10日，一场大火烧掉了很多军需品，包括1.6万双靴子和150吨饼干，使得联军雪上加霜。伦敦和巴黎的上级部门不断发布命令催促联军展开行动，但联军并不知道克里米亚到底有多少俄军，只能根据情报粗略地估计为从4.5万人到14万人不等（实际上俄军此时只有3.6万人）。

1854年8月24日，联军开始登船，计划于9月2日完成全部登船任务。能够参加行动的部队包括2.7万名英军、3万名法军和7000名土军。9月7日，联军海军司令、英国海军上将邓达斯下令起航，而联军的另一将领圣阿诺德

> 塞瓦斯托波尔保卫战油画

则因为患上霍乱，在5日就出发了。英军主帅拉格伦勋爵则选择了跟随大部队一起行动。拉格伦的旗舰"卡拉多克"号悬挂着俄国军旗前去侦察，最终选择了塞瓦斯波托尔以北35英里的卡拉米塔湾的耶夫帕托里亚作为登陆地点。9月12日，联军舰队到达耶夫帕托里亚，当地镇长同意投降，但鉴于联军带有瘟疫，要求联军必须进行隔离。至9月14日黎明，联军顺利开始登陆。19日上午9点，联军主力5.5万人正式登陆完成并开始向前线出发，登陆场交给了土耳其军队把守，但霍乱再度使一部分士兵染病。在巴尔干涅克河，联军首次与俄军的骑兵前哨遭遇。英军骑兵要求追击，被拉格伦拒绝了。他发现这是个陷阱——俄罗斯骑兵的远方还有俄军第17师的6000人。双方使用火炮相互远距离攻击，最终英军获得了胜利。俄军向后撤退到奥马的主要阵地，他们希望在那里阻止联军向塞瓦斯波托尔前进。当夜，联军宿营，为进攻奥马做准备。英军由于没有帐篷，只能在寒冷中入睡，而法军则舒服得多。

俄军方面，黑海舰队被英法联合舰队困在塞瓦斯托波尔港内。俄军统帅缅希科夫亲王的打算是利用奥马的有利地形给联军以重大打击，然后趁势发起反攻，将联军赶下海。对此，他乐观地认为"只要一场战斗就能实现目标"。俄军的部队有4个步兵师和1个骑兵师，总共大约3万人参加了战斗，但出乎缅希科夫的意料，他发动的阿尔马河战役被英国主帅拉格伦粉碎了。

联军在奥马的胜利打开了通向塞瓦斯托波尔的道路，拉格伦的工兵指挥官博格涅爵士建议联军修筑一条工事防御来自北方俄军增援部队的进攻。尽管在敌国领土修筑工事是一项非常困难的任务，但一旦工事建成，将成为日后俄军增援的严重障碍，这样联军就可以从塞瓦斯波托尔的南部发起攻城战。此时，已经病重的圣阿诺德元帅表示支持这个方案。尽管联军的计划很稳妥，但丧失了从北方直接进攻，快速占领塞瓦斯托波尔的机会。

1854年9月23日，英军在风和日丽中向南进发，部队被允许沿路抢劫，因此士气高昂，并且此时霍乱的魔咒也已经减轻了很多。英军穿过波贝克河后，已经可以远远地看见塞瓦斯托波尔了。拉格伦决定按计划继续向南前进，然后从南向北进攻塞瓦斯托波尔。塞瓦斯托波尔有一个天然的深入内陆的港湾，可以驻泊大量海军舰只，俄军黑海舰队的母港就在这里。塞瓦斯波托尔的城外是连绵的高地，要塞临海一面有海岸炮台13座，火炮611门，地形易守难攻。

1854年的塞瓦斯托波尔城本身还没有完全要塞化，因为俄军之前还从没有预料过需要在克里米亚打防御战。战争爆发后，俄军要塞守备部队在居民的参与下构筑了一道长7千米，由8座棱堡和大量中间工事组成的防线。面对实力强大的联军舰队，缅希科夫认为黑海舰队出海作战毫无胜算，因此强迫海军上将科尔尼洛夫凿沉舰队堵塞航道。俄军将水面战舰部队里14艘帆力战列舰中的5艘和7艘巡航舰中的2艘横向沉没于港口的入海处，以阻止联军的蒸汽战舰突进塞港内停泊场，其余的帆力船和所有汽船及蒸汽巡航舰则都被调配参加要塞保卫战。大约有1000门舰炮先后被搬至陆地，海军官兵也上岸充实守城部队。缅希科夫带领俄军主力前往城外的东北方，希望与俄罗斯援军会合，并从那里威胁联军侧翼，但拉坎爵士的轻骑兵追击了这支俄军并在被拉格伦勋爵召回之前缴获了一些俄军补给马车。联军从三面包围了塞瓦斯波托尔，联军舰队也在海上游弋。拉格伦主张立即攻城，但直到10月10日前，他都未能说服法军指挥官卡洛波特和工兵指挥官博格涅爵士。博格涅坚持认为，应该先用炮击削弱俄军的防御工事；卡洛波特则认为穿过开阔地直接进攻过于冒险。到了10日，联军才决定正式围攻塞瓦斯托波尔。这些日子里，俄军在塞瓦斯托波尔的工事一天天加强，从奥德萨和其他地方出发的俄国援军也在赶来。1854年10月9日，2.8万名援军进入了塞瓦斯托波尔，守城部队达到3.8万人。到了10月第2周，俄军已经恢复到阿尔马之战前的实力，甚至更强。联军希望炮击能把俄军工事彻底摧毁，经过艰难运输，重炮和攻城器材被运上城外的高地，民房也被拆掉，用来加固重炮阵地。而塞瓦斯托波尔俄军方面的火炮也从172门增加到341门，部分是从军舰上拆下来的海军炮。法军集中了49门炮在罗多非山上，那里正对俄军中央堡垒。联军海军也计划参加炮击，但因为缺乏弹药而被推迟。卡洛波特要求联军海军下锚排成一线近距离炮击，而传统作战中海军为躲避岸炮攻击总是在航行中炮击的。英国海军上将邓达斯最后向法国海军上将哈姆林让步，同意了这个方案。

1854年10月17日，联军海军1100门舰炮的炮击进行了一天，但收效甚微。相反俄军的炮火却重创了联军海军。皇家海军损失了300人，7艘战舰严重损伤，法国舰队也损失不轻。联军陆地炮击则要好上许多，英军炮击将凸角堡打成了废墟，但是当夜俄军很快又修复了损坏的工事。这样的情况持续了7天，俄军损失惨重，2000人在炮击中丧生。17日当天，俄军海军中将弗拉基米尔·阿列克谢耶维奇·科尔尼洛夫阵亡。10月24日，战场情况发生重大变化。缅希科夫率领俄军援军出现在了联军的东北方，他的意图是切断连接巴拉克拉瓦与塞瓦斯托波尔的沃龙佐夫大道，并威胁巴拉克拉瓦。著名的巴拉克拉瓦战役爆发，产生了著名的科林·坎贝尔的浅红色队列和卡迪根伯爵轻骑兵死亡冲锋等故事。

战后第二天，俄军从霍姆山脊向英军第2师发动了一次小规模的进攻，其目的在于打通从因克曼桥到沃龙佐夫大道的通路。俄军上校费德罗夫率领6个营的部队突入了英军一个次要阵地，但很快就被山脊上的英军炮火赶了回去。这场战斗被称为"小因克曼之战"，此役俄军损失了约270人。在战斗中，英军第2师指挥官埃文斯爵士不慎从马上摔了下来，受了重伤，因此第2师的指挥权被移交给了该师第1旅的指挥官彭尼法瑟准将。此后，联军继续炮击塞瓦斯托波尔，但收效不大，联军的破坏越大，俄军的工事反而恢复得越强。此时冬天将至，狂风和大雨交加，联军甚至感到整个塞瓦斯托波尔要塞都会被卷走。一开始拉格伦勋爵非常勉强地走访了军营以稳定军心，但不久之后就不再出现了，下层出现怨言；但拉格伦本人对于部下的困难和痛苦也束手无策，因为他显然无法让伦敦白厅知道部队的实际需要。

小因克曼之战后，俄军在战场外围的彻那亚河谷聚集力量，一周后，缅希科夫的野战部队增加到了12万人，这已经是一支非常可观的力量了。而与

> 巴拉克拉瓦战役油画

此同时的联军方,英军只有2.5万人,法军有4万人,兵力处于绝对劣势。小因克曼之战以后,英军第2师依然固守霍姆山脊,第1师的近卫旅在磨房附近的驿路上;第1师的另一个高地旅留守巴拉克拉瓦,而第3师和第4师的营地展开于磨房西面;轻骑旅的残余支援近卫旅,重骑旅跟随拉格伦的指挥部。因克曼山脊突兀于彻那亚河南岸,由森林覆盖,最高海拔636英尺,平均400英尺。西南方是卡林那吉峡谷,峡谷的另一侧是由卡林顿指挥的轻装师把守的维多利亚山脊。正对英军第2师霍姆山脊阵地的是谢尔山。此时俄军经过分析,认为英军战斗力弱于法军,因此决定将打击重点放在因克曼的英军。俄军的计划是由索莫诺夫将军率领的1.9万人从塞瓦斯托波尔出发,沿因克曼山脊前进,在谢尔山西部建立炮兵阵地;保罗夫将军的1.6万人通过因克曼桥穿过峡谷占领谢尔山的东半部——这是一个分进合击的计划,俄军在战术部署中显得相当"精于此道"——彼得哥尔查科夫亲王率领2.2万人牵制右翼法军的行动。索莫诺夫和保罗夫的部队在谢尔山汇合后,由坦兰堡将军统一指挥进攻霍姆山脊,最终目的地是磨房、驿路与沃龙佐夫大道的交汇处。到那时,哥尔查科夫亲王将再次从东方加入攻势,完成对英军的包围。

俄军对此雄心勃勃，计划一旦实现，英军将陷入灭顶之灾。但因克尔曼战役的实际情况却因为俄军自己配合不力以及法军师长皮埃尔·约瑟夫·弗朗索瓦·博斯凯的机动增援而导致了俄军计划的失败，参战的4万多俄军伤亡1万多人，其中包括6个将军和256名军官。英军士兵死亡597人，1860人负伤；39名军官阵亡，750人受伤；法军士兵死亡130人，750人负伤；军官死亡13人，负伤91人。从阵亡者的表情看，很多英军死于白刃战。按惯例，受伤的人被送到君士坦丁堡附近的斯库台里，但很多伤员死在了路上和医院里。因为这一战的胜利，拉格伦被授予了陆军元帅，而博斯凯被授予了军团荣誉勋章。

对塞瓦斯托波尔的直接攻击又被推迟了，战斗暴露的一个严重问题是野战通讯的不足。缅希科夫亲王收到了一封来自教会的信，谴责法军抢劫了一座俄国教堂——这是战斗后的一个小花絮。因克曼的战斗是俄军最后一次大规模试图解围的战斗。俄军的战斗计划很有雄心，选择大雨之夜开始进攻也是出其不意，同时下雨的天气还限制了联军的步枪优势。战役一开始对俄军十分有利，但总司令缅希科夫没有考虑到地形特点对战斗的影响，并且低估了膛线武器的优越性，步兵以密集战斗队形与联军进行了徒劳的战斗，而非以散兵队行作战，从而造成了俄军的巨大伤亡。可见俄军在技术上的差距是最终导致战斗失利的重要原因——俄军虽然表现得很英勇，但这不足以抵消"米尼"步枪可怕的杀伤力。而联军方面，英军在遭到打击后处境更加不妙，因此法军将在以后的攻城战斗中承担大部分任务，致使英法联军无力执行预定的总攻塞瓦斯波托尔的作战计划，被迫转入了旷日持久而又艰难的冬季围攻。因克曼之战后，鉴于英军伤亡巨大，英国国内反响强烈，政府成立了一个委员会来调查前方情况，并再次评估是否需要攻占塞瓦斯托波尔。委员会成员观点各异，有的主张立即进攻，有些则干脆主张撤出克里米亚。引发争议的关键是俄军已经凿沉了黑海舰队，英国已经达到攻击塞瓦斯托波尔的目的，剩下的就是是否追求令人信服的胜利的问题。委员会最终决定让英军在城外高地固守待援，度过1854年的冬天。对于前线英军来说，这一决定意味着不管能否得到充分的补给，军队都要靠自己的努力熬过冬天。11月4日，一场风暴光临了克里米亚半岛，皇家海军舰队损坏严重，英军在巴拉克拉瓦的港口也无法接纳运输船只进入。陆上前线的英军营地帐篷被撕成了碎片，补给品也被刮得不知去向，部队饥寒交迫。尽管巴拉克拉瓦的补给品并不缺乏，但军需部门无力将这些物资运到前线的高地，因为没有足够的草料喂养运输用的牲口，骑兵的马匹也因为缺乏草料甚至相互吃尾巴。法军的情况要好于英军，因为法军补给港的条件稍好于英军，因此风暴造成的损失较小；而且法军前线离港口距离不远，运输相对较为便利。

巴拉克拉瓦的失利导致了沃龙佐夫大道的丢失——如果沃龙佐夫大道还在联军手里的话，补给问题就不会这么严重了。最糟糕的是，1.1万联军士兵不得不整日忙碌于从巴拉克拉瓦到前线营地之间的补给运输，他们没有工具，只能靠人力背负。有些夜里，整个英军阵地上只有300人参与警戒。直到1855年1月，一条7英里（约今11.26千米）长的铁路建成，巴拉克拉瓦的补给品特别是药品直接送到了前线的高地上，补给危机终于减轻了。英军运输船队的指挥官海军上将鲍瑟也饱受指责——此君坐镇君士坦丁堡，根本不知道前线到底需要什么，结果很多运输船返回君士坦丁堡时货物被拒收，还留在船上。巴拉克拉瓦的码头也是一片混乱：面粉从编织袋里散落出来，弹药箱、木头、火药桶和腐烂的肉制品胡乱堆放在一起。还有一个丑闻被伦敦的新闻界捅了出来：尽管整个冬天士兵们痛苦异常，但军官们却躲在海上的军舰上过着舒适的生活。

因克曼之战后，前线只发生了一些小的战斗。1855年1月10日，俄军对巴拉克拉瓦发动了一次小的进攻。1月17日，俄军再次攻击了由土耳其军把守的耶夫帕托利亚，那里是联军最初登陆的地方，但这些进攻都没有取得成果。1月26日，撒丁王国对俄罗斯宣战，并派兵1.5万人到克里米亚。撒丁首相加富尔认为此举有助于法国在奥属意大利问题上支持撒丁。此时英国国内对阿伯丁政府的批评逐渐加剧，并导致了阿伯丁政府于1月31日垮台。2月5日，强硬派帕麦斯顿勋爵组阁上台，他立即命令联军发动进攻。2月20日，联军在彻那亚河发动攻势，但因遭遇暴风雪而终止。但到了3月，联军的情况得到根本改观，原因包括铁路投入使用、土耳其劳工到达、作为运输工具的西班牙骡子也运到了战场、军中的不法承包商和小贩被赶走等等。随着春天的到来，联军再次变得雄心勃勃，准备再次攻击塞瓦斯托波尔。

塞瓦斯托波尔自开战以来从未被完全包围过，俄军从北方和东方可以自由进出。因此，联军还是计划用大规模炮击来削弱要塞防御体系。到了2月，大批法国援军到达战场，法军增加到9万人；而英军只有1.1万情况良好的军人，另外2.3万人不是有伤就是生病；而土耳其军队则有2万人和30门大炮。鉴于此，法军担当了新一轮攻势的攻击主力。此外联军的编制中还有一些雇佣军，包括9000名德意志军团、3000名瑞士军团和1500名波兰军团，这些都是英国花钱雇来的部队。到了3月，撒丁的1.5万人也到达了战场。尽管联军兵力很可观，但进攻仍然很艰难——因为俄军的防御体系很完备。塞瓦斯托波尔要塞的石墙并不是连续的，马拉科夫要塞是唯一的石构堡垒，但俄军的办法是用削尖的树枝做成栅栏，然后挖掘深沟，再后面是由树枝和泥土构成的步枪发射阵地，阵地后面是又一层树干构成的障碍，地上还有陷阱，里面是削尖的树枝，此外还埋伏着大量的地雷。俄军经常在夜里派出袭击队，杀死联军战壕里毫无戒备的士兵。马米隆在2月22日夜里也被俄军占领，随即构筑了坚固的工事。马米隆位于塞瓦斯托波尔要塞和法军战线之间，于是攻占马米隆成为了联军的首要任务，因为从马米隆出发，英军可以攻击凸角堡，法军可以攻击马拉科夫要塞。

1855年3月6日，得知沙皇尼古拉一世逝世，拉格伦遂敦促卡洛波特立即对马米隆发起进攻，他认为俄军会因为沙皇逝世而士气低落。但卡洛波特拒绝了这项提议，这可能是因为此时拿破仑三世皇帝的心腹尼尔将军来到了克里米亚督战。尼尔来的目的是征求卡洛波特的建议，因为法国皇帝打算直接指挥战斗。皇帝认为除非从各个方向同时进攻，否则就无法拿下塞瓦斯托波尔。卡洛波特同意皇帝的看法，因为他本人也同样不想冒险仓促进攻。

4月9日，联军开始了第2次大规模炮击。参加炮击的联军火力共计520门大炮，发射了16.5万发炮弹。作为回应，俄军的998门大炮发射了9万发炮弹。炮击进行了10天，造成俄军6131人、法军1587人、英军263人的伤亡。俄军放弃了损坏严重的旗杆阵地，但在夜里修复了其他工事。法军仅仅前进了100码，但进一步的行动却被皇帝否决了，英法联军的关系再次受到了许多夭折的作战计划的困扰。

1855年5月2日，英军策划对亚速海的刻赤进行远征。刻赤是俄军的后勤中心，俄罗斯内陆运来的补给物资都堆放在这里。在舰队出发2小时后，拿破仑皇帝的电报来了，他命令舰队返航，任何削弱塞瓦斯波托尔围城部队的做法都不允许。舰队中的法国舰船只好返航，而英军失去法国的支援，力量单薄，也只好尾随法舰返航。几天后，卡洛波特向皇帝建议成立一个联合军事委员会，但并未被皇帝接受。卡洛波特随即向皇帝提出辞职并要求重新当他的师长。5月16日，艾马布勒·让·雅克·贝利西埃成为了新的法军指挥官，卡洛波特改为指挥第4师。但贝利西埃多次拒绝皇帝的命令，有一次他甚至切断了电报联系。5月22日，贝利西埃在中央堡垒和海湾之间发动了一场残酷的夜间攻击。尽管伤亡巨大，但法军成功达到了目的。他同时批准了刻赤远征队继续他们的计划。1855年5月25日，刻赤被联军占领，第2天，联军舰队驶进了亚速海。在刻赤的战斗中，联军总共缴获了100多门大炮，数千吨谷物和面粉被销毁。俄军的运输船、兵工厂、仓库受到巨大的破坏。6月初，贝利西埃再次在收到皇帝禁止行动命令的情况下，计划对马米隆发动一次联合进攻。6月6日，联军的第3次炮击开始，主要炮击目标是马米隆。到了9日，法军占领了马米隆，而英军则成功推进到了凸角堡的面前。俄军曾经组织了一次反突击，但最终失败了。面对皇帝的质问，贝利西埃声称他是在马米隆被拿下后才收到皇帝的电报的。皇帝遂命令贝利西埃发动野战打击外围的俄军，但贝利西埃答复皇帝称这是不可能的，他要求皇帝必须让他采取符合战场实际的行动，否则他将辞职。

而在等待皇帝答复的同时，贝利西埃又在计划新的攻势。6月17日，联军的第4次炮击开始，英军计划攻占凸角堡，而法军的目标是马拉科夫要塞。但是俄军事先知道了这次进攻，甚至知道了贝利西埃和博斯奎特之间的争吵，以及贝利西埃将进攻提前到凌晨3点的详细计划。由于俄军做了准备，法军在进攻开始后伤亡惨重，直至早晨8点30分，贝利西埃不得不下令撤退。英军的情况同样糟糕，部队在穿越1/4英里长的开阔地时，被葡萄弹和滑膛枪子弹严重杀伤。英军伤亡1500人，法军阵亡1500人、负伤1600人。

这次行动失败对拉格伦勋爵的精神是一个沉重打击，他感到筋疲力尽。而偏偏就在此时，霍乱再次光临军营。6月14日，埃斯考特将军宣布拉格伦勋爵患上了严重的痢疾。6月28日，拉格伦勋爵在睡梦中平静地去世了。至此，开战时的英法两军最高指挥官先后因病去世，联军军营大受震动。7月1

经天纬地：不可不知的战场环境

> 克里米亚战争纪念馆

日，辛普森爵士继任英军总司令，但他显然经验不足，面对困难束手无策。与此同时，土耳其在高加索战场的形势开始吃紧，奥马尔帕夏率领下的土耳其军准备撤离克里米亚，去解救高加索重镇卡尔斯。拿破仑三世对此十分不满，但围攻只能继续。8月16日，俄军的哥尔查科夫集中了4个步兵师和2个骑兵旅渡过彻那亚河向联军发动进攻。英军只有一部分骑兵和炮兵参战，但俄军伤亡了8000人，导致了最后一次解围行动的失败。

英军指挥官辛普森对战局感到悲观，这使他受到来自伦敦的责备，英国高层开始讨论他的继任人选。9月8日11点30分，联军开始了第4次猛烈的炮击。40分钟后，联军发起了总攻——这是有史以来第一次各部队通过校对时间而在同一时刻发动的进攻。法军麦克马洪师猛攻马拉科夫要塞，仅仅10分钟，要塞就落入了法国人的手中，随后法军又打退了俄军的反击。但英军对凸角堡的攻击再次失利，英军部队被俄军火力压制在凸角堡脚下的胸墙后面，士兵拒绝继续前进，不久他们就转身撤退了。尽管如此，马拉科夫要塞的失守对俄军来说仍然是致命的，联军炮火可以从这里覆盖整个塞瓦斯托波尔，陷落只是时间的问题。当天夜里，俄军破坏了全部工事，携带炮兵和后勤设施有计划地撤出了塞瓦斯托波尔。联军在围攻了11个月后，终于进入了已经成为废墟的塞瓦斯托波尔。俄军在塞瓦斯托波尔防御战上总体是成功的，它是陆海军保卫濒海要塞协同作战的典范，尽管在军队、火炮数量上及武器质量上处于劣势，俄军夜间的不断出击、大量运用地雷，以及纵深梯次配置的防御体系，都给了联军以很大的杀伤力。塞瓦斯托波尔的陷落主要是由于要塞的保卫者在武器、弹药和粮食方面都面临着极端的困难，他们为俄罗斯军事、经济上的落后状态付出了血的代价。

塞瓦斯托波尔陷落后，克里米亚战场的军事行动逐渐减少。俄军进入塞瓦斯托波尔北面的高地，但贝利西埃拒绝皇帝的命令，没有反击。巴赞将军率领一部分法军在皇帝的催促下攻占了金本，切断了奥德萨的对外运输线。到了11月，拿破仑三世准备见好就收实现和平，而英国却宁愿继续打下去。英军得到大量补充，1856年1月，考灵顿爵士接替辛普森成为新的英军总司令，并准备发动春季攻势。这时法军却为疾病所困扰，而英军后勤充足，兵强马壮。1856年的主旋律是期待和平，外交行动代替了军事计划，2月，克里米亚战场达成停火协议。

有人把克里米亚战争称为世界史中的第一次现代化战争。今天大多数人已经将这场战争遗忘了，但它从军事上和从政治上改变了欧洲列强之间的地位和关系。它与《巴黎和约》是19世纪继1815年的维也纳会议后的第二次重大事件。在克里米亚战争中铁甲船和现代的爆炸性的炮弹第一次被使用。它也是历史上第一次壕沟战和静止战。电报首次在战争中被使用，火车首次被用来运送补给和增援。而围攻塞瓦斯托波尔的两栖登陆战在世界战争史上留下了浓墨重彩的一笔，甚至比克里米亚战争本身还要重要。

感知篇

夜战，不只是看不见
夜战对战场感知的影响

夜战是在夜暗条件下，针对敌人弱点采取突然行动，以较小代价换取较大胜利的作战方法和样式。很多人把夜战的奥秘简单归结于视觉条件的下降，误以为有了夜视装备就可以包打夜战。然而，夜战根本不是想象中那么简单，面临着感知、气候、环境、心理、生理、技术等诸多主客观考验，本文结合战例为您一一道来。

感知能力提出了夜战的直接考验

夜战的时间范畴，一般指黄昏到黎明。按不同的时间，可划分为上夜、下夜和午夜。从军事行动的角度看，夜间环境会对人视觉、听觉、嗅觉等方面产生影响。开展夜战必须对人的听觉、视力、平衡感、判断力等方面进行适应性训练。

视觉能力下降。夜的本质特征是黑暗。随着夜幕的降临，昼间大辐射光源逐渐消失，从而降低了自然景物的亮度，使得能够引起人们视觉反射的自然辐射能量减少，大地照度降低，人的自然能见度很差。根据以往夜战的经验，在晴朗无月的星夜，人的肉眼在开阔地的可视距离，夏星夜为100米~300米范围，冬黑夜仅为几

> 使用夜视仪进行夜战的场景

十米，春秋季的星光之夜较夏冬季更暗，能见度更低，严重制约了战场观测能力。对人的目标形状判定，明月夜单兵活动距离150米左右能看到，阴月夜距离100米左右能看到，星夜距离60米左右能看到，暗夜则40米左右才能看到。

知觉能力失真。人在夜暗条件下观察，物体的可视轮廓、形状、色调和距离会产生变形、失真，使人难以准确判断可视物体的性质、距离，极易产生错觉。比如，黑暗会降低人的色彩感，使人的眼睛只能辨认出深、浅两种颜色，还使人对距离和地物产生错觉，深色的东西通常觉得很近，对浅色的东西觉得较远；对与背景差异小的物体和形状大小近似的物体难以分辨；对点状与线状物体在同一距离不同角度观察，距离不易判断。在这样的环境下，容易发现白色和高大的目标，不容易发现有色的特别是深色的和较低的目标，移动的目标容易发现，而固定的目标则不容易发现，这就限制了常规武器观瞄性能的发挥，作战人员需要更多的时间来操作其装备和辨识、确认或瞄准目标，这就降低了装备与武器的效能。同时，由于暗夜降低了景物的亮度，而人们视觉的自然辐射能量极其有限，在不借助其他光源的情况下，观察受到限制，户外活动时难以准确发现、监视目标，不易辨别和保持正确的行军与作战方向，增大了部队走、打、吃、住、藏、管和与友邻间协同作战的困难。

苏军认为，只有经过良好训练的军人，才能在夜间像白天一样善于行动和有把握地使用武器及技术兵器。

听觉能力提高。由于夜间阴沉、寂静，对流空气相对减少，又排除了大量昼间噪音干扰，声音的传播扩散度提高，传播距离也比白天增大20分贝左右。同样的声音，夜间比昼间传播距离大2倍～5倍。据统计，在地形开阔、天气晴朗的情况下判定夜间声响时，在90米距离能听到挖工事的声音，在250米～300米距离能听到装退子弹的声音，在300米距离能听到问答口令的声音，在500米～600米距离能听到坦克的发动机声。夜战期间，人的耳朵确实要比眼睛更灵敏，但难以辨别声音的方向、性质和距离。一般情况下，对大的声源容易误判为很近，对小的声源则容易误判为很远；对远距离的声音可能判别为很近，对近距离的声音则容易误判方向，这就对战时防止误判误伤提出了更高的要求。在西南边境自卫还击夜间作战中，我军有的部队曾因一头水牛的动静，山上与山下开枪射击达几个小时；有的单位有人说梦话，也引起一片枪声，造成了不必要的伤亡。

感知能力异常。在黑暗条件下，由于可视性不良、观察困难，人的眼睛瞳孔自然放大，人眼瞳孔中透过度大于昼间的50%～60%，不仅容易产生视力疲劳，还导致人的感知觉产生误差和错觉。本来是各种不平坦的地形，如土坑、土包、沟渠，夜间可能被误认为是平地。很多地物在人工照明下看起来与昼间不同。深色的物体变成较小的，黄色的变成白色的，浅绿色的变成黄色的。即便对经过训练的军人来说，地物在夜间乍看时也会变得有些异常，如把一群士兵认为灌木丛，把路桩误认为散兵线，把村庄误认为树林等。这种感觉误差，增大了行军、宿营与阵地警戒等组织与执行任务的难度，直接影响到技术兵器观测和指示目标的准确性，因而不易控制作战人员，容易与友邻间形成误伤。同时，夜间观察、射击、指挥、通信联络环境受限制，判断方位、选择道路和组织协同变得十分困难。以海军为例，在暗夜条件下的着陆（舰）行动中，飞行员注意力分配转移比白天慢，容易形成注意力"单打一"，这样将会造成判断飞行姿态变化时间长，修正偏差不及时，飞行高度、速度、方向、距离不好把握，容易误远为近、判高为低，对着舰位置的判断误差较大，还会出现操纵失误，给飞行员造成巨大的心理压力，很容易发生飞行事故。美国航母规定，昼间天气良好情况下，飞机着舰间隔时间为30秒；夜晚或天气不好时，这个时间将拉长到45秒至1分钟，甚至更长。

特殊环境增加了夜战的复杂条件

夜间环境按季节和天气，可划分为星夜、月夜、黑夜、雨夜、雾夜和雪夜等。不同的季节、气候、时段，往往呈现出不同的夜战环境。月夜无论满月夜或残月夜，上半夜黑暗可见距离近，下半夜暗度降低，能见度稍好。无星无月的黑夜，在不借助其他光源的情况下观察，能见度几乎等于零。雾夜、雨夜可视性最差。雪夜降小雪能见度可达100米左右，降雪愈大则能见度愈低；晴雪夜的可见距离又相对增大。冬夜一旦下雪，深色的物体轮廓在白色的背景下会突出显现出来，足迹也可清楚发现，在这样的夜间要特别注意伪装。

夜间温度、湿度的变化，使得先进的电子、光学武器、器材由于受到云雾、阴霾粒子的吸收、散射和因观察不便，感觉产生误差而导致的控制失误增大等原因，相应降低或严重影响其使用效果。强烈的气温逆增或电离层密度的减弱会限制无线电和雷达电磁波的传播。夜间的陆地风还会引起无线电和雷达波或声波不规则的传播，反馈错误的回波和目标，或在沿海地区形成无法建立无线电通信的区域。强光、烟幕、雷电、雨雪和浓雾等，也会对夜战的组织和装备的发挥造成较大影响。比如，一台作用距离800米的主动红外夜视仪，在风沙之夜只能观察400米；一台微光夜视仪，在星光条件下作用距离600米，而在乌云密布月光淹没的条件下观察，距离只有10米，在雨天条件下其效果降低20%，在中等雾天降低60%。即使是被称为"全天候"观察的热成像仪，在恶劣的天候下，其观察效果也会有所下降。海湾战争初期，多国部队以夜间空袭为主，但由于伊拉克和科威特地区一直多雾，多国部队的飞机难以准确地找到轰炸目标，影响了多国部队的作战行动。科索沃战争中，虽然美军有绝对的制空权，大量使用了各种精确制导武器对南联盟军队进行了打击，但由于南联盟军队巧妙地利用了森林、地形、阴雨、大雾等因素，最终有效地保存了军队实力。

在热带丛林地带的夜暗条件下，昆虫、兽类巢外活动增多，夜幕降临，

> 美军夜战训练场景

> 伊拉克战争中的美军夜战场景

98%以上的昆虫和走兽纷纷出巢活动，增大了人在野外活动时受干扰和伤害的机会。在我国古代夜战中，曾发生过军队夜间误入鸟群栖息的树林，以致惊飞鸟群，暴露部队行踪的问题。有时这种因素处置不当，甚至会容易造成严重的非战斗减员。二战印缅战场上，日军一支千人规模的登陆部队在英军舰艇追击下，逃上兰里岛负隅顽抗，不料夜间竟遭到咸水鳄鱼的集群攻击，大多数人丧生鳄鱼之吻。现代作战中，有夜战经验的部队可根据夜间动植物的变化及特点，利用动植物的夜间特征辨识方位、判断距离，掌握动物在夜间的活动方式和栖息特点，规避夜间动物活动对作战行动的影响。

在沙漠戈壁地带，昼夜温差会导致武器装备的技术成像特征，在夜间非常明显。在伊拉克战争中，伊军为了对抗美军的空袭，使用了许多伪装方法，借助昼间高温和复杂沙漠地形，躲过了美军飞行员的识别和轰炸。但是伊军却不知道，到了夜间，由于坦克、装甲车等与夜间背景、隐蔽物的温度不同，很容易就被美军的热成像仪所发现，伊军却没办法发现美军，更别谈与美军作战了。正因如此，在一次夜战中，美军第1骑兵师歼灭了伊军共和国卫队的一个装甲师，自身却没有损失一辆坦克。

身心调适构建了夜战的无形战场

夜暗条件下，人的生理与心理状态会产生不同于昼间的变化，诱发神经紧张，产生不安全感，导致恐慌和畏惧心理，给夜战行动造成各种影响。战争证明，没有实战经验的部队，上了战场最容易产生两种恐惧：一个是对枪林弹雨的恐惧，再一个就是对夜暗的恐惧。没有夜战能力的部队不要说打不了仗，一进入夜间甚至将不战自乱。

疲劳程度考验。按照人类生理规律，夜晚一般是正常休眠的时间。科学研究表明，连续不断地打乱睡眠时间，会导致人员长期疲劳，损耗体力和精神。如果夜晚户外长时间活动，使人对自然界的适应性发生紊乱，正常的生物钟遭到破坏，往往上半夜精神过于紧张、集中，下半夜则出现精神疲劳和精力分散，导致行为失误和昏昏欲睡等不适，容易导致指挥员决策和部队行动出现偏差。中国古代兵法之所以把黎明前天色忽然间转暗的那一段时间，作为夜袭劫营的最好时机，就是抓住了敌方士兵经过一夜紧张值守，精神和体力已经疲惫到极限的有利时机，迅速出动冲击敌营，杀敌人一个措手不及。1944年10月下旬，日本海军中将栗田健男率领第二舰队杀入菲律宾莱特湾时，在美军主力已经被小泽舰队诱饵调离的情况下，却疑神疑鬼不敢定下决心，以致痛失歼灭美军10万余人登陆部队的大好战机。其中重要原因之一，是他无法连续经受高强度的跨昼夜作战指挥考验。当时，栗田健男三天二夜连续指挥作战，经历了美军潜艇袭击、飞机轰炸、指挥舰变更等重大变故，使其疲劳过度，身体和大脑处于高度紧张的状态。期间，栗田又未进行有效休息，从而导致生理与心理处于麻木不仁的状态，致使其在莱特湾海战指挥决策中出现重大失误。

心理素质考验。在夜间环境下，由于夜间气温降低，气象条件发生变化，人体生理、心理机能下降，心理容易出现恐慌、害怕、焦虑等问题。因此，夜暗会使缺乏训练的人员产生一种特殊的心理状态，使人员精神过分紧张，容易产生恐惧心理。美军研究表明，人的视觉、听觉等通常需要3-5天的适应性训练适应夜间环境，而从心理、生理上完全适应，一般需要3-4周的适应性训练。前苏军研究发现，夜间能见度差，加上缺乏相应的器材，使人员精神过分紧张，容易产生一种恐惧心理。在这种思想的支配下，一到天黑，敌人往往就龟缩在"乌龟壳"里，不敢积极行动。特别是在夜间恶劣战场环境下，由于心理紧张，生理上易出现疲劳，官兵心理负荷将空前增大，容易产生紧张、不安、焦虑、恐惧、失控、畏战等不良情绪，有些人员甚至会出现黑夜恐惧症。比如，在夜间不熟悉的地形下，缺乏经验的军人在战斗中也可能无根据地夸大危险。普通的地物在这些人的眼里可能变成大小和形状不平常的地物，并把它们看成隐藏着危险的人和物体。古今中外的战争实践表明，如果能够在精神上胜过对手，在夜战中就会占有极大的优势，这一点并未随着高新技术武器装备的发展而改变。伊拉克战争中，伊拉克参战军队普遍心理素质较差、心理承受能力不强，不少部队夜战时惊慌失措、一触即溃，这也是伊军快速溃败的重要原因。

> 苏联名将朱可夫

突然性考验。夜暗条件不仅大大减少了部队机动和隐蔽完成战术部署的暴露可能，还有利于隐蔽接近，突然发起攻击，近战歼敌，既给军队突然发起作战行动提供了天然条件，也为秘密实施侦察、偷袭和警戒，小分队实施袭扰破坏提供了有利的隐蔽条件。进攻一方如果善于伪装、施展隐真示假战术，就能隐蔽行动企图，达到战役、战术上的突然性，以达到出奇制胜的目的。中国古代战争中，历代名将往往会合理选择出其不意、攻其不备，利用暗夜为掩护偷营劫寨，可谓屡试不爽。即便到了现代，这种战术突然性依然没有消失。美军研究指出，凌晨 1-3 时，人正处于酣睡之中，是最疲惫的时候，也往往是对方战备、警戒最松弛的时候。此时发起攻击对方难以做出快速反应，便于达成出其不意的效果。凌晨开战，可利用夜幕作掩护，完成 6-9 个小时的最后集结和充分做好战斗准备，并直接拉开昼间战斗序幕，利用优势的夜视技术和突然、强大的火力袭击，实现首战告捷。夜战条件下，当人眼突然面对集中的强光时，人的眼睛会受到很大的损害。1945 年 4 月 16 日的柏林战役中，苏军总司令朱可夫下令打开 143 盏探照灯，全部朝着德军阵地，释放出 4 亿瓦的耀眼灯光。在雪亮的照射下，不但苏军的前进道路明如白昼，而且也让德军前线官兵眼花缭乱，惊慌失措。

  暗夜构成了全新的战场环境，已经成为现代战争的重要样式之一。在第二次世界大战中，苏军实施的夜间作战占苏军作战时间的 40% 以上，比其他任何国家的部队都要多，规模都要大。二战以后的局部战争 70% 在夜间发起，70% 的作战时间在夜暗进行，特别是自 1982 年马岛战争以来，近 30 多年来发生的 17 场局部战争，全部都在夜间发起。可以认为，夜战已成为现代作战达成隐蔽性、突然性和震慑性的重要战法。

技术不足火力补
苏联和俄罗斯军队的夜战和夜训

苏联解体后,俄罗斯不仅继承了原苏军绝大多数的资产和武装力量,其作战思想、军事训练也传承了原苏军的很多做法,其中就包括原苏军夜间作战和训练的历史经验。俄军在"新面貌"改革之后,更加重视夜战夜训,其夜间训练主要具有四个特点。

首先是充分继承苏军夜战夜训传统,夜间训练规范程度高。苏军在长期的战争实践中积累了丰富的夜战夜训经验,二战胜利后,苏军不断加强部队的夜战夜训。苏联解体后,俄军充分吸收了苏军的经验和做法,在条令条例中对夜战夜训进行了非常具体、详细的规范,这些规范涉及俄军训练的单兵、分队、战术和战役各个层次。这些规范主要体现在以下几个方面:

一是规范夜间训练动作。俄军认为,夜间训练主要依靠规范夜间训练动作来实现。为此,俄军对夜间训练内容和程序等进行了细化和具体化。根诺季·巴卡诺夫上校2006年在俄《军队文集》杂志撰写的《排防御战术队列作业》一文中,详细描述了防敌夜袭的具体规范。即在组织部属演练防敌夜袭的动作和方法时,训练领导者要考虑到班里夜视器材配备不足的情况。为此,他提出要采取苏联卫国战争时期步兵分队夜间训练的做法。

> 苏军二战夜战图

当时这个问题是这样解决的：在能见度受限的条件下，利用胸墙的沟槽、限制木栓和叉桩使武器便于射击。此时，要让受训人员牢记：在这种条件下，要按一定的方向、朝独立的地物实施射击，且武器射向要预先瞄准并固定好。然后，班长要将自动步枪调试到便于在100米～200米距离上实施射击的状态，其要求是瞄准线不高于地面0.5米，并令士兵们检查武器的准备和瞄准情况。在为每名下属指定了射击方向和一定的地物后，再要求受训人员调校武器，使之便于在能见度受限的条件下实施射击。

二是规范夜间训练时间。俄军认为，严格按作战进程组织夜间训练，是提高夜战能力的重要条件。鲁斯兰·乔尔内大尉2007年在俄《军队文集》杂志撰写的《排夜间防御战术队列作业》一文中，明确规定了排夜间防御战术队列作业的夜训时间：训练布置和训前检查10分钟，夜间占领支撑点并完成排的部署时间55分钟，实施观察和报告敌情、演练夜间歼敌动作时间85分钟，作业讲评10分钟。

三是规范夜间训练保障。俄军认为，严密的训练保障是夜间训练顺利实施并符合实战要求的客观条件。俄陆军总司令部战斗训练局米哈伊尔·帕诺夫上校2006年在俄《军队文集》杂志撰写的《排战斗射击的准备》一文中明确指出：如果战斗射击在夜间进行，训练领导者要依据任务、地线和时间，进一步确定地形、敌方目标的照明程序。为确保做好训练准备，按照有关规定，现地勘察应在白天进行，随后在夜间进一步明确必要的问题。除了要准备训练的日程计划，还应拟定模拟计划、照明保障计划、无线电干扰施放计划和警备勤务计划，明确显示靶标时模拟射击的程序、夜间照明目标的方法及持续时间等内容。确定训练弹药时，则根据射击教程的要求，在不超过弹药消耗限额的前提下，夜间射击等科目可以适度增加弹药数量，但不能超过0.5倍。维塔利·西多连科上校2007年在俄《军队文集》杂志撰写的《营实弹战术演习的实施》一文中，对夜间训练实施、安全等问题详细地进行了说明。指出：战术演习战斗射击阶段，如果在夜间实施，要密切关注进攻分队如何保持行动方向、对现地方位的判定、照明器材和夜视器材的使用以及保持不间断的协同和指挥。如果部队在夜间能见度有限的条件下行动时，必须指定在夜间能清楚看到的方位物，在天黑前标示出模拟地段，并组织对这些地段的部队战斗队形以及地雷爆炸性障碍区内的通道警戒。如果能见度不良和迷失了方向，要停止运动并退出武器中的弹药。每个连（排）应在技术装备上贴上暗夜中能清楚看到的不同颜色的标识，战斗车辆应亮起外廓灯。同时，还应设置炮兵发光方位物、瞄准线，为进攻分队照明地形，并按《陆军战斗行动照明保障细则》的要求进行。如果出现违反安全措施的行为，演习总导演要下令发出"停止射击"的信号，并命令在指挥所升起白旗（夜间亮起白灯），换掉红旗（红灯）。

其次是充分认识夜战夜训的重要性，夜间训练比重高。自二战结束后，苏军就一直非常重视夜间训练。据统计，自1969年~1979年，苏军所进行的两百多次师以上规模的军事演习，都是从夜间或其他能见度不良的时分开始的，并昼夜不停顿地进行连续突击。正如美军在其野战条令中所说："敌军（指苏军）广泛地进行了能见度不良条件下作战的训练""所有作战单位都可进行夜间战斗，准备在夜间或能见度不良时节连续作战"。苏军曾发表社论，号召各级指挥员、司令部、政治机关和党、团组织均应对夜间训练予以经常关注。在此基础上，俄军进一步认识到，现代战争使夜战的地位作用发生了"根本性改变"，"夜战已由过去的辅助作战样式上升为主要作战样式";拥有夜战能力的一方,可以通过昼夜"无缝链接",实施"全天时"作战,利用单向透明的优势达成作战目的;"夜战不再仅仅是一次战斗和战术手段""随着现代军队夜战能力和机动能力不断增强,整个战役甚至战争的重要阶段均可以夜战实施"。因此,俄军夜间训练比重明显提高,提出"夜间完成昼间指标"的训练要求,规定所有战术科目都要组织实施夜训。同时,规定陆军部队夜训时间不得少于总训练时间的40%,平均每周要安排2天夜间训练;将夜间训练与野外训练一起,作为俄军训练与考核的核心内容;夜战训练占野外训练的30%;海军部队夜训时间为总训练时间的30%左右;在战术合练阶段中,夜间训练比重占30%~40%;在年度系列演习中,夜战夜训科目占1/3以上,且演习开始和一些重点课题大多数放在夜间进行。俄军还将夜间训练与心理训练有机结合,规定要根据不同受训者的训练水平和心理承受能力,经常进行考验心理能力的近战、夜战训练,使受训人员在掌握军事技能的同时,养成现代战争所必需的精神心理素质。

再次是充分提高夜间训练的实战性,强调大兵团非常态夜训。俄军所说的夜战,不仅限于小部队为达到有限目的而采取的行动,通常也包括师

> 苏军坦克上装备了夜战设备

经天纬地：不可不知的战场环境

> 具备夜战能力的苏-24战斗轰炸机

和师以上规模的行动。这也是继承苏军的传统。二战期间，苏军在战争初期，主要是在战术分队层级进行小规模、袭击性的夜战；在战争中期，主要是在战术兵团层级进行中小规模、攻坚性的夜战；在战争后期，主要是在战役军团层级进行较大规模、决战性的夜战。1945年4月16日至5月18日，苏军组织实施柏林战役，改变以往清晨实施炮火准备、白昼步兵和坦克攻击的做法，而是将进攻战役时间选择在夜间，同时开启防空部队140部探照灯，让探照灯强大光束直射敌防御阵地，使德军一线官兵睁不开眼睛，许多德军士兵被这种神秘武器所震慑，有效地掩护了前苏军地面战役军团发起进攻。这既发扬了夜战优点又创新了夜战战法，达到了扬长制敌、克敌制胜的目的。二战后，苏军仍不断采用夜战手段。受苏军的影响，俄联邦建立后，在国内经济十分困难的情况下，俄军仍然不时举行研究和试验性的战役实兵演习。进入21世纪，俄军更强调以应对北约及中亚地区恐怖威胁为主要课题的大兵团非常态夜训，经常通过战备检查和演习来提高夜战能力。俄军规定，每年至少举行1次战略方向跨军兵种联合演练，每个训练期至少

> 正在降落的苏-24

举行 2 次～3 次战役级跨军兵种联合演练。2013 年，俄军组织了四次大规模突击战备检查。第一次是 2 月 17 日至 21 日，重点检查中部军区战略投送能力和实际训练水平，7000 人参加战备演练，动用各型装备 100 余件、飞机 70 架；第二次是 3 月 28 日至 31 日，普京总统以书面形式亲自下达突击检查命令，重点检查南部军区黑海舰队和空降兵等快速反应部队处置黑海突发事件的能力，7000 人参加战备演练，动用军舰 36 艘、飞机 20 架、装甲车 250 辆、火炮 50 门；第三次是 5 月 27 日至 29 日西部军区防空反导演习，重点检查西部战略方向抗击敌密集导弹、防空兵突击的能力，8700 人参加战备演练，动用飞机 185 架、装甲车 240 辆；第四次是 7 月 13 日至 20 日东部军区战略性大演习，重点检查远东战略方向军队集团的战备程度、训练水平和遂行任务的能力，16 万人参加战备演练，动用飞机和直升机 130 架、舰艇 70 艘、坦克装甲车 1000 余辆。上述战备演练夜间与昼间连续实施，既检验了部队战备训练水平，又提高了部队夜战夜训能力。

最后是充分重视夜视技术，力图弥补差距。夜战是一种技术含量很高的战法，俄军对夜战的技术装备非常重视。20世纪50年代起，苏军就开始大量装备主动式红外夜视仪，20世纪60年代开始普遍装备微光夜视仪，并在不断改进主动式红外夜视仪的同时，研制出具有相当高水平的微光夜视仪。目前，俄军主要使用的夜视装备为5倍放大的夜视瞄准镜，采用超2代//3代像增强器，观测距离可达500米～600米，具备了高性能光学特性，高亮度军用十字分划板，镜片透光率极高，微光系数高，良视距符合实战使用，广角设计，视野更宽阔，极佳的防反冲抗震力，已通过实战检验。内置俯仰和风偏调节机构，柔软的橡胶护眼罩，使操作变得舒服，可以在完全黑暗的条件下完成狙击任务。同时，作为俄军"未来战士"套装"勇士"的重要组成部分，新一代单兵热成像瞄准镜"沙欣"已经通过测试并定型，于2014年初开始装备部队。沙欣的工作温度在零下60℃到零上70℃，这将使俄军单兵夜战能力大大提高。然而，由于先进制造业领域的凋敝，俄罗斯在先进夜视装备方面还是与西方国家存在较大差距。

在叙利亚战争中，俄军的夜战能力，特别是夜战装备经受了严峻的考验。俄军介入叙利亚战争的手段主要是航空兵空袭。在空袭初期，外界就注意到参加空袭的苏-24M歼击轰炸机的装备仍旧是KAIRA-24电视/激光系统，这种系统从上世纪80年代就开始装备部队，它采用了电视系统来探测地面目标，具备地面目标自动跟踪能力，可以探测坦克这样的小型目标，同时利用激光系统对地面目标进行测距，进行火控解算，并且为照射提供精确制导，在晴朗白天情况下，它对于地面目标探测距离可以达到12千米。但总体来说，该系统距离美国空军等西方国家大量装备的光电瞄准吊舱仍有较大的差距，海湾战争中美国空军首次投入蓝盾系统的AN/AAQ-14光电吊舱，它配备有前视红外探测系统，对于地面坦克大小的目标可以提供15千米的探测距离，具备昼夜全天候情况下探测、跟踪和识别目标的能力，而美国空军现役的狙击手等光电吊舱更加先进，它的探测能力更远，可以达到40千米～50千米左右，配备有捷联式惯导系统，具备辅助导航、自主定位的能力，可以迅速完成瞄准线的动态校准，整体作战能力比AAQ-14有明显的提高。

此外，俄军的米-24P武装直升机也同样饱受夜战能力不足的困扰。从相关图片来看，俄罗斯空军部署在叙利亚的米-24武装直升机是早期的米-24P

型，这种武装直升机没有配备光电吊舱这种夜视器材，因此夜战能力相应较低；但与此同时美国及西方国家的武装直升机则普遍配备有光电转塔，它配备有前视红外探测系统、CCD摄像机和激光测距/瞄准系统，具备较强的夜战能力。造成这种现象的一个主要原因可能是前苏联/俄罗斯在红外领域的技术水平方面与西方国家存在较大的差距。上世纪80年代西方国家的三代主战坦克如M1、豹II都配备了热成像仪，AH-64这样的攻击直升机也配备了前视红外探测系统，而前苏联最先进的T-80U主战坦克配备的仍旧是微光夜视仪，卡-50武装直升机则装备电视/激光瞄准-制导系统，其战术技术指标显然要低于西方国家。一直到苏联解体前夕，前苏联军队才具备量产热成像仪的能力，不过技术水平仍旧偏低。冷战结束之后，俄罗斯与西方的关系有所改善，于是引进部分西方先进技术成为可能，如俄罗斯引进了法国凯瑟琳热成像仪和瑞典的相关系统，这样俄罗斯在热成像领域也终于有所进步，主战坦克、武装直升机开始配备热成像仪。但是由于苏联解体之后，俄罗斯经济不振，加上一些核心器件的进口使相关系统价格偏高（如米-8MTO的夜晚传感器就来自萨基姆），所以这些设备的普及率应该不高，因此我们才会看到俄罗斯出口的米-35M武装直升机上面配备有光电吊舱，而现役的米-24P还没有配备。在光电吊舱的相关技术方面，俄罗斯在新世纪曾经展出过SAPSON-E光电瞄准吊舱，它的长度在4米左右，直径0.4米，重量为250千克，配备前视红外探测系统、CCD摄像机、激光测距/瞄准系统。对于地面目标的探测距离达到15千米，西方防务观察家们认为它的技术水平相当于海湾战争之中美国空军运用的AN/AAQ-14，与最新的狙击手有较大的差距。

  作为一支强悍的武装力量，俄罗斯军队在国防投入有限的困境中扬长避短，根据自身特点发展出其独特的夜战战法以及一整套训练体制并经受了战火的考验，其思路与做法非常值得借鉴与学习。

19 让夜晚和白天一样
美军的夜战和夜训

美军夜间训练，同其夜战能力的发展轨迹一样，经历了一个从弱到强、从粗到精的过程，特别是20世纪50–70年代期间，美军在夜战屡败、夜训低谷的情况下，通过发展高技术夜战装备，不断强化夜间训练，以夜训促进夜战，以夜战检验夜训，确保夜战夜训能力不断提升。

美军在20世纪七八十年代进行军事革命，将夜战弱点作为训练改革的重点领域，逐步将这个"劣短"转化为"优长"，并用改革后的夜战夜训先进理念，灵活指导作战与训练实践，为20世纪90年代后的几场局部战争胜利创造了条件。随后，美军提出了"拥有黑夜"的主张，强调通过夜训主导夜战战场，提高和保持部队夜间作战效能。

美军除了重视夜视装备技术的发展外，更重要的是非常注重从作战指导上追求利用夜战最大限度扩大自身优势，从作战准备上极端重视官兵夜战能力的训练和培养。比如，美军对各个兵种专业、各类战斗人员、各种作战行动，都设置有专门的夜训纲目和指导手册。同时，条令中还把夜训作为培养官兵良好精神素质和精湛技术素质的真正课堂，要求所有军人必须学会夜间行动。美军参联会颁布的训练条令中规定，所有战术训练

> 美军加装夜视仪的早期枪械

科目，要有 1/3 的时间用于夜间训练，境外遂行作战任务部队的夜训时间高达 40%～60%。为了落实夜训任务，美军专门为单兵训练和集体训练制定了夜训计划，对夜训原则、课题和组织实施等作出详细规定，并在作战条令中明确强调：首战从夜间发起，决定性作战行动在夜间实施。

美军强调"夜间战斗将使用昼间战术进行"，夜间训练标准的严格程度绝不亚于昼间训练。美军认为，夜战比较复杂，控制部队、指挥射击、观测目标都较昼间困难。特别是大批士兵不习惯夜间行动，害怕夜战。美军士兵参军前"大部分住在城镇，不敢在夜暗处行走，往往遇到一个阴影便感到吃惊"。因此，要想使部队无论有没有夜视器材都能实施运动、冲击、巡逻和防御等夜间作战行动，只有通过严格的夜间训练才能做到。为此，美军按实战化要求对夜训标准进行了严格的规定。比如，美军规定夜训时间必须占年度训练总时间的 1/3 以上，陆军营级部队的夜训时间占野外训练时间 40%～60%，每年都要完成 7 天～10 天的连续夜训，并把夜训成绩作为单兵基础训练合格的前提标准，把"暗夜勇士"标准作为指挥官的最低标准。对单兵来讲，主要强调三个方面：1. 强调打得要很准。规定夜间射击 50 米～250 米之间的随机隐显目标，20 发子弹必须命中 15 发以上；使用手榴弹对 20 米、30 米、40 米距离的 3 个目标投准，必须投中 2 个以上。2. 强调反应要很快。夜间首次呼叫火力必须在识别目标后 3 分钟内完成，调整曲射火力必须在每次开火后 30 秒内完成。3. 强调藏得要很静。无论白天还是夜间，卸下背包或跃进后退，20 米距离上不能听到声音；行走 50 米、使用雨衣、喝水、脱衣、换衣、穿戴装具等，40 米距离上不能听到声音，等等。这些标准即使在昼间，不经过长时间反复训练也是很难达到的。从美国空军来讲，高度重视培养训练飞行员的夜战能力与水平，夜战训练时间在战术训练时间中占有越来越高的比重。比如 F-117A 隐形战斗机，其夜航训飞架次占总架次的 65%，A-10 高达 80%。在 1991 年举行的"红旗"演练中，F-117A 和 B-52 飞机的夜战训飞时间占总飞行时间的 2/3。1992 年以后，美国空军已不把夜战作为特殊条件下的战役战斗而将其列为基本的作战方式。在夜间能力适应方面，提出了"适应期"的概念。一般来说，3 天~5 天可以充分地适应，3 周~4 周就可以完全适应，使夜间行为能力达到白昼的标准。

美军非常重视理论研究对夜战夜训的牵引作用，长期注重对夜战夜训规律方法、夜战战史、夜视技术原理的研究，从而从宏观层面上解决夜间训练整体推进、全面发展的问题。除了以学术专著、研究报告的形式来分析夜战夜训规律，美军还将夜战夜训规律进行细化、标准化和数据化。美军面向普通民众开展军事教育的机构，曾依据美军 FM 7-8，FM 7-70，JP3-09.3 等相关条令的内容，开设了介绍夜战夜训基本规律的课程。比如，在其开设《人如何被黑暗影响——为夜间作战进行训练》（How are Humans Affected by the Dark——How do we Trainfor Nighl Operations`）一课中，以经验数据、分析数据为准，从视觉、听力、嗅觉、技能、缺少睡眠、疲劳、心理压力等方面进行了详细的分析。

在视觉方面，课程将视觉分为白昼视觉、中间视觉和暗视觉三类，分别对应白天、黄昏和黑夜 3 种环境，将夜间视觉问题细分为远视和花眼、近视、夜盲、散光几类，详细分析了导致夜间视力下降的外在原因：1. 在饮食因素上，48 小时内饮酒，抽烟，咀嚼烟叶，吸食麻醉品、兴奋剂；2. 在人体因素上，年龄、疲劳、沮丧、压力、近视眼、糖尿病、生理性脱水、缺氧、寒冷、暴露在强光下，等等。根据这些原因，提出提高夜间视力的措施：除了生理性适应、良好的睡眠外，还可食用包含维他命 A 的牛奶、蛋糕、鸡蛋、黑色蔬菜，食用西兰花、胡萝卜、菠菜等。课中还分析了在无夜视技术辅助下的夜战技能，比如全面检查、减少错判，要偏离中心观察，通过沿着外围移动发现夜间物体的轮廓。课程中提出，在夜间观察时，会出现每个人之间的多重复合、单个人多次重合的现象，可通过目标捕获的方法来提高适应能力。在没有夜视器材的情况下，首先用30分钟来捕获目标，然后使用2秒闪光或灯光来刺激，最后再用45分钟进行重新捕获，如此反复直到使视力适应暗夜环境。最后，还列举了暗夜条件下各种光的可见距离：汽车前大灯和营火8千米，来福枪击发光和闪光2千米，火柴头闪光500米，烟头光800米。

在听觉方面，同样列举了暗夜条件下各种声音的距离：来福枪击发声3千米，水面上划桨声2千米，公路上汽车行进声1千米，公路上分队行军声600米，移动弹药箱声500米，交谈声300米。同时，嗅觉的灵敏度在夜间会有所提高。

在缺少睡眠方面：先分析了缺乏睡眠的生理反应，比如智力下降、记忆力减退，压力增大等。明确得出：20个小时不睡觉等同于0.08的血液酒精含量，22个小时不睡觉等同于0.10的血液酒精含量，本来已经非常疲惫，但就如同饮酒一样，反而对自己的能力越自信。接着又分析了人员缺乏睡眠的行为变化。一般来说，在缺少睡眠18小时后行为能力开始出现变化，平均每24小时下降25%，且脑力活动能力比体力活动能力下降得更快，新技能比熟练掌握的技能更快下降。当然，行为能力还受到知识、主动性、技能、个体健康程度和适应能力的影响。最后分析了睡眠剥夺的最主要影响——疲劳，包括知觉、行动缓慢、行为无规则、行为混乱等，并会造成敌意、易怒、沮丧、害怕和恐慌。最后，课程又重点分析了飞行疲劳问题。指出：良好的生理适应训练和饮食可以减小反应，夜视技术也可以减少疲劳问题。指挥员绝对不能对这个问题置之不理，在制定分队睡眠计划时，要特别注意，"不被打断的"睡眠质量比睡眠时间更重要。

美军一直非常注重记录战争、分析战争、检讨战争，在夜战夜训上也同样如此。美军不仅注重检讨自身夜战经验教训，也非常关注其他国家军队夜战的经验，通过全方位的研究，形成了一系列的研究成果，从而不断推动美军夜战夜训的发展。二战结束后不久，驻华盛顿的美国陆军军事历史中心主任史密斯少将组织人员编写了二战战史系列丛书，并于1953年出版，其中就包含了一本由鲍伯·卡路斯编写的《夜间战斗》（Night Combat）。该书通过德军与苏军的夜间作战 12 个战例，分析了夜间作战的基本问题。全书共有 4 章、7 个附录。在"夜间战斗原则"一章，作者分析了在夜间战斗时的生理和心理因素，方位、侦察、保密、行军、集合、攻击、追击、防御、撤退行动的原则；在"苏军夜间战斗方法"一章，从苏军的特点及训练、夜间行军、侦察、渗透、主动性作战、防御性作战、撤退、游击作战 8 个方面具体进行了分析；在"德军夜间战斗方法"一章，从夜间行军、侦察、渗透、主动性作战、防御性作战、训练 6 个方面进行了分析；在"训练"一章，从总论、单兵训练、武器训练、分队训练 4 部分进行了具体说明；在 7 个附录中，分别提供了"坦克连 8 周夜间训练进度表""装甲步兵部队 12 周夜间训练进度表""反坦克分队 8 周夜间训练进度表""近距离夜间战斗 10 周夜间训练进度表" "坦克或自行反坦克炮营所属建制工程分队 8 周夜间训练进度表" "装甲步兵团所属建制工程保障力量 8 周夜间训练进度表""装甲侦察营工程排 8 周夜间训练进度表"等具体的训练计划供参考。该书的影响极为深远，美军先后于 1982 年、1986 年、2011 年进行了修订。

  1955 年，美国陆军远东司令部和第 8 军事历史部日本研究部门联合出版了研究日军夜间战斗的专著《日军夜间战斗》丛书，丛书共 3 册。第 1 册专门分析日军夜间战斗的原则，共有 5 章，分别是日军夜间战斗的起源、1904 到 1938 年日军夜间战斗概念的发展、日军夜间战斗的基本原则、在夜间战斗中训练、二战期间日军夜间作战的经验。在第四章"在夜间战斗中训练"中，又细分为 12 节，从总论、听力及预防噪音训练、估计距离和利用物体及地形特点训练、辨识方位和掌握方向、行军训练、攻击训练、夜间射击训练、夜间训练格言、分队训练、特种训练、攻击碉堡、团队战术等方面对日军夜间训练问题进行分析。第 2 册摘录了日军训练手册，共有 5 个部分，分别摘录自日本陆军部《典范令》（1938 年 9 月版）第二部分、步兵手册（1940 年 2 月版）、奇袭战斗手册、夜间攻击手册（1944 年 9 月版）、《典范令》第五部分，都是与夜间战斗有关的内容。第 3 册又专门研究了从日俄战争到二战期间日军 12 个夜战战例。从这套丛书中，可以详细地了解日军在二战前夜间作战的情况。1973 年，美国空军历史办公室出版了空军少校维克多·安梭尼所著的《空军 1961 年到 1970 年在东南亚地区夜间作战的战术和技术》。作者结合自身工作经历，调查了数十位曾经在美越战争执行过夜间轰炸胡志明小道的飞行员。书中介绍了在美越战争上参战的各型飞机执行夜间飞行、侦察、轰炸等任务的情况，通过美越战争上空军飞行员的经验教训，为美国空军夜战夜训提供了很好的借鉴。1982年11月，美国陆军指挥与参谋学院战斗研究所出版了由陆军少校克劳德·萨索编著的《苏军夜间作战：在二战中的发展和成长》。书中通过苏军与德军交战中的19个夜战战例，详细分析了苏军在二战中夜战能力的发展变化情况。作者通过这一系列战例的分析得出，苏军夜间作战的成功主要取决于三个因素：一是良好的训练特别是统一的标准，从而能更少地犯错；二是准确的指挥和控制；三是部队极高的战斗精神。

> 装备夜视仪的M16A1自动步枪

1985年，美国陆军指挥与参谋学院战斗研究所又出版了由陆军少校安德·莫雷斯编著的《夜间战斗行动》一书。书中运用美军二战期间与德军在欧洲和北非战场、与日军在东南亚战场，朝鲜战争初期与朝鲜军队，英军一战期间与德军的5个夜间战例，将夜间战斗行动分为进攻、防御和突袭3类，阐述了对夜间战斗的关键影响因素——领导力、训练、计划和突然性。1997年，空军历史博物馆出版了由史蒂文·迈克法兰德编著的《征服黑夜：二战中的美国陆军航空兵》。全书共分为11章，包括飞行员请求夜间飞行、通过研究征服暗夜、欧洲战场上的夜间飞行员、夜间的雷达使用、发展真正的夜间飞行员、为战争而训练、向前去战斗、诺曼底登陆日及之前的夜间飞行、抵抗旭日、在中缅印战场上的任务、夜间和全天候飞行的遗产等内容，从技术、战术、训练等方面逐一介绍了美国陆军航空兵在北非战场、欧洲战场和亚洲战场上夜间战斗飞行的发展。

美军非常重视装备对夜战夜训的支撑作用，希望通过装备先进的夜视装备使部队可以进行全天候的作战，同时大大减少人员伤亡。在此基础上，美军从传统意义上主要是针对人员适应夜间环境的训练逐步转化到人、装备和夜间环境的结合上来。美军强调夜战综合能力，夜训内容涵盖了夜间作战所需的所有技术战术能力。就单兵基础训练而言，包括了看、听、嗅、触、动、藏、打、通、吃、穿、住、用等各个方面，既突出兵力、火力打击行动训练，又注重工事构筑、伪装防护、警戒防卫等战斗勤务训练；既有对战斗技能的量化，也有对野战生活细节的规范。比如，美军要求士兵要掌握夜间运用视觉、听觉、嗅觉和触觉四种感官功能。除夜间观察训练外，还要训练运用听觉辨别各种自然声音与人为声音并估计目标距离，运用触觉操纵武器装备和按救护程序急救伤员，运用嗅觉发现敌人和消除自身各种气味。特别值得肯定的是，美军虽然重视夜视装备的操作训练，但更强调不使用夜视装备的基本技能训练，强化对地图、指南针等传统工具的使用训练，这些有效提高了美军士兵夜间复杂战场环境下的适应能力和实战能力。同时，美军还将夜训细分为个人训练、集体训练和部队训练。个人训练，由指挥官训练和单兵训练组成，分别提高夜训领导、夜战指挥能力和单兵夜战技能。集体训练，由班、排、连分队训练组成，包括针对分队指挥官和单兵的任务训练、士兵按遂行任务的战斗编组训练、士兵遂行不同任务的技能训练，主要目的是培养团队夜战意识和夜战技能。部队训练，主要采取两种方式：1.专项循环训练，即利用3周～4周时间、每周3天～5天，专门进行夜训，使部队在生理、心理上适应夜战行动；2.持续循环训练，即在昼间与夜间进行循环训练，提高部队夜战效能，使部队能在夜间如同昼间一样遂行作战任务。通过由低到高、由易到难的夜训，循序渐进提高单兵、分队和部队的夜战能力。

  近几十年来，美军夜视技术和夜视装备的发展，为夜战夜训提供了更多的手段支撑。目前，美国陆军各作战部队装备有30万件各种型号的夜视器材，比如夜视瞄准镜、热成像仪、遥感器、微光和红外夜视仪。绝大部分夜视器材性能优良、使用方便，具有穿透云、烟、雾和识别伪装的能力，作用距离一般在300米～4000米，有的甚全达到1万米以上。美国空军飞机普遍装备有各种类型的夜视器材，其中主要有"铺路钉"夜间侦察攻击系统。该系统作用距离可达1万米以上，可在夜间和恶劣气象条件下为飞机提供自动导航、目标捕获、武器发射和目标毁伤程度评估等。美国空军的F-15，F-16等战斗机可装上夜间低空导航与瞄准的红外系统，使飞机能在夜间离地面 30 米～60 米的极低空飞行，可在距目标 10 千米处同时发射 6 枚空地导弹各自命中目标。

另外，美军各型导弹系统也大都配有先进的夜视器材，可以使导弹在夜间和恶劣气象条件下发现、跟踪并最终摧毁目标。比如美军"陶-2"反坦克导弹系统和"斯拉姆"导弹系统，前者配备有 AN/TAS-4A 红外热瞄具，可使射手在夜间对目标进行定位、跟踪和发射导弹；后者装有红外摄像机，可使导弹在末制导阶段"死死"盯住目标，直至将其击毁。

在法规的约束下，美军将军事革命中夜战夜训改革的成果用于实战。海湾战争中，美军中央总部司令施瓦茨·科普夫明确要求，在临战训练的 5 个多月时间里，各军种参战官兵必须学会在异国他乡的沙漠地区夜间作战行动。有了良好的夜训基础，美军才能够在战争中利用夜间进行战略空袭与战区战场空袭，为地面进攻战役创造条件。发起"沙漠军刀"地面进攻行动时，也将进攻时机选择在夜间实施，以第 18 空降军、第 7 军实施"左钩拳"

> 使用夜视镜的美军飞行员

经天纬地：不可不知的战场环境

> 沙漠军刀地面行动中的美军坦克，此次行动从夜间发起

双层立体迂回主攻，与正面助攻、海上佯攻相结合，夜以继日、空地一体、连续实施，仅用100小时就重创伊军41个师，歼灭伊军入侵科威特战区共和国卫队，俘获伊军8万余人。参与策划海湾战争空战的美国空军少将布斯特·C·格劳斯姆曾这样感叹："永远不要忘记海湾战争的开始、作战和获胜都是在夜间。"海湾战争后，美军又紧密结合海湾战争实践，专门组织编写了《多军种夜间和不良条件下作战条令》，目的是审查和确定美军部队在夜间和不良条件下作战中的强点和不足，并促进实施夜间和不良条件下作战的战术、技术和程序的发展与联合运用。可以说，这是世界上首部重点规范夜间多军种联合作战的基本法规，从中也反映出美军对夜战地位的重视程度。

地域篇

20 德浪河谷之战
热带山地"绞肉机"

热带丛林是一种比较特殊的林地，主要分布于南北回归线之间，军事上所称的热带丛林包括3大森林类型：1.热带雨林，年降水量一般在2000毫米以上，无明显的旱季。树种组成极为丰富，如马来半岛的热带雨林中植物达9000种以上。2.热带季雨林，年降水量在1000毫米~2000毫米，有明显的旱季，旱季有部分落叶乔木，种类较雨林贫乏。在亚洲的季雨林中还广泛分布丛生竹林。3.热带干旱林，年降水量在1000毫米以下，树木分布稀疏。另外，热带海滨有红树林分布，沿海及岛屿多棕榈林。在军事上将热带丛林分布的地区称为热带丛林地，在军事训练和作战中将其视为一种特殊类型。热带丛林地区四季不明显，通常分为干季和雨季。干季云雨较少，但雾多；雨季阴雨潮湿，对部队作战行动影响较大。阴湿多雨对部队机动、观察和射击影响很大，但它便于隐蔽接敌，此外，还要注意防暑、防潮、防毒虫和防治热带疾病等，以保障部队顺利遂行作战任务。热带丛林地对军事行动有着广泛的影响，在战史上因不熟悉丛林地特点而导致失败的例子比比皆是。第二次世界大战中的亚洲太平洋地区的部分战场及战后的美国侵略越南的

> 丛林战是现代特殊作战样式之一

战争都是在热带丛林地区中进行的。① 在美越战争中的德浪河谷之战可谓是其中一场影响较大的战役。

此时的美军已经不再是二战和朝鲜战争时期的美军了，20 世纪 50 年代末期，美军提出了利用直升机进行大规模机动，同时利用直升机进行大量火力支援的战术，而最早直升机部队和陆军部队联合组建的那支军团——第 1 空中骑兵师，正好被派到了越南。

说起这支部队，得从美军的战术讲起。20 世纪 50 年代末，美军提出了强调"空中机动能力"的地面部队空中机动战术理论，即使用直升机完成营级部队的部署、保障、撤离，并在战斗中得到攻击机、炮兵、直升机外挂武器系统的火力支援，同时还包括了空中协同指挥、战术侦察等内容。"空中机动能力"这个概念改变了传统的战场观念，在这个新舞台上，原本在地面面对面交战的部队可以凭借飞行的方式在任何时间、任何地点投入战场。在直升机的运载下，步兵部队可以以空中机动突击的形式部署于战场，并可以得到快速补给。这种战法又被称之以"蛙跳式进攻"。而且，为了配合这种作战模式，陆军还专门研发了装备火箭炮和机枪的武装直升机。另外，传统的炮兵及火炮还能通过直升机直接运送到空中突击部队的活力范围内的着陆区，并且可以在不需要掘壕或垒筑沙袋炮位的情况下再次迅速空运。这就使空中突击部队可以得到传统炮兵和武装直升机的紧密火力支援。为验证这一

---

① 张为华、汤国建、文援兰、张洪波、罗亚中、朱彦伟、尚洋：《战场环境概论》，北京：科学出版社，2013 年版，第 155 页。

经天纬地：不可不知的战场环境

> 美军 UH-1 型直升机

理论，美军于 1963 年在本宁堡建立了具有实验性质的第 11 试验空中突击师（11th Air Assault Division, Test），任命哈里·金纳德准将（Harry Kinnard）为师长，开始试验和摸索空中机动战术。1965 年 7 月，第 11 试验空中突击师被重新命名为美国陆军第 1 骑兵师，而原第 1 骑兵师一起并入该师中（原第 1 骑兵师在第 11 空中突击师组建后被改名为第 2 步兵师）。1965 年 9 月，新的第 1 骑兵师被部署到越南中央高原的安溪地区的"拉德克利夫"营地（Camp Radcliff），开始在实战中检验这一新的作战理论。全师共 1.6 万人，下辖第 1、第 2、第 3 骑兵旅和原属第 11 空中突击师的第 227、第 229 攻击直升机营和第 228 攻击运输直升机营。全师共装备 UH-1 型"休伊"（Huey）通用直升机、UH-1C 型武装直升机、CH-47 型"支奴干"（Chinook）运输直升机、CH-54 型"空中起重机"（Skycrane）运输直升机等 400 余架。这些直升机营的每个攻击直升机连都负责支援一个步兵营，并分配一名领航员到步兵营中充当联络官，联络官负责协调两个单位间的空运、攻击、飞行再补给和医疗后送等事宜。部署到越南不久，1965 年秋发生于德浪河谷的激战——包括 X 着陆区及其以北数千米外的 A 着陆区的战斗——便为美军空中机动部队的防御战提供了绝佳的测试平台。

1965 年 10 月，敌军对美军进行了一次不成功的突袭，美军随即展开大规模报复，两军最终于 11 月在德浪河谷爆发激烈碰撞。而在波莱梅基地遭遇攻击前，双方已经开始准备在这一地区发起军事行动——因为敌军频繁在曲逢山区附近的柬埔寨边境活动。而第 1 骑兵师后来的德浪河谷之战的行动区域也位于波来古省境内，这里有第 1 骑兵师的一个位于霍洛韦营地（Camp Holloway）中的直升机基地。1965 年 10 月 10 日，第 1 骑兵师开始了第一次实战——参与旨在攻击敌军撤往柬埔寨的通道的"闪亮刺刀"行动（Operation Shiny Bayonet），然而，大部分敌军部队却早早地脱离了设伏地域。新式骑兵的第一炮没能打好。波莱梅遇袭后，美国发起报复性的波来古战役（从1965年10月23日一直持续到11月25日）。在这场战役中，第1骑兵师的最初战略方针是以巡逻形式在敌军可疑活动区域活动，直至双方接触；然后快速反应部队将在UH-1型"休伊"武装直升机的空中火力和被"支奴干"空运到着陆区的传统炮兵营的火力支援下对敌发起攻击。11月14日上午10点48分，第1骑兵师第3骑兵旅第7骑兵团第1营共395人在哈罗德·摩尔中校（Harold Moore）的率领下，乘坐直升机分四个批次于德浪河谷的朱邦山下的X着陆区降落，这一着陆区正好位于敌军一个师级大本营的右侧。周边集结了敌军3个团（第320步兵团、第33步兵团、第66步兵团）的兵力，但第1营一无所知。第1营着陆后，开始向周边搜索前进。起初很安静，但一个小时后，当第二批空运部队抵达之时，战斗随即爆发。敌军的两个团——第33步兵团和第66步兵团从山上对第1营发起猛攻。第1营迅速结成防御圈固守待援。在接下来的三天内，美军在直升机医疗后送、再补给的援助下及直升机与固定翼飞机的火力支援下，与敌军展开了激烈血战，增援部队——罗伯特·麦克达德中校（Robert McDade）的第7骑兵团第2营、罗伯特·塔利中校（Robert Tully）的第2骑兵旅第5骑兵团第2营、乔治·福雷斯特上尉（George Forrest）的第2骑兵旅第5骑兵团第1营A连先后奉命增援，此战中，第1骑兵师约有1000人参战，敌军则投入了约2500人的兵力。战况之惨烈，敌军甚至几近突破美军阵地，以至于第1营曾不得不发出"断箭"的密语（即部队将被击溃）。

1965年11月15日6时左右，天色昏暗，穆尔中校部署在阵地前沿的斥候与正在隐蔽集结的敌军总攻击部队迎面碰上。德浪河谷之战第二天的激战就此展开。在火箭筒、迫击炮和重机枪掩护下，敌军吹响口哨、铜号，在机降区美军防御阵地三面的宽阔战线上，高喊"杀"声，发起了声势浩大的步兵冲锋。很快，敌军军队的冲锋遭到了美军侧后方105榴弹炮群的拦截。密集的炮火拦阻并没有遏制敌军官兵无惧生死的步兵冲锋。他们一部分被炸死，幸存的官兵冲过滚滚硝烟扑向阵地前沿。按照阮友安和他的军事顾问、参谋们的意见，只要突破美军远程火力封堵接近美军阵地，甚至和美军搅战在一起，美军优势战力将无从发挥。对穿越美军密集炮火的敌军官兵而言，接近美军，既是生存的唯一希望，也是取得胜利的唯一希望。随即，阵地前沿猛烈爆炸声、凄厉的惨叫声此起彼伏，敌军冲锋的官兵冲入了密布"阔剑"的雷区。看来，无人可以越过这片死亡之地。然而，就在美军目睹越军冲锋雷区的震撼发呆间，穆尔中校突然发现，敌军以密集队形发起的有去无回的波浪式冲锋，正对美军第1营C连正面防御阵地，居然用无数死伤，在雷区硬趟出了几条攻击的通道。敌军前仆后继发起总攻，旋风一般冲到前沿阵地，大约不过15分钟。作战陷入了恐怖的近距离的厮杀，白刃、肉搏和射击。美军重炮支援也只得停歇下来。穆尔中校登高观察发现，这时，再无炮火压制，更多的，数以千计的敌军从隐蔽着的茂密植被里现身，毫无顾忌地吹响铜号、口哨，向突破口涌来。这么多人的围攻，远不是区区机降部队的火力可以拦阻的。穆尔中校无奈之下，只得命令火力联络官向联合指挥部发出了救急密语：断箭！这是危急情况下要求最大火力支援的密语。前敌部队的这一密语报告联合指挥部时，由联合指挥部同步传送到每个作战单位，以及升空正在执行其他任务的战机单机。早在威斯特摩兰将军亲自决策对德浪河谷实施搜索与歼灭战略的突袭行动之后，普林斯顿号航母等多艘作战航母上的舰载机、美军陆基战机、美军骑1师武装直升飞机，甚至远在关岛、菲律宾陆基的战机等等，早已枕戈待旦。密语传达指令后，无以数计的美军空中打击力量如同蜂群，由四面八方向德浪河谷聚集。在穆尔中校密语发出不到10分钟，首批舰载机赶到战场。此刻，敌军军队已经接近突破美军C连阵地，却被美军战机突入战场，投掷高爆航弹后又反复实施火力突击。敌军军队打得眼红索性投入了最后的民军游击队。战斗进入白热化阶段。显然，飞机速度到底比人的跑步速度更快。在敌军后续部队正向美军阵地靠拢之前，上午8时左右，更多的各种战机由四面八方赶到了战场。他们轮番俯冲实施火力突击，并且在敌军军队攻击后方投掷了凝固汽油燃烧弹。炸弹爆炸中心升腾起足以融化钢铁的高温，恐怖火焰更是大片大片席卷着正在冲锋的敌军官兵。数百、数千平方米之内，随着凝固汽油燃烧弹的投掷，黏稠的凝固汽油到处飞溅，到处都是恐怖的火焰。敌军无数参战官兵身负火焰发出撕心裂肺的惨叫，他们徒劳地奔跑、打滚，然后死去，继续燃烧。这次轰炸中，美军战机与机降部队对空联络失误，两架战机冲向了美军C连反方向的机降区阵地。前一架战机已经在前沿阵地投下了一枚汽油弹。大火席卷，前沿的工兵班全部阵亡，穆尔中校的营部、迫击炮阵地也受到损失。幸好，穆尔中校与对空联络官迅速喝止，第二架战机带弹呼啸而过。对正在发起冲锋的敌军军队而言，灾难并没有结束。就在美军战机狂轰滥炸时，美骑1师武装直升机赶到了战场。外挂火箭弹与机枪系统的 UH–1 直升飞机犹如空中坦克，居高临下，密集火力倾泻，所到之处，暴露在开阔的德浪河谷的敌军陷入了绝境。至此，战事发展已经完全呈现一面倒的态势。

战至11月16日，敌军发现无望吃掉这股美军，遂于午后逐渐撤退。下午3点，在包围圈中饱受打击的第7骑兵团第1营和支援他们的第7骑兵团第2营 B 连及 A 连第3排乘坐直升机返回霍洛韦营地。第7骑兵团第2营剩余部队（C 连、D 连和营部连）、第5骑兵团第2营及第5骑兵团第1营 A 连则接过第7骑兵团第1营的任务，留在 X 着陆区，他们在那里挖了一夜的战壕。X 着陆区之战，美军阵亡79人，负伤121人，敌军阵亡人员则在634人（现场遗尸）至1215人（估算）之间。对于第1营来说，他们顶住了数倍于己的敌军的攻势，这无疑是值得骄傲的，同时也证明了空中机动战术的有效性，但连续三天的残酷防御战也使他们几乎崩溃。

11月17日上午，留在 X 着陆区的美军部队准备撤走。美国空军的 B–52 型"同温层堡垒"（Stratofortress）轰炸机接下来会对曲逢山区和 X 着陆区进行一场地毯式轰炸的洗礼。因此，在 X 着陆区的所有美军部队（约900人）必须在轰炸之前撤到3.2千米外的安全地带。上午9点，在进行了任务简报后，美军开始向附近的着陆区进发。根据命令，第5骑兵团第2营的500人，将领导队伍从 X 着陆区离开并机动到东北3.2千米外的 C 着陆区（Landing Zone Columbus）；第5骑兵团第2营开拔10分钟后，第7骑兵团第2营和第5骑兵团第1营 A 连将尾随跟进，然后转向至 X 着陆区东北方向的靠近德浪河谷的 A 着陆区。在那天早上的早些时候，第7骑兵团第2营的行动军官吉姆·斯派尔上尉（Jim Spires）和航空联络官肯·韦策尔上尉便实施了侦察飞行，他们选择了 A 着陆区的一小片空地作为撤离点。中午11点17分，B–52 临空，投下了共计200吨的炸弹，对曲逢山区进行了狂轰滥炸。11点38分，第5骑兵团第2营抵达 C 着陆区，第7骑兵团第2营和第5骑兵团第1营 A 连则转向西，向 A 着陆区开进。然而就在 A 着陆区，敌军第66步兵团第8营从德浪河谷以东转移至此后一直在等待上级命令，他们中午在这里构筑了防御阵地并在吃午饭之时，从侦察兵处得知了一支美军的连级单位正朝他们的方向过来。越军指挥官阮胡安中校急忙将部队带入位于第 2 营右翼的防御阵地中。另外，在第 2 营正面，还有敌军第 33 团第 1 营和第 3 营营部。当时第 33 步兵团因为之前偷袭波莱梅基地遭受了严重伤亡，

> 德浪河谷之战中的美军

人手不足。但是，并不知情的第 2 营约 502 米长的行军队伍此时正沿着植被旺盛的林间的一条狭窄的小路进行。当第 2 营队伍停下来后，中午 1 点 20 分，敌军的进攻随即打响。敌军先以迫击炮射击，随即发起冲锋。在遭到突然袭击后，这些倒霉的空中骑兵们立即展开防御并开火还击——在之前三天的战斗中，他们缺乏睡眠，早已筋疲力尽。由于地区内杂木丛林与象草浓密，能见度有限，敌我识别不易，敌军很快冲入美军阵地内，他们将第 2 营截成了两段。两军迅速爆发激烈近战，双方甚至开始了肉搏战。美军各连连长被叫至营纵队前方的营部迅速召开了个会议，确定在着陆区的一小片林间建立阵地，这是他们唯一可以坚守的位置。而在纵队更远处的士兵，则自行建立小型的防御阵地，等待来自空中的救援。通常，步兵需要确保着陆区 360 度周边的安全——正如在 X 着陆区那样，但对于 A 着陆区外的大部分部队来说，这是无法实现的。激战中，空军的 A-1 型攻击机抵达战场，投下燃烧弹和 250 磅炸弹，这使得第 2 营的压力得以缓解。另外，在战斗打响后，第 5 骑兵团第 1 营 A 连正位于第 2 营后方，他们迅速退出"死亡区域"至一个小型开阔地带，这里足够允许一架直升机起降并进行防御。福雷斯特上尉呼叫救护直升机前来照顾他的伤员，但飞行员没有降落，声称这里并不安全。福雷斯特回应他们："如果这里不安全，我就不会呆在这了！"即使敌军火力环绕，福雷斯特还是能指挥一架直升机进入空地并带走他的几个伤员。至夜晚之前，三四架直升机先后降落，带走了 A 连的伤员，并为被困的 A 连进行了再补给。

A 着陆区之战使阵亡名单在 1965 年的感恩节前又添加了 115 个人的名字，

同时还有124人负伤。而敌军阵亡人数为403人（现场遗尸）至503人（估算），被俘2人（后被枪决）。第2天，直升机又将第7骑兵团第2营和第5骑兵团第1营A连的剩余人员都运到另一个着陆区，然后返回霍洛韦营地。在A着陆区之战中，在着陆区降落的直升机没有不被击中过的，但没有一架被击落，而在X着陆区则有4架直升机被击落，一名机组人员身负轻伤。考虑到着陆区中混乱和猛烈的火力覆盖程度，许多飞行员直到今天仍不太清楚自己当时是怎样熬过这么危险的任务并存活下来的。

德浪河谷之战是美越双方的第一次正面接触，双方都认为自己是此战的胜利者。对美军来说，证明了直升机在越南战场上确实是一种强大的武器和重要的资本，"空中机动能力"这一理论是有效的；同时，美军还发现，若没有重火力地面部队的配合推进，机降到敌后的空中突击部队是非常脆弱的。在后来的作战中，美军不断调整、改进这一理论。另外，值得一提的是，X着陆区的战斗还催生了一部文学著作——《我们曾是战士》（We Were Soldiers Still）以及一部战争电影，这可能是这场战斗给文学界和娱乐圈的另一贡献。

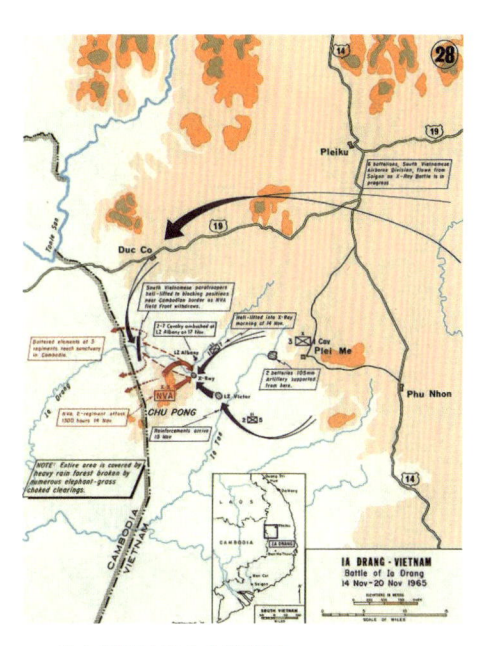

> 英文版德浪河谷之战地图

21

濒海地区的搏杀
诺曼底登陆战

我们居住的地球是一个被海洋包围的蓝色星球。美国之所以称霸全球，与其能够控制海洋是有着直接联系的。美国因此认为，"控制海洋通常是为一个包含陆地目标更大的战略目标做准备。我们的国家的繁荣要求我们将军事力量直指或者对对手的关键利益和本土威胁使用。从海上的战争通过向岸上投射军事力量来扩展海军的影响。两栖攻击能力使海军力量构成一体化。"实际上，在第二次世界大战中美国就是这么做的，而其中最典型的一场战例就是诺曼底登陆作战。

诺曼底战役是目前为止世界上最大的一次海上登陆作战。战役发生在1944年6月6日早6时30分。这场战役不仅影响了二战的走向，也影响了世界的走向。

当天清晨，英美盟军先头部队的17.6万人，从英国出发，跨越英吉利海峡，抢攻登陆诺曼底区域的5处海滩。登陆成功后，288万盟国大军如潮水般涌入法国，势如破竹，成功开辟了欧洲的第二战场。而在这场恢宏战役的背后，则是堪称经典的战略欺骗和无比凶险的谍报厮杀。盟军为了掩护"霸王行动"实施了一系列相关谍报战、电子战、后勤战，在军事史上被统称为"护卫行动"。

"护卫行动"从5个方面为"霸王行动"提供掩护，

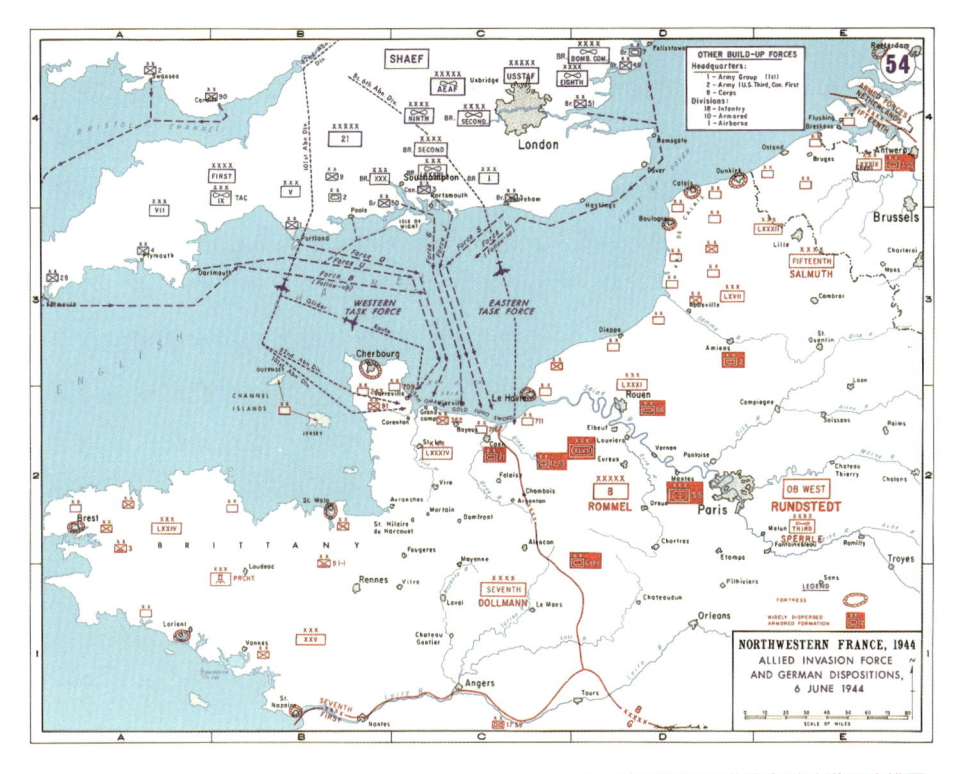

> 英文版盟军诺曼底登陆进军路线图

包括窃取情报、反间和保密、敌后特别行动、政治宣传和心理欺骗。其中心理欺骗是秘密武器的最后一招，也是一切行动中最机密的一项。"护卫行动"的目的是：通过这些手段，特别是欺骗手段，使希特勒深信，盟军进攻的矛头不是诺曼底而是斯堪的纳维亚、巴尔干半岛、法国的加莱海峡或者其他任何一个地方。在"护卫行动"中，总共包括6大蒙骗计划、36个附属计划以及一些零散的相关计策。其中，专门围绕诺曼底登陆的欺骗计划被命名为"坚毅"。它又分为两个部分，一个用来牵制德军在斯堪的纳维亚的27个师，称为"北方坚毅"；另一个用来把德军最精锐的装甲部队第15军拴在加莱地区，称为"南方坚毅"。"北方坚毅"的主要目的在于诱使希特勒把他部署在丹麦、挪威和芬兰的27个师在登陆日之前一直滞留在这些国家，坐等英美苏军的联合进攻。

为了配合行动，"北方坚毅"虚构出一次代号"斯凯岛"的登陆行动方案，这一方案是：拥有35万兵力的英国第4集团军群正在苏格兰集结，将配合美国第15军和一支不存在的苏联部队，准备向挪威发动大规模的进攻。在各方面的周密配合下，"北方坚毅"取得了惊人的成功。希特勒相信盟军很快向挪威发动登陆进攻，他不仅让原来驻守挪威的部队留守该地，而且还加强了挪威的防务力量。到1944年夏季，德军在挪威的驻守部队包括13个陆军师、9万海军部队、6万空军部队，6000名党卫军和1.2万名准军事人员。这些部队中包括一个机械化装甲师，一个小型但作战能力极强的潜水艇和鱼雷艇中队，一支空军。这些兵力对于诺曼底战场十分重要，却一直在挪威等待盟军登陆。在"北方坚毅"全面展开的时候，"南方坚毅"也在紧锣密鼓地进行着，这是一个更加大胆和宏伟的欺骗行动。该计划虚构出一个拥有50个师、100万兵力的集团军群。而此时，实际上正在英国南部集结的有两个集团军群：蒙哥马利的第21集团军群和布莱德雷属下的第12集团军群，他们担任诺曼底登陆的主力。伦敦的盟国领导人通过各种欺骗手段诱导德国人相信：还有一个集团军群——美军第1集团军群正在英格兰的东南部集结，准备从加莱海峡向法国发起进攻。如果德国人相信了它的存在，他们就会认为盟军的主攻地点是加莱海峡，那么即使发现盟军在诺曼底方向的登陆意向或行动，也可能将其视为佯攻而置之不理。所以，"南方坚毅"的目标是把德国的注意力引往加莱海峡。[①]

外行谈战略，内行看后勤，在诺曼底登陆战中，盟军的后勤保障也是可圈可点的。后勤不仅是作战的支撑，还为作战划定了界线。诺曼底战役盟军作战指挥的最大特点，是将后勤摆在形成作战决心、制定作战计划中首要考虑因素的位置。在这次作战中，后勤因素支配了盟军作战目标的确定、登陆地点的选择、向欧洲大陆纵深攻击的计划。

诺曼底战役前期，盟军地面作战力量的主力是由伯纳德·蒙哥马利上将任司令的第21集团军群，下辖美国第1集团军，处于右翼，计划在犹他和奥马哈两个海滩登陆；英国第2集团军和加拿大第1集团军，处于左翼，计划

[①] "解码'护卫行动'——诺曼底登陆背后的骗局"，朱磊：《中国国防报》，2015年6月9日，第21版。

在戈尔德、朱诺和斯沃德三个海滩登陆。盟军最高司令德怀特·艾森豪威尔上将赋予第 21 集团军群的总任务是：在奥纳河口至康坦丁半岛的奎那维尔 96 千米的正面突击上陆并建立战役登陆场，然后向纵深进攻，右翼美军夺取瑟堡和布列塔尼亚半岛上的各个港口，左翼英加部队攻占克恩并建立机场网。从第 21 集团军群的任务看，其任务制定就是要保证此次作战能够建立反攻欧洲大陆的后勤基地，为向法国纵深作战提供坚实的依托。从作战过程看，自 1944 年 6 月 6 日至 7 月 18 日，盟军都是为夺取上述对欧洲大陆作战后勤保障至关重要的地区展开作战，而非急于向法国纵深攻击。

盟军之所以选择上述五个海滩登陆，四个原因中有三个都是从后勤方面考虑：第一，登陆点不能离英国的出发基地太远，必须尽量减少舰船的往返时间；第二，登陆点的地貌及气象条件必须适宜，海滩到内陆地区要有一定的公路网，要方便岸滩卸载和纵深攻击；第三，登陆点附近必须要有大容量深水港，因为仅靠岸滩卸载不能满足大规模作战力量上陆需求，且冬季来临后绝大部分岸滩卸载设备设施就不可用；最后，要便于英国本岛向作战地域提供空中支援，这是唯一一个从单纯作战角度考虑的因素。综合这些条件，盟军总部才选择了诺曼底地区作为登陆地域。

诺曼底战役，从发起登陆到结束作战共计用时43天，平均每天向前推进1.9 千米 ~ 2.7 千米。盟军之所以推进缓慢，主要原因就是迟迟不能攻占瑟堡、布

> 诺曼底登陆场景

列塔尼亚半岛上各个港口和克恩地区的机场网，保障后续大部队登上欧洲大陆。实际上，当夺占上述地区并建立后勤基地后，盟军的攻击速度明显提升，甚至出现了后勤保障力量跟不上作战部队攻势的情况，影响了战役指挥官的作战决心。

诺曼底战役中，盟军的指挥体系为：最高指挥机构是以艾森豪威尔上将为首的盟军远征军司令部坐镇英国指挥，其下辖负责控制整个作战后勤行动的后勤司令部，作战司令部直接指挥海上、空中和登陆集团军群的指挥机构；海上战役力量，由英国伯特伦·拉姆齐海军上将指挥，整个登陆期间海上运输和岸滩卸载由其下属指挥机构负责；空军战役力量，由英国特拉福德·利马洛里空军上将指挥；登陆力量为第21集团军群，由蒙哥马利上将指挥。这一指挥体制基本满足了统一指挥的要求。但是成功登陆之后，为了靠前指挥作战与后勤保障，盟军远征军司令部的后勤司令部分为两部分，一部分为留在英国的后方分部，一部分为部署在欧洲大陆的先头区段司令部。遗憾的是，艾森豪威尔上将没有明确两个后勤司令部之间的关系，先头区段司令部一直想摆脱后方分部的控制，双方在作战中对后勤计划权和后勤保障组织实施权争夺不断，在后勤保障中浪费了大量后勤资源，加剧了部队后勤保障的混乱。

为解决统一指挥的问题，后勤地带司令部提前部署到欧洲大陆，重新接管整个战役的后勤指挥权，才保障了后续行动的统一指挥和协调同步。诺曼底战役中，后勤部门在指挥机构的指导下，耗时2年之久制定了自战役发起后90天内的后勤保障计划。内容包括：登陆滩头的控制程序、物资储备点的开设位置、变换卸载方式的时间、变换物资包装方式的时间、物资卸载的先后顺序、物资配送的详细程序等等。客观地讲，盟军的后勤保障计划制定相当详细，对有序实施后勤保障作用巨大，历史学家保罗·肯尼迪评价说战役中"每一位船长、每位师长都有自己的任务书，能考虑的都考虑到了"。如此高水平的计划，却并未取得理想中的后勤保障效果，表现在：一是后勤保障力量在上陆过程中损失巨大；二是登陆后物资卸载缓慢，第一周的卸载数量仅为计划数的50%，6月份只卸载了计划数的71%；三是后勤保障跟不上纵深进攻部队进攻速度。

兴登堡说："在战争中，只有简单的事物才能成功"。诺曼底战役后勤计划出现上述缺陷，关键问题不在于其计划是否详细，而是其缺乏弹性和适应性，"全部计划被拍岸的巨浪打得粉碎"。其后勤计划缺乏弹性和适应性表现主要有三点：第一，没有充分估计战争的多变性。尽管计划详细规定了登陆后如何卸载，但是由于没有料到部队登陆顺序临时发生改变，诸如人工港等关键登陆设施出现损毁、盟军迟迟不能占领关键的卸载港口等等问题，导致盟军后勤的岸滩保障十分混乱与低效。第二，计划规定过于详细，反而限制了一线人员的手脚。比如，卸载时要求后勤人员严格遵循死板的卸载顺序，但激烈的登陆战斗和船只到岸顺序被打乱使得这一程序反过来降低了工作效率。广为我军研究人员津津乐道的盟军割开船身卸载物资以有效提高卸载速度，其实是盟军调整其死板的卸载计划的无奈之举。第三，后勤计划与作战计划协同不够，错误或过高估计物资消耗。由于盟军纵深进攻较慢，油料消耗较少而武器弹药消耗剧烈。后勤计划人员没有意识到这一问题，导致高估了登陆阶段的油料消耗，战时登陆地域油料堆积成山，部队弹药补给却趋于恶化。

同时，没有想到后续纵深进攻速度快、法国的铁路被破坏严重，导致盟军后勤没有做好与作战部队一同挺近的准备，使得盟军的进攻在7月底不得不停步。这些现象，都说明过分详细、僵化而缺乏弹性与适应性的后勤计划会对作战带来极大的负面影响。

在诺曼底登陆的首日（1944年6月6日），也就是常说的D日中，英美盟军在诺曼底海岸选择了五处登陆滩头，由东向西分别为剑、朱诺、黄金（以上为英军登陆区）、奥马哈和犹他（以上为美军登陆区），在上述五处滩头中以奥马哈海滩的战斗最为激烈，伤亡最为惨重，因为德军在奥马哈滩头的防御部署要比其他四个滩头更为严密。

奥马哈海滩的防御宽度为7.2千米，德军在此修建了10处坚固支撑点，部署了8个步兵连、85挺机枪、28门迫击炮、20门野战炮、15门反坦克炮，在D日当天给盟军造成了战死2374人的损失，各项数据都高于其他四个登陆滩头。

为什么德军对奥马哈滩头的防御如此重视呢？答案是这处海滩是被直接指挥诺曼底反登陆作战的德军将领，所谓"沙漠之狐"的埃尔温·隆美尔元帅点名加强，重点关照的。奥哈马滩头的防御部署，最早要追溯到1943年底隆美尔从意大利北部调往西线担任B集团群司令。

当时，隆美尔的首要任务就是协助西线总司令伦德施泰特元帅强化大西洋壁垒，防御盟军可能发动的两栖登陆。为此，隆美尔在上任之前就从丹麦开始视察了英吉利海峡沿岸的德军海岸防御体系，并在这一过程中对大西洋壁垒的构成和德军反登陆作战的构想提出了质疑。

大西洋壁垒被吹嘘为人类历史上最宏大的海岸防御工程，但是德国没有足够的资源沿着整条海岸线修建工事，严密设防，只能集中力量重点设防，其基本原则就是重兵防守法国北部海峡沿岸的港口和盟军最可能登陆的地段，而在各港口之间的开阔海岸则属于防御上的次要地段，诺曼底就是其中之一。它正好位于两座设防要塞港口勒阿弗尔和瑟堡之间，由于航渡距离最远且远离主要港口，最初被德军认为是登陆可能性较低的地区。基于同样的考虑，距离英国最近的加来海岸就成为德军最关注的地区，那里获得了最高的布防优先权，工事密布，火力强大，守军众多，堪称"钢铁海岸"。同时，德国西线总司令部拟定的反登陆作战基本原则是纵深防御与机动反击相结合，并不强调滩头歼敌，而是利用装甲部队实施强力反击，将登陆敌军赶下海。

隆美尔在北非作战时，对于盟军的海空优势有深刻体会，同时通过对1943年盟军在地中海战场的多次两栖登陆的观察，也大致了解了盟军登陆作战的特点和规律，这使他对于法国北部的海岸防御提出了自己的看法。首先，隆美尔认为盟军不会选择德军重点设防的港口或海岸登陆，反而会选择防御相对薄弱的开阔海岸登陆；其次，在盟军强大的海空火力优势下，德军装甲部队的机动反击将被挫败，这一点已经被西西里、萨勒诺、安齐奥等多次反登陆作战的失利所证明。因此，隆美尔提出必须强化滩头前沿的防御工事和火力，尤其在之前受到忽视的开阔海岸加强防守，同时将机动部队靠近海岸配置，在登陆开始的第一时间尽快实施反击，力争在滩头就打垮对手，正如他之后始终强调的那样：登陆开始的最初24小时是最关键的。

奥马哈滩头登陆从一开始就面临诸多不利因素，注定了惨烈血腥的局面。首先是地形，奥马哈滩头是一段长约6千米的月牙状海滩，滩头两端被耸立的海岸悬崖封闭，密布成排障碍物的海滩背后是数十米高的陡坡，难以攀爬，只有少数几个缺口提供了通往内陆的出口，但是这些出口均处于德军坚固支撑点的火力覆盖之下。其次，在前期航空火力准备阶段，受到云层影响，投向奥马哈滩头的炸弹大多偏离目标数千米之遥，登陆前夕的舰炮火力准备也因为奥马哈滩头的潮汐更早到来又比其他滩头提前结束，未能达到充分的摧毁效果。再次，美军部队换乘区域距离海岸 19 千米，在等待编队和航渡期间，很多美军官兵已经饱受晕船之苦，头昏呕吐，站立不稳，更不用说战斗了。最后，预定支援的装甲部队尚未登岸就损失惨重，美军第一波投入的 30 辆两栖坦克，在距离海岸 6 千米处开始泛水前行，结果大多因为风浪而沉没，仅有 5 辆抵达海岸，其中 3 辆迅速被德军火力摧毁，仅有 2 辆投入战斗，缺乏装甲支援是滩头战斗陷入困境的重要原因。

> 美军血战奥马哈海滩

D 日 6 时 30 分，第一艘美军登陆艇的艇底触碰了海岸的泥沙，由此奥马哈海滩的血战正式揭幕。在这场持续 18 小时的激战中，围绕德军 WN62 据点的战斗可以说是整个奥马哈战场的缩影。这处据点位于海滩东段美军 E 滩和 F 滩的交界处，是一个由永备射击掩体、土木工事、交通壕、地雷、海岸障碍物构成的坚固防御支撑点，驻守于此的是德军第 716 步兵师第 726 掷弹兵团第 3 连的 31 名官兵，指挥官为埃德蒙德·鲍赫少尉。WN62 据点的防御正面约 250 米，主要工事均修建在高于海滩 12 米～50 米的陡坡上，部署有 2 门 75 毫米野战炮、2 门 50 毫米反坦克炮、3 门 50 毫米迫击炮和数挺机枪，与相邻据点形成交叉火力，封锁美军设定的 E-3 出口。此外，据点内还有德军第 352 炮兵团的一个前沿观察哨，可以指引内陆的 105 毫米榴弹炮轰击滩头。

　　据点守军在盟军的火力准备中仅有 1 人轻伤，基本未伤筋骨，当美军登陆艇靠近海岸时，所有人迅速进入阵地，做好开火准备。在 WN62 据点正面登陆的美军是第 16 步兵团 E、F 连，运载首批登陆部队的 14 艘登陆艇刚冲上海滩就被密集的机枪火力和轻重火炮的炮弹包围了。在登陆艇跳板放下的一瞬间，站在最前面的美军士兵尚未踏出第一步就被迎面射来的弹雨成排扫倒。一艘登陆艇上的 32 名美军仅有 7 人活着登上海滩，其他登陆艇的情况也很不

> 占领奥马哈海滩的美军进行集结

妙，只有一艘登陆艇幸运地避开了德军的直瞄射击，将32人全部送上滩头，但他们在冲过海滩时损失了12人。F连在登陆几分钟内就失去了6名军官和一半的士兵。

一些美军士兵试图利用海岸障碍物作为掩护，可是德军机枪火力引爆了障碍物上的地雷，将他们杀死。跟随第一波步兵登陆的工兵爆破分队也同样遭到屠杀，他们的任务是清除海滩障碍物，但在机枪扫射和不断炸响的炮弹下，他们很难完成任务。几艘运载工兵的登陆艇被德军火炮打瘫在海滩上，船上的炸药被引爆，将未及登岸的工兵炸成碎片。当8时滩头开始退潮时，美军发现大部分障碍物都未被炸毁，导致后续登陆艇难以靠近海岸，迫使滩头指挥官在8时30分命令登陆艇停止冲滩，这意味着此后两个小时内不会有任何增援部队登岸。在WN62防守的海滩上美军损失了12艘登陆艇，它们或毁于障碍物，或毁于据点的直瞄火力，还有的是被来自内陆的火炮间接射击击毁的。可以说，WN62有效地利用了地形上的高度优势，给予进攻者尽可能大的杀伤。不过，WN62的战斗也暴露了德军海岸防御的弱点。实际上，这处据点的防线在美军登陆后一小时就被渗透，在四小时后就被彻底压制而丧失了作用。尽管如此，美军在付出惨重伤亡代价后还是完成了战斗任务。事实证明，德军各坚固支撑点之间的接合部相当脆弱，而且缺乏纵深，即便是德军在海滩后方部署了一定数量的预备队，在盟军强有力的海空火力覆盖下也很难起到反击效果。隆美尔凭借敏锐的战术意识对盟军的动向做出了尽可能准确的预判，但是他缺乏足够的时间和资源将大西洋壁垒打造成真正的铜墙铁壁。[①]

[①] "诺曼底攻坚之血染奥马哈"，叶隐：《文史天地》，2019年第3期，第65页~69页。

生物篇

22 田单复国之战
火牛神威

牛是一种常见的动物,能帮助人类进行农业生产。此外,这种动物也可以用于军事领域——在中国历史上,最著名的一次生物战也许就是春秋战国时期的田单复国之战了。

《史记·田单列传》记载说:"田单者,齐诸田疏属也。闵王时,单为临淄市掾,不见知。"根据这段话可知,田单本为齐王宗室,与国君同姓同宗,只是宗族关系已很远了,所谓"疏属"。"君子之泽,五世而斩",故田单已不能作为齐宗室贵族。另外,田单在闵王时的官职只是临淄市掾。战国时各国有市正之官,主管街市贸易与治安管理等,汉以后称为市令。而市掾则为市正的属官,协理办事而已。田单当时仅为一下等官吏,绝无王庭议事、参与国家政治军事的资格。如果没有一定的历史机遇,田单终其一生有可能就这样默默无闻了。

在后来爆发的齐燕之战中,田单先是逃到了东距临淄十九里的小城安平(今淄博市东北)。随后,他开始关注这次战役,分析这次战役的形势发展。他预见到燕军攻占临淄后不会善罢甘休,一定会乘胜东进,也预见到了难民逃亡时的混乱、拥挤之状,于是他命令他的宗人子弟作好准备,事先把车子的车轴末端截去,使之变短,

> 战国七雄地图

又在车轴头上包上了铁皮，即《史记》所记，"令其宗人尽断其车轴末而傅铁笼"。此举的目的是便于车辆在混乱中行进而不被挂扯牵制，同时不易被撞坏。果然，不久燕军进攻安平，城小而无抵抗能力，齐人在争道逃亡的过程中，因车轴撞断而毁坏的车辆不计其数，好多人因此被燕军俘虏，唯独有先见之明的田单及其宗人因车子坚固得以逃脱，退到了东边的城市即墨。此事在东逃的齐人中纷纷传扬，大家都称赞田单的富有远见，田单一下子知名起来。在战争史上，一次成功的撤退有时要比一次成功的追击更为难能可贵，田单临危不惧，有勇有谋，及时、安全地率众"东保即墨"，为齐国日后的反攻保留了有生力量。这次行动在军事上的价值不容低估，从某种意义上说甚至堪与2000多年后著名的敦刻尔克大撤退相媲美。[①]

燕军几乎全部攻陷了齐国的城市，唯独东边的即墨和西南的莒县尚未攻下，因齐闵王在莒，乐毅遂合并军队主攻莒县。即墨减少了燕军正面的强攻，

---

① "田单三论"，徐勇：《滨州学院学报》，2007年第4期，第9页。

经天纬地：不可不知的战场环境

> 田单画像

获得了难得的喘息之机，得以加固城池，以备防御。而南边的莒县，因楚将淖齿的防守，亦相持不下。燕军见莒县难攻，又移兵向东包围了即墨，此时即墨大夫领兵出城交战，兵败殉国，城中丧失了首领，于是大家纷纷推举田单。大家说："安平之战的时候，田单宗人因为车轴附以铁笼得以保全，说明他懂得用兵作战。"

在大家的拥戴之下，田单做了将军，率领即墨人民顽强地抵抗燕军。一代英豪就这样在危难之际被推到了前台，由此去开创他惊天动地的不朽伟业。田单上任之后，深知弹丸之地的即墨难与燕军相抗，再者兵败国倾之余，也难以有多少战斗力，他吸取了前即墨大夫贸然出城交战兵败身死的教训，采用了当时唯一可行的退保城中的防御政策，修筑守城工事，坚守不出，使敌人难奈我何。同时在城中动员人民、训练军队、增加战斗力，既是为了守城，也是为伺机反击作军事准备。由于这种正确的战术策略的实施，田单成功地抵抗了燕军的进攻，保住了即墨。燕军在此相持了几年，竟难以踏进即墨城一步。

锐利的燕军能在数月之内长驱直入，攻陷齐都临淄，连克七十余城，而对莒、即墨两个孤城，却数年攻不下，在今天看来，颇令人不解。其实就古代战争的情况来讲，燕军陷齐后，七十余城须处处布防，不如此后方不稳，战线过长，耗占兵力甚大，已难以集中起优势兵力。此时韩、赵、魏、楚的盟军部队早已撤走，燕兵孤军深入，有多少兵力可以调遣？

再者营地为临淄东南的边境，与楚相接。起初，楚将淖齿领兵救齐驻守于此，淖齿杀闵王后曾率军与燕相抗。再加后来营地军民的抵抗，故能相持甚久，保住营城不失。即墨为东边海限之地，能与燕军相抗衡数年不下，除燕军的兵力不济外，也与即墨城中齐人的同仇敌忾、合力抗燕的民心有关，更与田单所采取的固守城池、避敌不出的极为正确的防御策略大有关系。消极的防御只是不得已而为之的权宜策略，田单志向远大，一开始就志在退燕复齐，决不以保住即墨为目标。但田单又十分明了这一伟大目标的艰巨，明了当时的形势，任何焦躁、鲁莽、操之过急都会成事不足、败事有余。因此，田单在进行有效防御的同时了也只能等待和窥伺着反攻的时机。

乐毅率军进攻营与即墨，一年多未下，就下令停止进攻，撤兵至离城九里远的地方修筑壁垒，以图长期围困相持。乐毅并在军中下令："凡从城中逃出的军民，不要俘获，困难者加以赈济，使其还归旧业。"乐毅企图以怀柔政策辅助强攻，动摇二邑军民守城之志。但此法亦未奏效，三年多仍未攻下营与即墨。战争相持已久，燕国先出现了内部矛盾，有人向燕昭王进谗言说："乐毅智谋过人，伐齐之际，能迅速地连克七十余城；而现在营与即墨两个小城却数年攻不下，并非是力不能拔，所以如此，是要倚仗兵威征服齐人，想在齐南面称王罢了。"

> 燕国名将乐毅画像

燕昭王对乐毅并非毫无疑虑，但他毕竟是聪睿之主，深知乐毅统兵在外，不能让其生出嫌隙，萌发二心。于是昭王安排了盛大酒宴，当众斥责进谗言者，昭王说："齐国覆我国家，害死先王，我即位后，恨之入骨，故广延群臣，外招贤人，以求报仇，能够成功者，我愿与其共享燕国。今乐君破齐，为我报了大仇，假如他能在齐为王，与燕国结欢同好，这是燕国之福，寡人之愿也。"昭王当众斩杀了进谗言者，又赏给乐毅的妻子王后之服，赏给乐毅的儿子公子之服，派遣国相按照诸侯国的礼仪"辂车乘马、后属百辆"来到齐国，要尊乐毅为齐王。面对这一试探性的政治手腕，聪明的乐毅当然十分惶恐，坚辞不受，并向昭王写了回书，表示了以死效忠的誓言。总之，燕国的这次矛盾并未动摇乐毅的威信，并未给田单提供可乘之机，相反倒使乐毅威望大著。《资治通鉴》卷四记此事后，补充了一句："由是齐人服其义，诸侯畏其信，莫敢复有谋者。"

大概就在上一事发生的第二年（公元前279年），机会才真正出现了。这一年燕昭王去世，其子惠王即位。惠王在当太子时，曾与乐毅发生过不愉快的事，素有嫌隙，一向处心积虑的将军田单抓住了这一时机，派人潜入燕国行使反间计。齐国间谍在燕国的国都广泛宣扬："齐王已死，齐国只剩下两个城市。乐毅与燕新王有矛盾，害怕被杀不敢回来了。他以伐齐作幌子，实际上是想在齐称王。只是齐人未顺服他，所以他缓攻即墨来等待事成。现在齐国最害怕的，就是派别的将军来，那样即墨就惨咯！"燕惠王本来就已怀疑乐毅，又听到齐人散布的反间之辞，于是派骑劫去齐国担任将军而招回乐毅。乐毅害怕回国被诛逃到了赵国。此事引起了在齐燕军的愤惋，由此军中不和，人心涣散。

乐毅的撤职，齐国的反间之计固然起到了很大作用，但应该看到，更根本的原因还在于燕国内部的矛盾。乐毅统兵在外，已达五年之久，莒与即墨又久克不下，燕人师劳兵疲，如此旷日持久的战争对燕国是一个繁重的负担。再加乐毅功高震主，遭人嫉妒离间也是自然的，昭王时已经暴露了这一矛盾，幸赖昭王英明，知人善任，未使矛盾演化扩大。惠王不谙政事，再加与乐毅旧有嫌猜，本不信任，遂使齐人反间之计得逞，导致骑劫代乐毅，种下了燕败的首因。尽管如此，现在有的学者否认反间计的存在，完全无视《战国策》

《史记》等书的明确记载，也未必妥当。

除掉强劲的对手乐毅，是田单精心策划的第一着。接着田单又在城内进行周密的军事动员，以激励民心，激发士气，同时向对面的燕军屡使诡道，真真假假、虚虚实实，使其摸不着头脑。他先是以鬼神设教。他下令城中人吃饭，必须先在庭院中祭祀祖先，因庭中摆设了大量祭品，故吸引得天上大量成群的飞鸟在城上盘旋翔舞，然后落入城中争食，在外的燕兵不明所以，见状大为奇怪，顿生疑忌，以为齐人必有天助。田单又乘机宣言："会有神师下来教我助我。"他旁边的一位士兵冒失地说："我可以做神师吗？"说完吓得回头就跑。田单赶紧把他拉回，让其上座，尊之为师。这位士兵战战兢兢地说："我是骗你，其实并没有什么本事。"田单告诫他："你不要说出去。"于是每次出去，必将此人装扮一番，恭敬地口称神师。即墨的齐人信以为真，以为神师降临，天助我也，信心大增。田单为了激起城中齐人对敌人的仇恨，又再次对燕行使反间计。

他先是派人扬言："我们最怕燕军把俘虏的齐兵割去鼻子，放在前锋进攻，那样和我们一作战，即墨就完了。"愚蠢的燕兵果然照此办理。城中齐人见到那些投降的及被俘虏的齐兵都受到劓刑，怒火满腔，人人坚守，唯恐被俘。田单又再次派人四处扬言："我最怕燕兵把我们城外的坟墓掘了，屠戮了祖先，真令人寒心。"燕兵果然中计，把齐人的坟墓悉数挖掘，烧毁死人尸骨。即墨人在城墙上望见祖坟被掘，先人枯骨被烧，人人在痛哭，仇恨的怒火熊熊燃烧，一触即发，大家恨不得立时出城与燕兵决一死战。

田单看到军队及人民的同仇敌汽已经被鼓动起来，知道士卒可以用于作战了。他又亲自到军队中去，躬自劳作，以示与士兵同甘共苦，他又把自己的妻妾也编到军队行伍之中，以示生死与共，同时又尽散家财，置办饮食，犒劳士卒。如此煞费苦心，目的是为了树立威信，赢得即墨士民的拥戴，使军队、百姓能听其号令，拼死效力。

为了使战争更为有利，田单还需要蒙蔽敌人，麻痹燕兵。他令城中的甲兵全部埋伏起来，安排了一些老弱女子登上城头，向燕兵表示投降，旷日持久的围城早已使燕兵厌倦、疲惫透了，看到即墨人要投降，信以为真，军队顿时欢呼起来。田单又从民间收集了千两黄金，派即墨的富豪潜出城去贿赂燕将，假意求情说："即墨投降后，希望不要掳掠我们家族。"燕将大喜，当即答应。如此一来，燕兵对即墨的投降更是确信无疑了，对即墨的包围、对峙顿时松懈下来。田单的诡计屡屡得逞，战争的准备也十分周密，反攻的时机终于来临了。但剩下的重大问题是：即墨是一弹丸之地，兵少民弱，何以攻击敌人？再加即墨被包围多年，与外界早已隔绝，再说齐已大部沦陷，寻求外援已绝不可能。①

这时候，也许是中国古代最著名的一场生物战的主角——牛出场了。田单挑选了一千多头牛，把它们打扮起来。牛身上披着一块被子，上面画着大红大绿、希奇古怪的花样。牛角上捆着两把尖刀，尾巴上系着一捆浸透了油的苇束。一天午夜，田单下令凿开十几处城墙，把牛队赶到城外，在牛尾巴上点上了火。牛尾巴一烧着，一千多头牛被烧得牛性子发作起来，朝着燕军兵营方向猛冲过去。齐军的五千名"敢死队"拿着大刀长矛，紧跟着牛队，冲杀上去。城里，无数的老百姓都一起来到城头，拿着铜壶、铜盆，狠命地敲打起来。

一时间，一阵震天动地的呐喊声夹杂着鼓声、铜器声，惊醒了燕国人的睡梦。大伙儿睡眼蒙眬，只见火光炫耀，成百上千脑袋上长着刀的怪兽，已经冲过来了。许多士兵吓得腿都软了，哪儿还想抵抗呢？别说那一千多头牛角上捆的刀扎死了多少人，那五千名敢死队砍死了多少人，就是燕国军队自己乱窜狂奔，被踩死的也不计其数。"牛尾热，怒而奔燕军，燕军夜大惊。牛尾炬火光明炫耀，燕军视之皆龙文，所触即死伤。五千人因衔枚击之，而城中鼓噪从之，老弱皆击铜器为声，惊动天地。燕军大骇，败走。"燕将骑劫坐着战车，想杀出一条活路，哪儿冲得出去，结果被齐兵围住，丢了性命。②

齐人在田单指挥下追亡逐北，所经过的齐之城邑纷纷叛燕，归于田单，田单兵力骤然增强，军事力量的对比已转为齐强燕弱。田单发挥了"宜将剩勇追穷寇"的战法，乘胜进击，一直追逐燕兵到了齐国北部的边境河上，七十余城复归于齐，齐国全境获得了解放，田单复国的伟业终于大功告成。

---

① "田单复国记"，张宇声：《淄博师专学报》，1995年第1期，第32页~34页。

② "田单的火牛阵"，钩沉：《中小企业管理与科技》，2011年第1期，第91页。

田单又及时地派人到莒县迎接襄王回到临淄立朝听政。襄王任田单为相，因其功高，封为安平君。田单的即墨之战是一场伟大的复国战争，是一首爱国主义的颂歌，田单一生的光荣与不朽维系于此。同时这场战役在中国军事史上又是一次著名的以弱胜强的战役，一次出奇制胜的战役，既反映了战争的一般规律，也有自己的独到之处。

田单之所以能够取得战争胜利，主要原因在于以下几点。首先是充分调动民众参与战争的积极性。在齐燕之战中，齐国人被逼到了亡国的绝境，退居即墨的士兵、人民陷于燕兵的包围之中，形势岌岌可危。面对燕军的入侵，齐国人民被激起了反抗的怒火，激起了强烈的抵御外侮的勇气，只是因为齐国统治者的兵败溃逃，人民的力量不能得到及时而有效的组织。直到田单被拥戴后，在失败者中蕴藏着的充满悲愤的巨大力量与杰出人物的领导作用结合起来，才能发挥历史作用，故能成功地抵御住燕军的包围，并伺机而动，由防御转入反攻，一战而胜。田单成功地利用了这种民心士气，也进一步有效地激起了这种民心士气，培养了齐国军民对燕兵的切齿仇恨，一种熊熊燃烧的怒火化作了锐不可当的战斗力。

其次是以身作则，充分发动民众。即墨之战中，齐已大部分沦陷，田单等仅靠一边城负隅顽抗，形势上是以小敌大，以弱敌强。此时齐早已没有昔日那种"地方二千里，带甲数十万，粟如丘山"的富强可恃了。唯一的办法是动员人民，组织人民共同参加战争，靠军民同心协力，方能力保即墨不失，以图卧薪尝胆，休养生息，然后伺机反攻。田单十分明了这种形势，因而在动员人民方面采取了一些有效的措施。首先，田单是在危难之际被即墨人民共同推举的政治、军事领袖，在他身上寄托着当时当地人民抗敌存国的期望，他为众望所归附，自然有着巨大的感召力、凝聚力。这种共同的愿望，同根相连的维系，领袖人物的威信，都使田单的动员人民共同参战成为可能。其次，田单在御敌守城中身先士卒，带领人民一方面筑城防守，一方面从事农耕发展生产，储备粮食财物，为反攻作战作长久的谋划准备。

最后是出其不意，充分发挥了火牛阵的威力。因为退守即墨的田单等齐人处于劣势，使其不能对强大的燕国军队堂堂正正地宣战，展开正面较量，只能遵循"兵者，诡道"的策略以出奇制胜。与其说即墨之战是一场军事力量的较量，毋宁说是一场智慧的交锋。在战役的后期，田单屡使反间之计。先是利用燕国的内部矛盾，反间于燕，使燕以骑劫代乐毅为将，除掉了最大的敌人——极富军事天才的乐毅，同时又引起了燕军内部的忿忿不和。接着又纵反间，使燕兵"割鼻""掘墓"，激起了守城齐兵决一死战的怒火。到了决战阶段，为了弥补齐国兵力之不足，田单又别出心裁，匪夷所思般地布下了火牛阵，创造了中国军事史上这一独一无二的战法，实践了"攻其不备，出其不意"的军事思想。"火牛阵"这一出奇制胜的战法，为田单所指挥的即墨之战增添了耀眼的光辉。[1]需要特别指出的是，火牛阵的成功不仅是齐国在军事斗争中的一次成功，也为中国古代兵法宝库增添了一个活生生的生物战案例，对军事学，特别是军事思想的发展有着特殊意义。火牛阵的出现不是中国历史上第一次使用动物作战，也不是最后一次，但是论对中国历史的影响，应该是最大的一次。

---

[1] "田单复国记"，张宇声：《淄博师专学报》，1995年第1期，第35页。

"上帝之鞭"的坐骑
军马

马作为一种常见的牲畜，史前即为人类所驯化，用作驮畜、挽畜和乘骑。马和人类故事的起点一直扑朔迷离。和源自温热草原的智人不同，家马的故乡远在干冷的北美，在第三纪的中新世时，这个庞大的家族曾经十分繁盛，人们现在发掘出的马科古动物已经达到100多种，分为20个属。在长达5400万年的演化历程上，马科生物经历了多次气候变化，而每当寒冷冰期到来时，被困在这片巨大"孤岛"上的古马类就拥有了一条通向外界的通途——白令陆桥。早在上新世之前，原始马类早已多次走出北美，但它们基本都走到了演化的终点。直到200万年前，又有一批原始马科生物穿越白令陆桥。在5万年的时间里，它们最终分两批穿越亚欧大陆抵达人类的故乡非洲，其中第一批成为今天斑马的源头，随后而来的第二批则演化出今天的野驴。但这些先驱和今天的主角都没什么关系：大约70万年前，家马的祖先才以一个独立物种的形态离开北美，并开始和野驴共享亚欧大陆的生态位。辽阔的亚欧大陆给这种马提供了地理隔离的条件，

距今15万年前，它演化出两个独立的亚种——泰班野马（欧洲野马，Equus ferus ferus）和普氏野马（Equus ferus przewalskii）。马科生物的扩散经历，很容易让我们联想起人类自己的身世。早期人类走出非洲的历史同样悠久，但生活在今天的我们也并非那些先行者的后代。几乎就在泰班野马形成的初期，现代智人也已经开始了在亚欧大陆的扩散。两种外来生物的碰撞，即将在这片共同的异乡上演。人类一定很早就察觉了马的存在，在欧亚大陆许多早期文明的岩画上都出现过马的形象。对于以渔猎为生的早期文明来说，马肯定首先被视为一种提供肉食的猎物，但相对于盘羊和野猪，想要猎杀马可要困难得多，这种生物警惕敏锐，运动能力又极为突出，早期文明可以使用的工具，是很难捕杀马的。这或许可以解释为什么马的驯化远远晚于猪、牛、羊。现代的研究发现，大约6000年~7000年前，人类对于马的捕杀效率，终于达到了"暂时吃不完"的程度。于是人们终于有了对马进行驯化的机会，最早被人们所饲养的马，也许是暂时圈养起来的捕获的野马，或者是从野外直接俘获的马驹。分子生物学的证据表明，马的驯化至少经历了450代，以每代12年计算，足足花费了近千年。对于发源于黄河中下游的中原文明来说，"马从何来"的答案倒是十分清晰。在商代早期的墓地中，出土了大量用于陪葬的动物骨骸，却唯独没有马的踪迹，但商代的殷墟遗址中，突然出现了100个马坑，商朝人似乎是一夜之间就拥有了马。毫无疑问，这些家马属于外来进口的商品或外族的进贡，在《史记·殷本记》中，也有"西伯之臣闳夭之徒，求美女、奇物、善马以献纣，纣乃赦西伯"

> 蒙古骑兵作战图

的记载，位尊权重的纣王居然可以因为马匹赦免自己的宿敌，这也从侧面反映了商王朝时期马在中原的珍贵程度。

不管是独立驯化还是外来传播，融入人类社会的马不仅很快适应了环境，还反过来重新塑造这些将它们征服的文明。从齐家文明等第一批驯化马的文明遗址来看，早期家马的掌骨普遍出现了畸变，这表明家马作为一种新的家畜，除了被宰杀吃肉之外，也开始承担负重驮拉的重任。而稍晚一些的新疆石人子沟遗址里出土的马骨，骨骼病变更多地集中到了脊椎上，反映了人们已经开始直接骑乘马。马并不是第一种被用作交通工具的驯化动物，在它之前牛和羊都有过拉车、驮人的记录（我国安阳殷墟里曾发掘出一个羊车坑），但只有在马被利用之后，文明的活动范围才得以极大拓展。当马用自己强大的耐力和极佳的速度驮负着这些骑乘者跨越了原本的生活范围后，养马民族对世界的认识也有了新改观——尤其是当草原之外的农耕文明地区展现在骑手眼前时，草原文明或许意识到，除了争夺更肥美的草场之外，向外劫掠或许也是一种文明发展的方式。

在古代，新兵种的建立，也需要物质技术条件的创新。人类最早将野马驯服成功后，开始只能用于拉车。公元前10世纪西亚的亚述国发明了马鞍、马缰绳，才解决了人坐上马背以手搏斗的难题，骑兵就此诞生。通过波斯等中亚国家的技术中转，公元前4世纪中国北部的匈奴部落也有了乘马骑士，并以"来如飞鸟，去如绝弦"的方式不断袭扰，劫掠华夏内地。[1] 马镫被发明之后，作为乘骑用的牲畜，军马在很大程度上提高了冷兵器时代最具威力的兵种——骑兵的战斗力，并很大程度上改变了世界历史。人类作为一种好战的生物，文明史永远伴随着征伐，被我们裹挟着登临战场的动物也不在少数，火牛、战象都曾在特定的战场大显神威，但它们都不如马和战争结合得深入透彻。相比于其他动物，训练有素的战马能适应战场震天的厮杀叫喊，高速的冲击可以撕裂敌人稳固的队列阵型，披坚执锐的重装骑兵曾经扮演着移动城堡的角色，其后迅捷灵敏的轻骑兵又以包抄战术让敌人丧胆。自此之后，

---

[1] "'胡服骑射'改变了中国古代几百年的相传的军制——骑兵取代战车的军事变革"，徐焰：《解放军报》，2017年4月10日，第7版。

"上帝之鞭"的坐骑 | 军马

马的优劣多寡直接决定着一个王朝的兴衰，千乘之国的规模足以震撼邻邦的野心，而丧失良马产地的王朝几乎无一例外地走向了衰败。作为战争形式的延伸，马术运动一直被视为和平年代的军备演练，无论是激烈对抗的马球，持弓骑射的狩猎，或是典雅端庄的盛装马步，其侧重的都是骑手和马的协调配合。这些没有硝烟的争斗，其重要意义常常不输真正的厮杀。唐中宗景龙三年，前往长安迎亲的吐蕃使者意欲在球场上一展野心，却被当时的临淄王李隆基率队以四敌十取得大胜，几十年后，这场马球场上的推演在西域不断重现时，其结果也并不出人意料。

在改变世界历史的军马中，蒙古马无疑是其中名气最大的。蒙古马的祖先，是蒙古野马。蒙古野马被驯养成为家畜已经有几千年的历史。在蒙古地区，早在青铜时代就有养马的文化遗迹，古墓中出土的大量的马

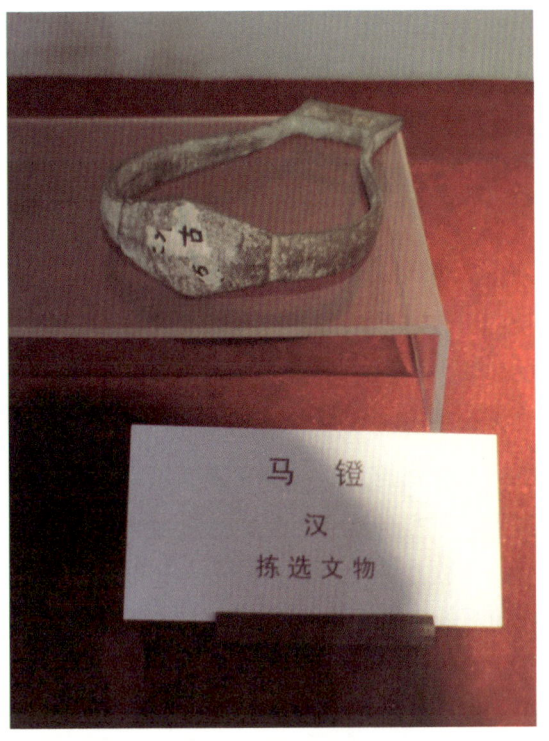

> 马镫的发明堪称骑兵的福音

骨、马具则证明了这一点。几十个世纪过去了，那么蒙古马的祖先究竟是谁？在哪儿？现在还有没有？这是值得探讨的问题。经过调查及各种历史资料表明，蒙古马的祖先——蒙古野马，至今犹存。《新疆风物志》一书说，通过

化石研究证明，随着自然环境的变化，蒙古野马由森林动物变为草原动物；从狐狸般大小变为今天这样高大。由于在草原上奔驰，马的蹄子由五趾变为三趾，后来又进化为现在的单趾。美洲野马、欧洲野马早已相继灭绝，但是蒙古野马却惊人地生存下来。到目前为止，蒙古国的巴彦洪戈尔省、科布多省以及我国新疆阿尔泰、甘肃北部、内蒙古西部仍有蒙古野马生息。以上诸地区的自然环境，都属于山麓荒漠草原，人烟稀少，适于野马生活。1876 年，俄国人普热瓦尔斯基在我国新疆捕捉野马带回莫斯科。经研究和鉴别，确认它属于蒙古马的祖先，故称蒙古野马。1890 年前后，德国人到蒙古国西南部和我国新疆捕获野马并进行展览。1902 年，动物学家拉根贝克从蒙古捕捉两匹野马带回捷克斯洛伐克进行繁育。以上事实说明，蒙古野马仍生存于当今世界。蒙古马从它祖先蒙古野马进化为家畜，经历了自然环境的巨大变化与社会多次变革的长期过程。在这漫长的历史岁月中，蒙古马的进化与发展，与其祖先蒙古野马的原型有了较大的差异，而且出现了众多支系，在毛色、形态方面各不相同，它们在各自的地域环境中繁育发展，形成了不同类型的蒙古马。在我国大致可分为乌珠穆沁马、上都河马、白岔铁蹄马、乌审马、三河马等五种。[①]

作为军马的蒙古马改变世界历史的重大事件就是蒙古西征。成吉思汗依据始自匈奴时代的草原国家旧制，即军政合一和兵民合一的千户制度，创建了蒙古军事封建帝国的等级制度。创国之初，成吉思汗一举分封了 95 个千户长。居于社会结构最高层的是成吉思汗家族——以大汗为首的黄金氏族被看作是"长生天的代表"，他们的所作所为都是"长生天的意志"。黄金家族中成吉思汗诸弟的封地在蒙古高原东部，一般称作左翼宗王，诸子的封地在西部，一般称作右翼宗王。他的四个儿子术赤、察合台、窝阔台、拖雷是汗国的四根栋梁。在蒙古帝国的权力结构中，帝国的权力形式上归于大汗，但实际上汗的家族和所有草原贵族都分享其权力。当蒙古部落之间的征战结束后，蒙古帝国的对外征服便开始了。这有其深刻的经济根源。草原游牧生活是经济活动中最专业化和单一化的形式之一。牧民几乎毫无例外地依赖单一

---

① "蒙古马源流考述"，李永年：《黑龙江民族丛刊（季刊）》，1998 年第 4 期，第 92 页。

的资源——畜群。他们通常是饥饿和贫穷的,很少能自给自足。当其民族处于分裂、弱小的状态时,常常被迫以一种粗陋的贸易体制与邻近的农业社会交换产品,诸如金属和谷物之类的生活必需品。游牧民与定居者这种跨越军事边界的商业交往经常受到南面农业帝国的限制,然而这种限制不会持续太久。尽管游牧者在物质文化上发展缓慢,但游牧的特征使他们拥有强大的军事优势。一旦结束纷争,他们将组建极具机动性、灵活性的骑兵,南下征服农业帝国。而唯利是图的商人与游牧者有着共同的利益,因为这种共同利益,在对外征服中他们将协调行动,给定居文明以致命的打击。成吉思汗正是充分发挥了游牧民族的特点,将蒙古人擅长骑射与蒙古马非同寻常的忍耐力及步伐平稳的特点相结合,组建了能征惯战的蒙古铁骑。部落联盟时代的首领,其职责便在于对内能保证部民的安全,对外则能掠夺更多的财物。成吉思汗是当时最能胜任这两种职责的第一人选。他的理想就是对外征服和掠夺。[①]

蒙古军队开始向四面扩张,成吉思汗和他的子孙们从 1219 年至 1260 年将近半个世纪的时间里进行了三次大规模的西征,先后征服了亚欧大陆的许多国家和民族,震惊了整个世界。蒙古帝国的三次西征是世界历史上重大的历史事件,对被征服地区的统治,对东西方文化的交流以及对西方近代化的进程,都产生了重大影响,同时残酷的战争也给被征服地区带来了深重的灾难。[②]

当蒙古帝国占据了西域、中亚后,从地缘政治上说,他们就可以高屋建瓴地向四面八方扩张。历史也早就证明了这一点,匈奴、突厥、吐蕃无不如此。1218 年,哲别征服了喀喇契丹王朝,使蒙古的疆界与中亚强国花剌子模接壤。花剌子模控制着当时中国与中东之间的商路。在最初,成吉思汗无意入侵花剌子模。但花剌子模政府非但不"承认"成吉思汗,还在讹打剌(锡尔河上游地区)处死了充当成吉思汗使团的商队。讹打剌事件之后,蒙古进攻花剌子模沙帝国变得不可避免,而且给蒙古人第一次西征打上了保护商旅、开辟

[①] "略论蒙古西征的原因和影响",纪宗安、李强:《黑龙江民族丛刊(双月刊)》,2007 年第 4 期,第 103 页。

[②] "蒙古西征对当时世界的统治及影响分析",宋鑫秀:《黑龙江史志》,2014 年第 9 期,第 54 页。

> 蒙古骑兵作战表演图

商道的烙印。

1219年，成吉思汗整编和训练好的强大骑兵带着中原的攻城大炮和火药从额尔齐斯河出发，开始西征。在花剌子模境内，蒙古铁骑纵横无敌。帝国的首都撒马尔罕很快陷落了。两位将军哲别、速不台奉命去伊朗北部追击花剌子模的残余力量，一直推进到高加索（太和岭，Caucase）并翻过此山，攻击亚速海以北迦勒迦（Kalka）河流域的俄罗斯王公（公元1223年），在阿里吉河（在今乌克兰日丹诺夫市北）战役中击溃俄罗斯诸国王公与钦察汗的联军，进掠俄罗斯南境，抢劫了克里米亚地区热那亚人的商行，又转攻也的里河（伏尔加河）上的不里阿耳国，然后东返蒙古。哲别和速不台侵入西波斯、高加索和俄罗斯，尽管是一次长途奔袭，但实际上是做了一次有次序的侦察，为以后蒙古人再度兴兵，彻底征服波斯、谷儿只（格鲁吉亚）和俄罗斯做好了准备。1227年，成吉思汗在他一生战功显赫之时死去，但蒙古帝国已从太平洋扩展到了第聂伯河。

残酷的征战在造成巨大的破坏的同时，一切阻碍人们交往的人为因素也都被一扫而光。由于道路安全、骚乱止息，因此，凡有利可图之地，哪怕远在西极和东鄙，商人们都向那里进发。西征中，成吉思汗分封兀鲁思，为以后蒙古四大汗国的建立打下了基础。术赤的领地在"也儿的石河（额尔齐斯河上游）和阿勒泰山一带"，直至钦察草原诸地区。成吉思汗的次子察合台分得了河中地区、喀什噶尔、七河地区以及准噶尔西部地区。与此同时，第三子窝阔台得到了准噶尔东部、蒙古草原和已征服的中原地区诸省。根据蒙古人的习俗，由第四子托雷管理他父亲的家族、财富和祖先的牧地以及蒙古帝国的全部精锐部队。成吉思汗的去世对蒙古的对外征服几乎没有产生影响。如果不是帝国内部发生动乱，蒙古铁骑确有可能征服整个欧亚大陆。蒙古帝国内部发生动乱的原因是王位继承问题。由于缺乏关于汗位继承的法律，在每位汗去世后，留下了长时期的权力真空。在为选汗召开的忽里勒台（Qurultai）大会上，前任汗的意向只是考虑的因素之一，但不具有决定性，特别是对于皇子来说是没有约束力的。由于蒙古是一个不断扩张的军事化帝国，所以王权的更迭也是在向西征战的过程中完成。窝阔台继承汗位为成吉思汗在西征前指定，故少有非议。

1229年，窝阔台被立为大汗后，子承父业，继续发动大规模的对外战争，他派遣大将搠儿马罕往征波斯。1231年，撒儿马罕大军征服波斯，谷儿只（格鲁吉亚）、亚美尼亚、小亚细亚的塞尔柱突厥等国王先后归附蒙古。1234年，蒙古人与宋王朝以长江为界，划江而治。蒙古第二次西征也紧锣密鼓地进行着，蒙古大军在拔都与老将速不台的率领下，经钦察草原，突入波兰和西里西亚，通过卡尔帕特群岛，一直打到亚德里亚海岸（公元1241年）。1240年攻破基辅，几乎整个俄罗斯都成了蒙古人属下的纳贡者。1241年，一支由波兰人和日耳曼人组成的欧洲联军在下西里西亚的利埃格尼兹战役中全军覆没。以后欧洲史学家对此评论道："在欧洲，上自弗里德里希二世，下至他的麾下将军，在战略上跟速不台相比，没有一个不是一个阅历浅薄的新手。另外，蒙古人通过组织高效的情报系统充分了解了匈牙利的政治形势和波兰的情况。而与此相反，匈牙利人和基督教诸国，却像幼稚的蛮族一样，对自己的敌人几乎一无所知。"蒙古骑兵出现在匈牙利草原后，关于蒙古人在战争中恐怖杀戮的种种传言，使欧洲人惊恐万状，代表神权的教皇和世俗权力象征的腓特烈二世的争斗致使任何联合均告无望，但大汗窝阔台的驾崩，拯救了基督教世界，一位廷臣前来欧洲召回了蒙古军队。第二次西征后，整个欧亚大陆，从日本海到维也纳，都承认蒙古帝国的权威。窝阔台汗的死（公元1241年）使蒙古帝国陷入严重的混乱局面。在汗位虚悬期间，诸王展开了激烈的宫廷争斗，以至于窝阔台的继承人——其子贵由直到1246年才即位，他违反死者的意志，并召开忽里勒台迫使蒙古贵族同意以后的大汗继承权限定在窝阔台系，从而在黄金家族内部产生了诸多矛盾。贵由在位期也很短暂，他于1248年晏驾。3年之后，权力落到了成吉思汗的四子拖雷后裔的手里。拖雷的长子蒙哥于1250年当选大汗，于1251年即位。蒙哥是一位头脑冷静、有理智的政治家，在他的统治初期，他与拔都结盟，共同治理蒙古帝国。蒙哥与拔都的势力范围的界限在答剌速河之东，但拔都去世后，蒙哥成为蒙古世界唯一强大的君主。当他即位后，察合台和窝阔台系的许多王子都被以谋反的罪名处死或放逐。结果，察合台和窝阔台的兀鲁思几乎完全被消灭了。

在镇压了反对派之后，蒙哥汗从1251年~1259年间集中全力进一步扩张。1253年，大规模的远征军在蒙古集结了起来。一支远征军由蒙哥汗的弟弟忽必烈指挥，进攻南宋帝国；另一支远征军则由蒙哥的幼弟旭烈兀指挥，目标是消灭伊朗北部的木剌夷国，即易斯玛仪派或"阿萨森派"（暗杀派）信徒（他们在欧洲人中间以"暗杀者"著称）和阿拔斯哈里发政权。1257年，旭烈兀攻克了阿剌模式和位于厄尔布尔士山的其他大多数木剌夷要塞。1258年2月，蒙古军队攻入巴格达，摧毁了已有500年历史的阿拔斯王朝，最后一任哈里发谟斯塔辛在大屠杀中被杀害。在蒙古第三次西征中，蒙古人出于对定居文明先天的反感，破坏了波斯、美索不达米亚和叙利亚至少已维持了8000年的灌溉系统，使两河流域连绵不断的城市——埃里杜、尼普尔、巴比伦、尼尼微、忒西丰和巴格达变成了一片废墟和荒地。

不过，作为一个帝国的创立者，蒙古人的成就也是不容忽视的。在蒙古帝国对外征服结束后，征服者开始接受被征服地区的文化，忽必烈和伊利汗合赞开始恢复被他们破坏的生产。在有秩序的管理机构恢复之后，学术和文学、艺术紧接着很快就得以复兴。1259年，大汗蒙哥病逝于四川合州的蒙古大营中。1260年，忽必烈在开平由自己的将军宣告为蒙哥的继位者。忽必烈击败他的弟弟阿里不哥夺取汗位后，术赤系宗王和旭烈兀都未应召参加忽里勒台大会，觐见大汗。窝阔台系的海都则占领了蒙古草原西部及乞儿吉思的大部，肆意袭击蒙古地区，并切断忽必烈与西方诸汗国的交通线，迫使元朝在和林（鄂尔浑河上游地区）至哈剌火州一线派出大量军兵驻守。14世纪上半叶，随着窝阔台系势力的衰落，领地为察合台后王吞并。察合台系诸王重新承认元朝的宗主地位，遣使来朝。此时，阴山东南的哈剌火州（今吐鲁番）等地归元朝直接管辖，至顺元年（公元1330年）设立了哈剌火州总管府。[1]

成吉思汗出征花剌子模，把自己推上了世界政治舞台，在亚历山大远征1500年后又一次揭开欧亚两洲的帷幕，他西征对世界的影响不逊于亚历山大远征。成吉思汗每攻占一城一池总是搜索当地的工匠、科学家、天文家等带回蒙古帝国，与中原文化相互融合，取长补短。更重要的是中国的先进文化技术尤其是火药、罗盘、印刷术、造纸术先后传入欧洲，打破了汉唐以来欧亚各国封闭的壁垒，对中国和世界历史进程产生了很大影响。他建立了庞大的驿站传递系统，成为东西方文化交流的联络线、运输线。海上丝绸之路也在宋元时期继续发展，泉州成为当时重要的对外贸易港口，成为东西方文化交流的海上窗口。这场大征服大浩劫，闻所未闻的暴力行为后面是人类历史的又一大进步，是亚欧大陆东西方文化经济的大交流。世界的面貌不久将要发生本质性的改变。确实如此，其后不到两个世纪，欧洲开始了新航路的开辟、地理大发现，开始了血腥的殖民扩张运动，开始了文艺复兴运动。指南针的西传为新航路开辟、地理大发现提供了便利，火药的西传则便利了航海和资产阶级革命、西方的殖民扩张，而马可·波罗游记则刺激了西方对东方文明的向往和探索，刺激了西方的殖民扩张运动和新航路开辟。[2]

蒙古西征给欧洲诸国造成强大的心理冲击，蒙古大军因此被称为"上帝的鞭子"。而"上帝的鞭子"之所以如此之长，与蒙古大军的军马——蒙古马是分不开的。

蒙古马其貌不扬，从外观上看甚至会让人觉得蒙古马有野驴的血统，但

---

[1] "略论蒙古西征的原因和影响"，纪宗安、李强：《黑龙江民族丛刊（双月刊）》，2007年第4期，第104页~105页。

[2] "历史的跨越——亚历山大远征与成吉思汗西征"，王雪娜：《传承》，2009年第6期，第101页。

千万不要小看这些颜值不高的丑马,能够驮着蒙古人打下半个世界的恐怕非蒙古马莫属。有人认为,若蒙古人驯化了其他品种的马,他们的远征大业很难实现。

蒙古马与蒙古人一样,严苛的生活环境使它们变得粗糙,因为其他稍精致一些的马都很难适应反复无常的草原气候。蒙古马的粗糙是由内及外的,不但长相粗糙,吃得也很粗糙,仅靠吃草也能保障充沛的体力,根本不需加喂细料即可千里奔袭。有人称,在草原骑乘蒙古马可日行近 100 千米并连续行走 10 余天。尽管这种说法从未得到过真实数据的支撑,但新中国成立后的蒙古马耐力赛却让蒙古马的优势一览无余——冠军马只用了 3 个小时就跑完了 100 千米的赛程,其速度和耐力令人咋舌。有一种说法认为,历史上只有蒙古草原的部落(比如匈奴、突厥)西迁,而从未有过欧洲人东迁,一个重要原因就是欧洲人的马不行——还没等到达目的地,高大的欧洲马就被累死了。

另外,蒙古马没有失去雄悍的马性,可以忍受零下 40℃的严寒,而且对草料的需求比其他马低,能够在极其艰苦的条件下生存,非常适合在恶劣的战场环境下使用。更重要的一点是,母马的马奶还能供人充饥,蒙古马骑兵因而降低了粮草补给方面的负担,放心大胆地展开大范围不停歇的机动。1223 年 5 月,西征的蒙古大军示敌以弱,连续撤退 9 天至于己有利的喀尔喀河畔。此时,连续追击的欧洲军队已人困马乏,队形散乱;而蒙古骑兵仍保持着强大的机动能力和作战能力,转身突击一举击溃敌军。此战例成为蒙古军马耐力出众的有力证明。无独有偶,1241 年冬季,速不台的主力骑兵从鲁斯卡山口越过喀尔巴阡山脉,突然出现在多瑙河流域的格兰城下时,仅仅用了 3 天的时间,而布满积雪的两地之间的距离有 300 多千米,且多是无路的山地,蒙古骑兵的强大机动能力可见一斑。

此外蒙古骑兵惯用的迂回包抄战术对战略机动性提出了很高的要求,而骑兵的战略机动性是建立在马匹的良好耐力基础上的,蒙古马恰恰是耐力出众的马匹品种,并且耐粗饲的优点降低了对后勤保障的需求,这就进一步提高了蒙古骑兵的机动性。由此看来,将其称为"上帝之鞭"的坐骑也是名副其实。

24

古战场的巨型坦克
李定国的战象兵团

自田单复国后，又一种大型动物在战场上纵横驰骋，比起火牛有过之而无不及，这就是象。大象是陆地上最大的哺乳动物，以嫩叶、野果、野草、野菜、嫩竹等植物为食。大象虽是纯粹的素食主义者，但因体形庞大，是陆地动物界中名副其实的大力士和巨无霸，且有长鼻和长牙做武器，因此在自然界中除了人类没有任何天敌。

由于象的体格庞大、冲击力强，且易于驯化，人类的军队很早就出现了一支特殊的部队——战象部队。战象部队，顾名思义，就是以大象作为主要作战武器的部队。人类驯养大象作为生产和作战工具有悠久历史。其中最典型的是东南亚各国和古印度。由于处在热带雨林地带，这些区域自古就繁衍生息着大量的亚洲象。古代的东南亚人和古印度人就地取材，驯养大象作为和马匹一样的生产、生活工具。由于成年象捕捉困难，因此古人捕捉大象使用的是一种在今天看来非常卑鄙而又不环保的手段，就是用火攻。他们首先在大片丛林中放火，将象群驱赶出丛林。随后又用火箭等武器将幼象和成年象驱散，最后捕捉幼象，就得到了用于驯化的"原材料"。最初大象是作为和耕牛一样的生产家畜，但不久就作为和战马一样的武器出现在战场上。这种发展路线其实很正常，北方草原地带由于多产马匹，所以当地民族就发展出了以战马为主要工具的骑兵。而南方热带丛林地带马匹很少，但盛产大象，所以在战争中自然就发展出了象军。

较早将大象用于战争的是东南亚各国和古印度地区的国家，其中尤其以印度为最。据史书记载，印度历史上第一个大一统帝国孔雀王朝就曾经拥有一支强大的象军部队。在孔雀王朝最强盛的阿育王时期，帝国曾经拥有一支包括了60万步兵、30万骑兵和9000头战象的庞大军队。其中的象军成为了当时帝国军队中的绝对核心力量，经常在战斗处于胶着状态时作为最后的决胜手段，给对手致命一击。公元前273年，阿育王派遣10万步兵、5万骑兵、400乘战车和800头战象渡海远征南部的羯陵伽王国，在攻打王国首都的战斗中，正是战象在关键时刻发挥了决定性作用，这才保证了最终印度孔雀王朝在公元前275年历史上第一次统一整个印度半岛。战象作为古印度的一种重要作战武器，也一直传承了下来。

早期战象的装备非常简陋。只是战象的背上固定一个像大簸箕一样的"象舆"。"象舆"里一般坐3个人。包括一名弓箭手或标枪手和两名使用长柄武器的士兵。负责驾驭战象的驭手则骑在战象的脖子上。战象两边还有另外两名徒步驭手。当时战象的防护完全依靠大象自身的厚皮。而象背上的"象舆"对士兵根本提供不了任何保护。

直到孔雀王朝时期，印度才第一次出现真正意义上的甲具战象。当时的战象周身披挂着厚重的铠甲。这种铠甲都是以厚牛皮为内衬。外面密集地加挂上多层的鱼鳞状或块装的铁或钢制甲叶。在甲具战象发展的巅峰时期，战象除了挂甲以外，象体防御力最差的胸部和腹部已经被整块的厚度达3毫米以上的钢制板状胸、腹甲保护了起来，象腿也被戴上了带活动护膝的钢制甲胄。而象头则装有钢制护面，甚至连象鼻子上也装备有锁子甲，作为主要武器的象牙上更是被套上了长度近1.2米的锐利钢制矛尖。战象背部当初那个"象舆"已经消失得无影无踪，取而代之的是一座用厚木板制作、包裹有铁甲的塔楼。塔楼分为三层：第一层是驭手，上面一层是4-6名弓箭手或弩手，最上面是了望员。到了后期，塔楼上甚至还安装了小口径的火炮。此外，以战象为核心，在四周还各配置有一名持大刀、盾牌并背负弓箭或强弩的步兵，

> 中国古代战象雕塑

如此一来构成了一个以战象为核心的完整的作战单位。世界各国一般都将象军统称为象阵。

欧洲人第一次遇到战象是在历史上著名的"希腊马其顿王亚历山大大帝远征"。公元前327年，亚历山大灭亡波斯后，继续向东侵入了印度河流域，遭到了印度统帅波鲁斯指挥的强大的印度象阵的猛烈抵抗，双方在印度河谷爆发了大规模激战。这是历史上欧洲人和他们的战马第一次见到大象，也是他们第一次与战象交锋。当时印度人使用的还是最初级的非甲胄战象，当战象这种庞然大物第一次出现在欧洲人面前时，从来没有见过这种阵势的欧洲人被惊呆了。当印度象吼叫着向希腊联军发起冲击时，欧洲人的战马纷纷受惊四散逃跑。印度象阵由此重创了亚历山大远征军，连亚历山大本人也被弓箭击伤，他最钟爱的坐骑布塞弗勒斯则被击毙。最终，欧洲人靠密集的火箭击退了印度人。但印度象阵强大的打击已经摧毁了亚历山大远征军的斗志，加上连年征战使士兵归心似箭，最终亚历山大的远征被画上了句号。但到了公元前305年，亚历山大昔日的部将塞琉古为了完成先主的遗愿再次远征印度。结果这次他没有了先主的好运，迎头撞上了正处于上升阶段的印度历史上第一个大一统帝国——孔雀王朝。孔雀王朝出动了由800头战象组成的空前庞大的象阵，而且此时的战象已经是甲胄战象了。结果塞琉古的军队在印度孔雀王朝象阵的猛烈打击下一败涂地，被迫与孔雀王朝签订和约，割让了大片领土，赔偿了大量黄金并将自己的女儿嫁给印度王。印度王则将 500 头战象作为"聘礼"赏赐给了塞琉古。后来，这些战象分散到了世界各地。在后来马其顿的战争中也起了非常重要的作用。

公元前 280 年，当时的马其顿国王皮洛斯为重现亚历山大的光荣，以援助意大利南部的希腊城邦为由向对手开战——而他的对手正是后来威震世界的罗马人。公元前 280 年，皮洛斯率领 2 万名重装步兵、2000 名弓箭手、3000 名骑兵和 20 头战象出征意大利，这也是欧洲历史上第一次使用战象。

> 西方战象绘画

双方军队在赫拉克列城附近发生了一场遭遇战。激战开始后，精锐的罗马军团以重装步兵组成巨型盾牌加长矛的方阵，成功抵御住了训练有素、装备精良的皮洛斯重装枪兵方阵的强大冲击。于是皮洛斯下令骑兵冲阵，并命令象阵投入战斗，这是历史上欧洲人在本土第一次面对面地遭遇战象。当马其顿象吼叫着冲向罗马军团时，从未见过这种阵势的罗马军队防线顷刻崩溃，战马吓得四处逃窜。结果罗马人惨败，死伤7000多人，被俘2000多人。次年，皮洛斯再次出征罗马，并又一次大获全胜，击毙了包括罗马执政官在内的6000人。最后双方在贝尼温敦城爆发了决战，这回罗马部队调集大量弓箭手，向马其顿象阵发射了密集的火箭。在这一攻势下，战象最致命的缺点暴露无疑——大象与战马一样天性怕火，但大象与战马不同的是，战马可以通过训练来克服怕火的缺点，但战象无论如何也无法克服。结果受惊的战象掉头冲向自己人的阵地，皮洛斯大败。罗马人一举俘虏了1000多名马其顿士兵和4头大象，这4头大象也成为了罗马历史上的第一批战象。但罗马人和战象的事情还远没有结束，后来他们在与北非迦太基人的战斗中再一次面对了象阵。迦太基人的象阵是由非洲巨象组成的更强大的重甲胄象阵，战斗力也比马其顿皮洛斯那些亚洲象强大得多，颇使罗马人吃了一些苦头。

而在古代的中国，据文献记述，在长江中游的荆楚地区，也广泛出现过大象作战的实例。《左传·定公四年》记载："针尹固与王同舟，王使执燧象以奔吴师。"这是中国古史上的经典象战之一。在古蜀王朝的境内，一直有野生大象的生存，并有蛮族向周王朝进贡大象的记载，据此推测也应该包括蜀地的奉献。而在明末战争中，战象的身影则不仅出没在南方的五岭地区，而且不断北上，甚至在长江一线的四川、湖北、湖南等地都有出现，这是空前绝后的。

这里必须要提到一位晚明的名将——李定国。李定国生于1621年，是陕西延安人。他出生于正是兵荒马乱的年代，陕地又遭遇大旱，因此仅仅9岁的李定国就参加了张献忠领导的起义，并被张收为养子。历经军旅生涯的磨砺，成年后的李定国英勇善战，深得张献忠的欣赏，是张献忠麾下的四大猛将之一，人称"小尉迟""万人敌"。

1646年8月，张献忠在西充县凤凰山营地被清军一箭贯胸毙命，李定国与孙可望、刘文秀、艾能奇四位将军收集残部，"骑不满千，弓刀脱落，所至杀马而食，马食尽，人尚日驰百余里"。仅过了四个月，他们由綦江县南下贵阳，再入驻昆明之后，很快就得到了滇黔两省少数民族和部分上层人士的支持，人马增添到20余万，各处土司先后归附大西军，丽江土司、宁洲土司、新兴土司、盏达土司、孟连土司等，尽归于四将军部。在此之后的5年里，大西军的兵力增至30余万，并在战斗中投入了象军。大西军转战贵州，随后又占领云南，征调了大量傣族人的大象，训练为战象，演练了傣族传统的象阵，平定了沙定洲之乱，打开了抗清新局面。1646年11月，桂王朱由榔在肇庆称帝，李定国表示愿意归顺南明政权，支持抗清复明大业。

孟连第十四代土司刀派忠，与其余傣族土司一起，给李定国的部队送去了50头大象和一些善于象战的指挥官，使大西军组建起了一支威力无俦的战象军队。波三的祖先"布闷展"曾带着十几只大象来到大西军中，他不仅豢养大象经验丰富，而且经由他调教出来的战象，威猛善战，善解人意，用他的话讲，大象比他的儿子还要听话，比他的妻子还要贴心。于是李定国将几个傣族军官集中在战象训练基地，向他们求教象战经验，他将各地的经验总结起来，取长补短，制订出了一套能与骑兵和步兵相配合的作战计划，并按这套方案训练他的军队。

《中国古代北方民族体育史考》指出，象战阵法也有两种："一是鸟铳当前牌，次之枪，又次之象。象乃凸起，中华人马未经习练者，见象必惊怖辟易，彼得趁其乱也。"这种阵法以步兵在前，战象殿后。战前把战象埋伏起来，等到敌我厮杀之际，战象突然出击，施展冲锋威力，践踏敌军。此阵法实用于在丘陵或小块平原上进行的阵地战。

例如顺治十一年（公元1654年）六月，李定国围攻广东顺德，清兵来援，战于城外，李定国将精锐骑兵和战象全都潜伏起来，而以步兵迎战。两军相接时，李定国的步兵向左右两侧避开，50头战象突然涌现，在清军阵地排闼而入，所到之处血飞脑溅，地上挣扎着的是被象踩过的兵士，空中抛飞着的是被象鼻卷起的骑兵，惨啼声不绝于耳，将天涯涂抹成血色傍晚。李定国的步兵和骑兵配合大象伺机杀敌，清军死伤遍野，大西军缴获兵器枪械无数。

需要指出，李定国的象军并非战无不胜。他出征广东的战象，都分别有名字，还封象为"大将军"。可是在惨烈的新会战役中，清廷援军趁机杀到，八旗清兵会同平、靖二藩军队对李定国部队前后夹击，清军火器凶猛，大象惊慌四窜，致使李定国阵脚大乱，最终遭到惨败。战后大象被清军俘获并赶入城中。一只大象整日悲鸣，绝食而死。《新会县志》记载说："自被围半载，饥死者半，杀食者半，子女被掠者半。天降丧乱，未有如是之惨者也。"第二种阵法与前一种正好相反：明朝朱孟震《西南夷风土记》记载说"象居前，次挨牌、长枪，次匾刀，次鸟铳"。这是把战象当成巨无霸，战象在前，掩护手持盾牌、刀枪、鸟铳的步骑兵，发挥其开路先锋作用，以象撞开敌营大门，继而以步骑兵毁灭其有生力量。顺治九年（公元1652年）七月，李定国在桂林战役中，将两种阵法灵巧应用，大显神威，使之成为这次战争决胜的要害。

顺治八年（公元1651年）四月，孙可望委派大将冯双礼等人率领步骑兵数万人、战象十余只，大举由黔入湘：一路由铜仁、麻阳，一路由平溪、便水；一路由大小梭罗出发，合攻沅州（今湖南芷江）。清沅州守军三营合计只有士卒3000，赶紧退入城中。孤城立即被围成铁桶。

1652年4月，孙可望、李定国在贵阳举行了声势浩大的明军东征誓师大会，由李定国为主将，马进忠、冯双礼为副将率明军8万，战象数十乘，挥师东进湖南南部、广西一带。李定国善于用兵，连战皆捷，收复许多城市。桂林之战，李定国大破清军，击杀清朝的定南王、平南大将军孔有德（原明朝将领，后投降清朝），并收复广西全境，取得抗清以来前所未有的巨大战果。

在湖南留守的清军主将沈永忠发给孔有德求救急令！孔有德赶紧派兵增援，一再申明坚持住，我等速来！可是还没等援军到来，李定国就将沈永忠的部队一举歼灭。这年6月，李定国兵分三路，出兵全州、严关、桂林外围。取得全胜后，三路大军全部进逼严关。就在此处，恰与"定南王"孔有德相遇。

严关位于桂林以北，为广西兴安西南的狮子山与凤凰山之间的峡谷，这是通往桂林的锁钥古关隘，两山对峙，中为通道，形势非常险要，自古以来为中原进入广西的必经之路，是扼守"湘桂走廊"陆路和灵渠水路之咽喉。严关一说为秦始皇发兵戍五岭时期所建，另一说是汉武帝平南越国时期所建，不论哪一说，严关已有两千年以上历史。明末时期，关垣在明崇祯十一年（公元 1636 年）重新以巨石砌成。战斗就在严关之前展开。孔有德渴望一举占领严关，突然发现一头头披挂有铠甲的战象猛冲过来，地动山摇，清军的战马一见立马掉头就跑，或者双股战战……李定国带着部队以战象突破清军阵地，一路追杀，孔有德负伤弃甲，仅有他和少数清军逃逸。

李定国穷追不舍，直逼桂林城下。7 月初，又开始夹逼孔有德。他上天无路，入地无门，最后一股脑砍杀自己的妻妾，放一把大火，玉石俱焚。

李定国依靠战象，连续攻克湖南、广西州县的消息传到北京，朝廷震动，急忙派敬谨亲王尼堪（努尔哈赤长子褚英的儿子）为定远大将军，统数万八旗精兵南下。当年 11 月，尼堪率大军日夜兼程抵达衡州，不料却掉进了李定国早已设好的埋伏圈。尼堪指挥军队进攻，大破晚明军队，向北追击 20 余里，俘获大象 3 头、战马 800 多匹。显然，这一次尼堪使用了大量火器，战象的血肉之躯，在大炮威力之下败下阵来。当然，清军绝非一味防守，他们也有战象。

明朝天启年间，云南人龙在田决心为国纾难，慷慨奋起。他不仅募集精兵、战象和战马，而且上疏愿意统率滇兵力扫流寇，发誓捐躯报国，如不见成效，甘受刑罚。龙在田上疏曰："臣因流氛震陵，奋激国难，捐资募精卒九千五百，战象四，战马二千，入楚、豫破贼。贼不敢窥江北陵寝，滇兵有力焉……"可见，当时，战象俨然已经是晚明朝廷的军事配件，与物资一样可予以调拨。

1652 年，眼看清军收复四川大部区域，抚南王刘文秀一路而来，展开了拉锯战，所向披靡。他看到吴三桂等望风逃窜，却没有看到入川清军主力基本完整，仍有相当的战斗力。他团团围住了川北重镇保宁（阆中），力图全歼鞑虏。当时，四川的临时省会保宁只有巡按御史郝浴和总兵严自明部下 100 多名士卒。由于郝浴的坚持，李国英、吴三桂、李国翰终于决定回守保宁，在十九日统兵进入保宁。清军在撤退过程中，遭到刘文秀、讨虏将军王复臣的追击，损失颇大。史载："刘文秀之入蜀也，善抚恤军士。蜀人闻大军至，多响应。于是，重庆、叙州诸府县次第皆复。吴三桂迎战辄败，敛军以奔，趋保保宁。"保宁城三面环水，西、南两个方向面临嘉陵江，东面为东河，江河对岸是连绵不断的山脉。明军占领了城外各山头，凭借"长技在鸟铳，铳之胜势在高山，延山放铳，据险凭城，不谓不张。"

保宁战役的经过是：十月初八明军主力齐集保宁城北，刘文秀登上东北山头指挥攻城。吴三桂通过侦察得知攻城明军中张先璧部战斗力最弱，决定集中兵力先打张军。李国英为迷惑明军，命部下绿营兵改打八旗正兵旗。十月十一日黎明，刘文秀麾军攻城，兵马"蔽山而下，炮声震天"，"南自江岸，北至沙沟子，横列十五里，前列战象，次用火炮、鸟铳、挨牌、偃刀、弓箭、长枪，层叠里许，蜂拥攻城"。辰时，吴三桂率部开门出城，直攻张先璧军。张部抵敌不住，纷纷逃窜，败兵把王复臣等部的军队冲得乱成一团。清军趁势鼓勇奋击，明军阵势已乱，立脚不住，这天中午即已全面崩溃。撤退时由于浮桥被砍断，致使大批将士无法过江，被清军追杀或落水而死。

明灭虏将军王复臣、总兵姚之贞、张先轸、王继业、杨春普等被清军擒杀，损失士卒大半、战象3只、马骡2300余匹，甚至连刘文秀的"抚南王"金印也被清军缴获而去，这是何等丢脸的事情！最后，刘文秀骑着剩下的战象渡河仓皇而逃。事后，吴三桂于险胜之余，叹息道："生平未尝见如此劲敌，特欠一着耳。"保宁之战，是战象在四川最后一次现身。自此，战象退出了历史舞台。[①]

[①] "最后的战象消失于阆中，吴三桂反败为胜"，蒋蓝：《华西都市报》，2017年3月30日，第9版。

精灵坦克手
二战期间的苏联军犬

犬,是人类最早驯服的家畜。它嗅觉灵敏,能嗅出200多种不同气味。具有眼观六路、耳听八方的神通和敏捷善跑的能力。对于军队来说,它历来是个好"帮手"。远在公元前4600年,古代的亚述、巴比伦、埃及、希腊和罗马等国的军队即开始用军犬来守卫营垒。我国古书中也有这方面的记载:"凡行军下营,周有众犬,敌来则犬吠,使营中有所警备,谓之犬铺""营外三百步处,畜犬其中,二十人领之,以监视周围军事,谓之狗附"。《五代史·张敬达传》记载:契丹兵包围晋将张敬达,军帐连接如山丘,四面放有群犬,晋军中有夜出活动者,军犬便迅速报警,晋军突围者均被俘获。[①]

在古埃及、罗马等国,都有训养犬用于进攻和护卫。后来,人们就把专门训练用于作战的犬称为军犬。在奴隶社会的战争中,军犬直接被用作进攻的先驱部队,军犬被排在战斗队形最前列,奴隶在第二列,士兵在第三列。公元15世纪时,法国国王路易十一世曾建军犬队作为内卫。公元16世纪,西班牙人在对付剽悍的法国军骑时,曾用训练有素、身披甲盔的军犬设伏,待敌人骑兵靠近,

---

① "军犬识趣",刘洪凯:《国防》,1988年第5期,第41页。

> 参与1938年红场阅兵的苏联军犬

一声号令，群犬奋起攻之，顿时法军马阵被群犬搅得乱了阵脚，随后，西班牙士兵蜂涌而上，把不可一世的法国军骑打得人仰马翻，溃不成军，落荒而逃。欧洲许多国家军队的统帅都喜欢亲自训养军犬。拿破仑曾将他在宫内训养的一条军犬配给步兵侦察前哨。彼得大帝让自己的爱犬在战斗中同各部队主帅保持联系，传递命令和情报。拿破仑及在中世纪横扫欧洲的匈奴王阿提拉，都曾利用军犬扎营放哨，追逐穷寇，防守城堡。

随着战争的演化，作为特殊"兵种"的军犬越来越受到青睐，并被大量投入到战争中。据资料记载，在第一次世界大战中，德、意、比、法、英等国组建了军犬勤务部队，并开创了将军犬大规模地用于执行各种战斗任务的先例。仅德军就投入6000余只军犬参战，另有4000只做预备队。法军参战的军犬约2万只。无畏的军犬在枪林弹雨、硝烟弥漫的战场上，英勇向前，屡立战功。随着战事的发展，英、法等国军队对军犬的需求量激增。法国陆军部门没收了大量的居民用犬充军，在巴黎的一次征集中，仅用8小时便强征了民间的1000多条犬。养犬爱好者和训养犬的职业专家都被征集来训练这些犬。英国军队有一次也从伦敦征集到800条军犬，全部来自民间。整个战争期间，法国训练了1000多条军犬专用于通信联络工作。战时军犬的应用，因其配属的部队性质而异。如配属机枪分队，用来驮运机枪弹药；配属红十字分队，用于寻觅伤员；配属步兵分队，用来传递情报、警戒阵地；而指挥部的军犬则主要来往于各阵地间传递命令。大批的军犬辅助作战,给部队带来极大的方便。军犬以其卓著的战绩,开始为世人所瞩目。由于军犬在第一次世界大战中发挥了巨大作用,因而在1919年签定的凡尔赛和约中曾规定,战败的德国要交给英、法和其他战胜国几万条军犬,以作为战争赔偿物资的一部分。同样,由于军犬在第一次世界大战中的巨大作用,在第二次世界大战期间,各交战国使用的军犬数量有增无减。军犬被继续广泛应用到沟通部队联络、侦察敌情等许多军事方面,如德军情报机关曾训练许多军用犬携带微型窃听装置、微型照相机等器材潜入对方阵地获取情报。在捕获和押运战俘、寻觅和救助伤员等活动中,都充分体现了军犬的作用。一些国家军队的指挥官,认为它是雷达、无线电、飞机、坦克等现代武器的必要补充。①

> 训练中的苏军反坦克犬

---

① "军犬与战争",李冰、李力:《中国工作犬业》,2006年第8期,第49页~50页。

二战中，美军约征募了 2 万只犬接受训练，有半数受训合格，其余的则因疾病、不合格的脾气、嗅觉能力低下、对噪音和炮火过于敏感等原因被淘汰。犬种由 30 种缩小到德国牧羊犬、比利时牧羊犬、杜宾犬、苏格兰牧羊犬等 7 个品种。通过战争实践，发现犬用来警戒和侦察的效果是最佳的，探雷犬和传令犬受条件限制发挥不够理想。至二战结束时共有 9000 只犬担任美国重要军事设施和海岸线的巡逻警戒任务，并在军犬战时的杰出表现和拯救了成千上万士兵的生命这一点上达成共识，对军犬与生俱来的长处和缺点，以及在怎样的条件下才能最大限度地发挥军犬的效能有了充分的认识。

然而，军犬取得的最大的战果还是在苏德战争期间。1942 年夏天，德军在莫斯科战役中失败以后，利用英美尚未在欧洲开辟第二战场的有利战机，集中 600 多万人、3000 多辆坦克和大量的火炮、飞机，企图发动新的进攻，夺取苏联战略要地。当时，德军除了使用飞机、大炮对斯大林格勒进行狂轰滥炸外，还以集群坦克为主要突击力量，向苏军地面阵地发起猛烈的攻击。

> 苏军反坦克犬原理

面对德军凶猛的坦克，苏联军事将领们不知所措。在这危急关头，苏军警犬学校派来了 4 个军犬连，共计 500 多只经过专门训练的军犬。苏军决定利用军犬去炸德军坦克。他们将食物作为诱饵挂在坦克下面，令饥饿的犬去寻找，美味成了犬成功接近坦克的最好的奖励。经过反复训练，犬就形成了条件反射。一见到坦克，听到命令就拼命跑过去。于是，苏军在犬身上绑上炸药，等德军坦克接近苏军阵地时，令犬前去炸它们。众多军犬如猛虎下山，有的直冲德军坦克，有的曲折腾跃扑向坦克，还有的为躲避德军坦克火力的扫射，充分利用有利的地形和路线，秘密地接近德军坦克，将其炸毁……然而，犬也有出错的时候，最令主人不能容忍的行为，就是敌友不分。开始时，曾有一些身系炸弹的军犬在战场上，面对德军坦克的疯狂射击，竟置滚滚而来的敌人坦克于不顾，反而调转头来直奔苏军

经天纬地：不可不知的战场环境

> 战场上的苏军反坦克犬

坦克并炸毁过多辆。后来才知这些"军犬敢死队员"只认得苏军坦克，不认识德军坦克。于是，苏军改变了训练方法，将训练用的坦克模拟成德军坦克，犬才有了正确的目标。

正因为军犬在二战中屡建奇功，战后才引起各国的重视。法国陆军第32团编制了"爱犬者"的部分成员。它们的主要任务是在全球的战区保护重要人物，嗅查可疑人物身上的爆炸物和武器。

这些军犬都经精心挑选，一般在18个月到3岁大。训练军犬时，只能由专职士兵发号施令，以便建立人犬之间最大限度的心理和情感沟通，尽可能少地受外界干扰。在这些军犬的最大的犬齿上通常镶有称为"钢牙"的"钢针"。以替代断裂的牙齿、增加牙齿的杀伤力，以迅速击倒敌人。训练犬所能担当的职位，就要看其性格和灵敏程度。它们普遍是担任守卫工作和在军事区域内执行监视任务。工作出色的犬有可能升格为侦察犬，其任务是在200米内嗅出敌人，追踪犬在工作时毋须用牵引带，让它们搜寻至少10米外的气味，以使在任何地形都可以保持追踪，嗅探地雷。①

第132团每批训犬约400只，这是此团延续久远的传统。法军在阿尔及利亚作战期间，军犬的杀伤力达到了极点。当时有7500头军犬参与严峻的山区战斗，但这次战争标志着近20年严格的军犬训练终于结束。直至20世纪80年代初，人犬结合作战才再次推行，而且数目达1800只。

美越战争期间，美军在战场上使用了大量军犬并发挥了重要作用。

鉴于特定的作战环境，美军的三个军事部门在1965年决定重新启用各自的军犬使用计划，希望军犬能对伏兵、地雷和陷阱起到提前预警作用。空军首先将40名驯犬员和40只犬运到越南的3个空军基地实施警戒任务，后增加到476只。陆军将250名士兵和200只军犬组成的第212宪兵连派往越南负责15个不同地点的警卫工作。

至1969年，美军共成立了22个陆军军犬排和4个海军陆战队军犬排，约有1400只军犬在越南担负巡逻警戒任务，范围超过6.5万平方英里。与第二次世界大战相比，地雷和陷井在美越战争中被更加普遍地使用，美陆军决定与"行为系统有限公司"的民营公司签订合同，再次训练地雷探测犬，摸索出了一套行之有效的训练办法，还用来训练地道侦察犬发现躲藏在地道中的敌军，并将28只地雷探测犬和地道侦察犬编入驻扎在越南古芝基地的陆军第60步兵排，另外20只军犬交给了海军陆战队。在实战过程中这些军犬表现相当出色。

---

① "战争中的犬"，吴金凤：《警犬》，2004年第4期，第8页。

军犬被广泛部署到全球军事行动中，主要是被用来维护重要设施和区域的安全、部队保护及执行反恐任务，从而使指挥员能够派遣足够的兵力和装备到其他更需要的地方作战。

近年来，外军有将越来越多军犬用于特种作战的趋势。外军特种作战军犬的突出能力首先是通过有针对性的选育工作得以保障的。尽管犬的品种很多，但能够适应特种作战需求的犬种却相对较少。外军通常综合考虑犬的嗅觉敏感度、耐力、速度、力量、勇敢程度、机敏性和对各种气候的适应性等因素，选择最为合适的优秀军犬用于特种作战，并进行针对性的幼犬培育。在外军选育的特种作战军犬中，最有名的是德国牧羊犬。它们具有突出的体能、出众的耐受力、敏锐的嗅觉、智慧以及凶猛性，容易适应各种气候及天气条件。正因为如此，它才能够被用于特种作战中的主动拦截、寻找爆炸物和毒品，或被用于进行搜救任务。除德国牧羊犬外，最初作为猎犬使用的拉布拉多犬、史宾格犬及其他犬类也在特种作战中运用。这些犬种嗅觉敏锐、耐受力和稳定性好，能够同新的训导员一起适应工作。近年来，比利时短毛牧羊犬——马里努阿犬，对德国牧羊犬构成了竞争，越来越多地被外军运用于特种作战。究其原因：其一，它行动迅速、勇敢、兴奋性强，适合于特种作战高强度、快节奏的特点。其二，它体型适中，既有较强的攻击能力，又便于训犬员携带和隐蔽。它既可以方便地通过车辆和直升机运送，也可以在高空跳伞时佩戴特制的氧气面罩，或在直升机滑降时佩戴滑降装置，在特种作战中的运用空间大。其三，它毛发短、毛色浅，炎热气候条件下不易中暑，在特殊环境下的适应能力强。另外有许多证据表明，一些并不著名的犬种，同样能够在特种作战运用中取得非凡的成绩，关键是需要将军犬的工作特性在繁育中表现出来并得以强化。

目前，外军发掘选择优秀幼犬的途径是多样化的。如，美军的军犬部队中，德国牧羊犬、比利时马里努阿犬、拉布拉多猎犬所占比例最大。其中，85%的军犬是从德国和荷兰采购引进的，这两个国家有着数百年繁殖、培训军犬的传统和经验，另15%为美军自己繁殖。而德军军犬的犬源以往主要依靠地方市场，由军犬学校派小组全国范围内选拔，犬种主要是德国牧羊犬和拉布拉多犬。新购幼犬有45天的隔离期，全面考察其性格和生理状况，不合格的幼犬退回卖方。目前，考虑到犬种品质的更高要求，德军特种作战军犬绝大部分由军犬学校繁殖中心提供。

  在特种作战军犬的培育和评估中，体型更大、耐受力更好的犬类常被用于特种警卫、武器和爆炸物搜索。体型紧凑的犬类容易很快疲劳，因此它们被运用于近距离特种作战，或者是在有密集的爆炸物区域开展工作，以避免进行长距离奔跑。在美军军犬基地，其繁殖的犬在出生6周~8周后被送往自愿参加"军犬计划"的民众家庭中饲养，使其首先在家庭环境中学习社交技能。7月~9月大时，由军方做一次评估，筛选出适合成为特种作战军犬的幼犬。只有表现出强烈的驱动性、能适应不同环境和愿意为奖励而工作的幼犬才能被选出进行培训前的学习。另外，法军规定，特种作战军犬并不是普通犬，除符合法国血统犬手册里规定的正式标准外，它还必须符合能使它适合未来工作的标准。法军特种作战军犬还要经过全面的兽医检查，并通过每头军犬的表现而确定其培育方向。其中，对犬的性格测试会决定进一步的培育方向。一头喜欢球的犬必然有灵敏的嗅觉，其灵活爪子可用来搜查毒品；对游戏无动于衷的犬可派去搜查炸药；喜欢用鼻子嗅地面的犬可执行跟踪任务。最后，对犬攻击性的评估可进一步作为特种作战运用的理由。[①]

[①] "外军特种作战军犬面面观"，皇甫耀丹·柯尼斯：《中国工作犬业》，2015年第7期，第52页~53页。

26

现代武器的借鉴
仿生学

早在远古时期，人类就从自然生态系统中领悟到自身生存、发展和进步的真谛，蒙昧时代进入文明时代就是模仿和适应自然规律的过程。回顾世界文明史，人们很早就留下了模仿自然生态的痕迹，人首龙身、羽化飞升等大量事例记述了人们对自然生命形态和功能创造性的模仿。

人类师法自然思维由来已久，这便促成了仿生学的诞生。仿生学是研究生物系统的结构和性质以为工程技术提供新的设计思想及工作原理的科学，是属于生物科学与技术科学之间的边缘学科，其目的就是分析生物过程和结构，并将结果用于未来的设计。

仿生学思想是建立在自然进化和共同进化基础上的，人类所从事的技术就是为使其达到互相间的协调，而模拟生物适应环境的功能无疑是一个好途径，恰似"桥梁"和"纽带"，连接着生物科学与技术科学。人们向生物系统索取设计蓝图，使军事、化工、机械、建筑等科学领域发生了根本性的变化，新事物层出不穷：从雪地行走的企鹅，人们发明了越野汽车；利用六角形结构蜜蜂窝，生产出了蜂窝材料；从青蛙突出的眼睛，制造出电子蛙眼等。

在工业化进程加速的基础上，仿生学已被广泛应用到社会生产、生活的各个方面，仿生学的相关设计开始占据举足轻重的地位，人们由此发展出仿生设计学。仿生设计学是在仿生学和设计学的基础上发展起来的一门新兴学科，它与原有的仿生学成果应用不同，是以自然界万事万物的"形""色""音""功能""结构"等为研究对象，同时结合仿生学的研究成果，为设计提供新的原理和方法。从某种意义讲，仿生设计学可以说是仿生学的延续和发展，作为人类社会生产活动与自然界的契合点，正逐渐成为设计发展过程中新的亮点。

随着时代发展与变化，军事仿生设计越来越受到人们的关注。在漫长的进化过程中，生物为了生存、自卫、竞争和发展的需要，逐渐形成了许多优异的结构和特殊功能，值得人们在军事研究中很好地借鉴。军事仿生学就是模仿生物系统的原理来建造先进军事装备技术系统或者使人造军事装备技术系统具有或类似于生物系统特征的一门科学。随着人类科学技术的进步，军事仿生学的研究范围越来越广泛，已经渗透到与军事相关的各个领域，只要生物界具有的优异之处而军事装备上又很需要的，都值得军事研究人员去揣摩、模仿。[1]

军事仿生学是仿生学的主要分支，是军事科学的一门崭新学科。它是模仿生物系统的结构原理和特异功能来制造武器装备，发展战略战术，提高自动化指挥、后勤保障能力、军事训练水平等的一门科学。提起国防现代化与军事仿生学的关系需要追溯到上古时期，自古以来，人类就与几百万种动物做邻居，这些动物有几十万年的进化的经验和形形色色的特异功能，值得人类学习。为了防止野兽的侵袭，模仿鸟类，在大树上筑巢居住。为狩猎，模仿剑齿虎等猛兽扑食山羊的动作，模仿动物的角、牙、爪、骨、甲壳等制造石刀、石斧、木枪、弓箭等狩猎工具，从而提高了生存和狩猎能力。

后来随着生产力的发展，人类社会出现了阶级、阶级矛盾和阶级斗争，并且发生了战争，人们为了取得战争胜利，对动物的牙、角、嘴、爪、甲壳和骨等进一步模仿，制造弓、箭、刀、枪、矛、戈、戟、剑、斧、弩、抓、挝、

---

[1] "浅谈仿生学在军事发展中的应用"，朱天阳、周俊良、姚敏：《艺术教育》，2008年第12期，第133页。

盾、鞭、铜、锤、把、叉等十八般兵器。模仿鱼和鸭子制造战船，模仿牛、马制造战车和木牛、流马等运输工具，模仿兽皮和甲壳类动物制造"盔甲""头盔"等。到了近代，人类从昆虫和鸟类飞行中得到启发发明了各式各样的飞机；从鱼类的身体结构原理中索取蓝图，制造了多种军舰；从海豚、海狮、海豹、鲸等海兽得到启迪，发明了潜艇；从甲壳类动物利用外壳御敌得到创造灵感，制造装甲战车和坦克。第二次世界大战后，军事仿生进入了一个崭新的阶段。各国军事科学家进一步模仿生物构筑的力学原理和信息传递原理，优化飞机、舰艇、大炮等武器装备。如模仿青蛙、鸽子的眼睛，发明了新式雷达，模仿一些动物的感觉器官制造了各种精密的军事侦察仪器等；有部分科学家还开始模仿人本身，从人体的各种器官中寻找制造武器装备的"蓝图"，研制现代化的武器装备。其中最杰出的成就是，从人脑的科学结构和工作原理得到启发，发明了电脑，从而使武器装备的发展开始步入崭新的时代，为国防现代化开创了美好的前景。最近10年来，人们模仿人研制成功了各式各样的战斗机器人，有许多已装备部队用于警戒、医疗卫生、防暴、排险、排雷和军工生产等工作。

有人预计不久的将来，机器人将广泛用于战场，机器人大战不再是科学幻想和神话。人类在模仿生物制造武器装备的同时，也模仿动物自卫扑食等动作和形态，改进和发明战略战术。最初，人类是模仿动物撕打进行战争，发明了最早的仿生战术——狮舞、熊舞、猿猴舞、鹰舞等（舞就是现代汉语中的"武"字）。仿生舞经过数千年的代代相传和不断发展，形成了我国现在仍在流行的少林拳、武当拳、猴子拳、鹰爪拳等拳术。后来，有许多军事家进一步模仿动物撕打搏斗的动作，结合作战的实践，发明了一些用于大部队作战的战术。他们使军事仿生从单兵战术发展到战略上的仿生，创造了许多新的战略、战术。

传说早在黄帝时期，就模仿蟠蛇首尾相应的特点，创造了"蟠蛇阵"；西周时期，姜太公又模仿鸟类飞翔的形态，发明了"翔鸟阵"；在著名的牧野大战中，周武王将"蟠蛇阵"与"翔鸟阵"结合，打败了商军，取得伐封的胜利。中国古代最著名的军事家孙子潜心研究军事仿生多年，提出了许多

现代武器的借鉴 | 仿生学

> 美军"响尾蛇"空空格斗导弹

军事仿生战术。在他的《孙子兵法》一书中，多处论述了这些战术。[①]

提起战争与蛇的联系，人们马上会想到著名的"响尾蛇导弹"。诚然，它是今天军事仿生学的杰作之一。现代军事科技中属于师蛇之作的还有很多，而古代兵家的师蛇之举更是多见。今人发现蛇的"夜眼"，还是从瑞典斯德哥尔摩动物园失窃案开始的。该园有大量珍禽异兽，有段时间闭馆后珍稀游鱼不胫而走，贵重爬虫不翼而飞。报警也无济于事。几位水族馆和爬虫馆的工作人员急中生智，在每天闭馆后，把眼镜王蛇放出笼子，让它在各山、池之间巡逻。说来也怪，从此园内平安无事。据此专家们分析，窃贼不是人而是某种动物，因慑于蛇之威力而不敢再造次。随后，西欧、非洲等地也委蛇以警卫之责，效果绝佳。

蛇是近视眼，鼻子不灵，听觉也欠发达，但它有十分发达的"颊窝"。这功能奇殊的"红外线定位器官"，使蛇能在伸手不见五指的黑暗里，猎捕温血的飞鸟、走禽，从无失误。因为，那些温血的小东西由于体温散发出来的红外线，给蛇指明了猎物的方位。接着，科学家们揭开了蛇的红外线定位器的全部奥秘。原来，在颊窝距入口不远处有个横隔膜，厚度仅 10 微米 ~15 微米。隔膜中神经末稍纵横交叉恰如蛛网。隔膜把窝分为内外两室。内室是

[①] "国防现代化与军事仿生学"，鲍中行：《未来与发展》，1990 年第 3 期，第 12 页。

不完全封闭状态，有条细管通到外边。军事仿生学利用蛇的红外线定位原理，设计了红外线自动跟踪装置。把这装置安装在导弹上，它就能接收敌机发动机辐射出来的红外线，聚焦于热敏电阻，产生相应的电信号，传给操纵装置，从而控制导弹对准目标自动追踪打击。美军在20世纪50年代首先研制和配备了带有红外追踪装置的第一代红外制导导弹，大家把它叫做"响尾蛇导弹"。

到现在，仿蛇红外探测仪不仅相当普遍，而且灵敏度还远远超过了蛇。例如，把它装在枪上，就可在夜间自动寻敌；把它安装在大炮上，炮弹就像长了"眼睛"；用于船舰，可在雾海茫茫中畅行无阻；用于飞机夜航轰炸，对敌方目标了如指掌；用于军事卫星，可将密林中的部署和掩体中的部队"尽收眼底"。

随着科技的飞跃发展，红外探测已成了一个系列。这红外系统又成了武器系统的"眼睛"，在识别、跟踪、制导等方面越来越发挥着重要的作用。像"红外前视系统""导弹寻的器""红外监视系统"等等，已为各国军队所垂青。在大规模红外焦平面陈列、信息读出术、降低致冷术等方面，各军的竞争十分激烈。蛇的身体结构也给近代军事仿生学以启发。坦克和某些大型战车，其履带结构不论怎么变化，终不离蛇类环状柔韧结构之宗。[1]

在军事仿生学领域，美国无疑走在各国的前列。其中突出的例子就是关于人体外骨骼的研发。外骨骼装备的生物学原理实际上就是从仿生的角度实现模仿生物外骨骼，从而提高人体各项功能，其涉及机

> 美军红外前视系统

---

[1] "响尾蛇-导弹"，柯宝成：《中国民兵》，1988年第1期，第22页~23页。

械、物理、电子、计算机、人体工程学等学科领域，是多种高新科技的集成。美军外骨骼装备的研制具有很强的现实意义，美军要求士兵具有超强的作战及侦察能力，但是这种能力的提升都依托携带各种先进武器装备。现阶段单兵作战系统重量太大，单个军人无法正常携带成为制约美军单兵作战能力提升的一个重要因素。针对武器装备小型化、轻便化的难题，美国科学院国家研究委员会提交的一份报告指出，解决这个问题最好的方法就是发展单兵作战技术装备，即能最大限度地提高士兵身体机能的外骨骼装备。

实际上外骨骼装备很早以前就开始研制了，早在1960年，美国就研制了名为"哈迪曼–1"的可佩戴单兵装备，但仅仅能替代人的一只手。麻省理工学院于1978年开始研究外骨骼机器人。2000年，美国国防部制定了"增强人体机能的外骨骼"项目的计划，该计划针对单兵作战系统重量过大，负重的士兵无法轻松行动的问题，拟开发具备提高部队的机动能力和战斗能力的外骨骼装备。2002年机械外骨骼衣（XOS）诞生，它不同于以往研发的外骨骼装备，具备划时代的意义。XOS机械外骨骼装备一改以往外骨骼装备巨大、笨重的缺点，具有可以像人一样自由运动的特点。

实际上这是外骨骼装备研究领域的革命，意味着机械外骨骼装备从研发领域向着实际应用领域迈出了重要的一步。2010年9月XOS2外骨骼装备问世，与之前的型号相比灵活性和轻便性更佳。2011年6月30日，美国研制出了HULC外骨骼装备，它突破性地进行了人形设计，主要使用钛金属材料。与之前的由有线光缆提供电源过渡到了无缆线束缚，使用者不仅仅可灵活地进行下蹲和利用上肢进行举重，还能够进行匍匐等动作。HULC外骨骼装备由电池提供动力，其不带电池时重24千克，设计可调节高度为1.62米~1.87米——在正常人的身高范畴内。

穿戴方便，士兵只需将腿伸进靴子下方的足床，而后用皮带绑住腿部、腰部以及肩部即可，脱下装备也很容易，只需30秒。HULC外骨骼装备采用了模块化的设计理念，机械腿和背部的托盘可以分开使用，当不需要背负重物时，可以只装备机械腿。HULC外骨骼装备使用便携式微型计算机对装备进行细节控制，可以使其与士兵们的运动保持高度协调一致。如果未来美军装备此种外骨骼装备的话，美军的士兵将拥有巨大的力量，可携带更多的武

经天纬地：不可不知的战场环境

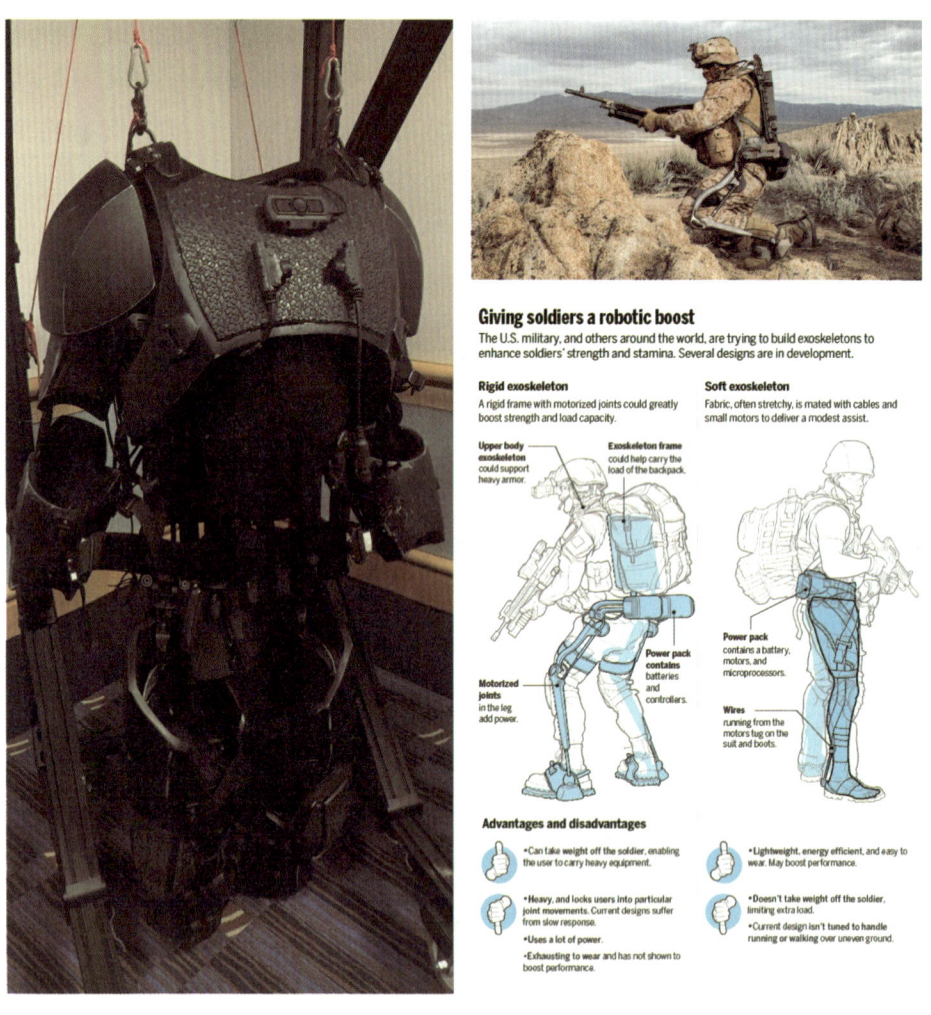

> 美军机械外骨骼衣及其介绍

器装备，不仅单兵火力得到大幅提高，其防护水平也将大大增强，同时还可克服困难与障碍，高速前进，而且不会产生疲劳感。美军认为，现阶段，增强单兵作战能力的途径有两种，一种是单纯增加单兵装备数量及质量，通过增强单兵的火力来增加战斗力，二是携带诸如"陆地勇士"数字化单兵系统这样的装备，增强综合作战能力。

这两种增强单兵作战能力的途径共同面临的问题是士兵的体能有限，在携带相关装备后行动力大打折扣，不但没有增强战斗力，反而会因为行动力大大减弱而成为敌人的靶子。因此美军着力研发外骨骼装备，就是为了解决由于单兵装备数量和质量的增加而导致士兵行动力减弱的问题。现阶段美军外骨骼装备的研制，主要是从提高士兵负重能力和行动力两个方面着手。动力方面，美军希望能够通过杠杆原理等方法，使得外骨骼装备尽可能摆脱对电池的依赖。但现阶段技术还不成熟，还需要完全依靠电池提供动力，通过驱动装置才能够达到增强人体支持力、增加负重能力、耐力及提高士兵行动力的目的。实验表明，士兵着外骨骼装备负重90千克的情况下，可以以时速4.8千米的速度行进20千米，最快速度可达16千米/每小时。与此同时，外骨骼装备使士兵在体能大幅度提升的基础上并没有牺牲太多的灵活性，佩戴外骨骼装备的士兵不仅可以轻易完成下蹲、跳跃、匍匐等多种动作，还可以使瞬间爆发力大大增强。士兵通过携带外骨骼装备完成了体能上的超越，从而大幅提高单兵作战能力。传统意义上的人装结合，实际上是通过人的学习和进行技能训练来完成的，究其原因是因为人的生物机理与装备的技术机理无法建立内在联系。

美军研究人员通过对人体运动过程中的肌肉的变化进行深入研究，使得外骨骼装备可以根据人体肌肉微小的变化感受佩戴者的运动趋势，从而做出相应的动作，基本实现了意识控制。当士兵佩戴外骨骼装备时，其肌肉活动状况、运动、受力等参数分别通过分布于小腿、膝盖和腰部、肩部等部位的传感器接受并输入到控制系统中。而后通过微型计算机，分析穿着者的运动趋势，从而控制机械外骨骼保持与穿着者肢体的同步。士兵着外骨骼装备时无需考虑如何操纵，就像平时走路、跑步一样完成所想动作即可。这种意识控制型装备实际上是人的生物机理和装备的技术机理智能融合的典范，此类人与装备深层次融合的方式将成为未来"人装融合"的发展方向。

受此启发，各大医疗研究机构对此种"人装融合"方式非常感兴趣，也因此引发了助残器具的革命。虽然此种方式的"人装融合"与传统意义上的人装融合相比已经迈出了跨越性的一步，但是其原理还是基于对穿戴者的肌肉的微小变化来判断运动趋势的。美军认为更深层次的人装融合应该是完全的意识控制，这也是美军正在研究的重要方向。[①]

[①] "美军外骨骼装备研究及应用"，牛贵君：《军事体育学报》，2013年第7期，第94页~95页。

在生物学蓬勃发展的今天，军事仿生技术几乎未受到任何限制，所有雄心勃勃的军事力量都在改进和开发军事仿生技术上不遗余力。当然，这与军事仿生技术尚未对现代战争直接造成颠覆性影响有关。但历史已经雄辩地证明，生物界是军事技术无穷无尽的灵感来源，在每一次系统性的军事革命中，甚至在每一个微小的军事技术进步中，生物都没有缺席。

甚至可以毫不夸张地讲，生物界本身就是一个庞大的武器库，已有的武器装备都直接或间接地带有某些生物的影子。因此，只要战争存在，军事仿生手段就会一直存在并发展下去，它是无法被限制和禁绝的——离开仿生技术，参加作战的就只能是震颤着机翼的战机、丢掉护甲的坦克和非流线型的战舰，这是难以想象的。同时，已经带上枷锁的武器并未永远消失，而是会以民用技术的率先发展作为技术演进的主要路径。一旦军事上的迫切需求出现，不排除有亡命之徒打开潘多拉盒子的可能性，这是人类永远无法摆脱的"囚徒困境"。在这种情况下，潜力巨大的军事仿生技术作为连续性较好的一种军事技术发展思路，将会承担起发展战争的更多重任。不难预测，未来的战场将是生物技术和仿生技术扮演主角的战场，在诸多方面会引发变革。目前，在人类的认知能力所及的范围内，已经命名了约1000万种生物，仍有约上千万种生物处在未被发现或缺乏深入研究的阶段。毫无疑问，如此庞大的生物可以为我们提供源源不断的灵感和直接的实践参考，为军事技术创新发展带来新的机遇。因此，美国国防高级研究计划局现任局长阿拉提·普拉哈卡尔也坚定地指出："生物是自然界的终极创新者，任何致力于创新的机构，若是未能从这个极其复杂的网络中汲取灵感与解决方案，都将是十分愚蠢可笑的。"[①] 随着人类社会开始进入人工智能时代，人类战争的战法、理念、环境等要素也将随之发生重大而影响深远的变化。而作为战争的核心要素之一，武器装备也会随之发生重大变化。如前所述，军事仿生学深刻影响了武器装备的设计研发，可以预料，在进入人工智能时代之后，这种影响还将继续，甚至有强化的趋势。

---

① "仿生学3.0时代的未来战争"，刘一鸣、石海明：《军事文摘》，2018年第4期，第53页~55页。